普通高等学校"互联网＋"立体化教材

大学休闲体育教程

广西科技大学体育学院教材编写组　主编

北京体育大学出版社

策划编辑　张蒙恩
责任编辑　姜艳艳
责任校对　杨　洋
版式设计　高荣华

图书在版编目（CIP）数据

大学休闲体育教程／广西科技大学体育学院教材编
写组主编．-- 北京：北京体育大学出版社，2018.12（2022.8 重印）
ISBN 978-7-5644-3110-5

Ⅰ．①大… Ⅱ．①广… Ⅲ．①休闲体育－高等学校－
教材 Ⅳ．① G811.4

中国版本图书馆 CIP 数据核字 (2018) 第 294047 号

大学休闲体育教程
DAXUE XIUXIAN TIYU JIAOCHENG
　　　　　　　广西科技大学体育学院教材编写组　　主编

出版发行：北京体育大学出版社
地　　址：北京市海淀区农大南路 1 号院 2 号楼 2 层办公 B-212
邮　　编：100084
网　　址：http://cbs.bsu.edu.cn
发 行 部：010-62989320
邮 购 部：北京体育大学出版社读者服务部 010-62989432
印　　刷：艺堂印刷（天津）有限公司
开　　本：787mm×1092mm　　1/16
成品尺寸：185mm×260mm
印　　张：19.5
字　　数：449 千字
版　　次：2018 年 12 月第 1 版
印　　次：2022 年 8 月第 4 次印刷
定　　价：45.00 元

前　言

为进一步推动学校体育改革发展，促进学生身心健康、体魄强健，《国务院办公厅关于强化学校体育促进学生身心健康全面发展的意见》指出：强化学校体育是实施素质教育、促进学生全面发展的重要途径，对于促进教育现代化、建设健康中国和人力资源强国，实现中华民族伟大复兴的中国梦具有重要意义。要求全面贯彻落实党的十八大、十八届三中、四中、五中全会和习近平总书记系列重要讲话精神，全面贯彻党的教育方针，按照《国家中长期教育改革和发展规划纲要（2010—2020年）》的要求，以"天天锻炼、健康成长、终身受益"为目标，改革创新体制机制，全面提升体育教育质量，健全学生人格品质，切实发挥体育在培育和践行社会主义核心价值观、推进素质教育中的综合作用，培养德智体美全面发展的社会主义建设者和接班人。

学校体育课程的有序开展离不开高质量的大学体育教材。为了适应高等教育事业持续改革和快速发展的需要，进一步完善高等学校体育教学工作，根据教育部印发的《高等学校体育工作基本标准》《全国普通高等学校体育课程教学指导纲要》的精神，结合近年来大学体育教学与健康教育的实际需求，我们适时编写了《大学休闲体育教程》。

休闲体育是群众体育的基础，是大学生增进健康、强健体魄、完善自我的重要锻炼方式，是提高文化素养、丰富生活内容、加强人际关系的重要途径。本教材遵循当前社会经济发展趋势，根据大学生的身体素质和运动素质，以大学生休闲体育教育为基础，以增强体质为目的，以培养终身体育意识为目标，引导大学生主动接受体育教育，吸引大学生积极参加体育锻炼，形成大学生热爱体育、崇尚运动、健康向上的良好风气，使大学生树立以体育运动为主的休闲健康理念。

本教材内容丰富全面，在理论方面，阐述了休闲运动与健康、运动处方与营养、运动损伤的处置与康复训练、学生体质健康测试的相关理论知识；在实践方面，介绍了多种运动项目的基本知识、基本技术、基本战术、竞赛规则与欣赏、装备选择等内容。本教材不仅能帮助学生掌握基本的运动技能，还大大拓宽了学生的视野，充实了学生的体育知识，提高了学生多方面的运动素质和技能。本教材以图文结合的方式，以文解图、以图示文，帮助学生掌握动作要领，增强可操作性；在版式设计上，紧紧围绕内容，融文、表、图于一体，力求使教材多一些趣味性和实用性。本教材倡导教学内容休闲化，教学模式快乐化，课内外锻炼一体化。为大学生充实休闲时光，选择适合自己的休闲体育项目，科学地进行体育锻炼，提供切实有效的帮助。

由于编写人员水平所限，本教材若有不妥之处，恳请广大读者给予批评与指正，以便我们对本教材进行修订和完善。

目 录

第一章　休闲运动与健康

本章提要

　　休闲体育是人们在闲暇时进行的以增进身心健康，丰富和创造生活情趣，完善自我为目的的身体锻炼。如何玩得有乐趣，玩得有助于健康，玩得科学，就必须学习科学的健身知识，掌握正确的运动技能。学校体育应担负起教育的任务。现代文明中，"健康第一"的思想已转化为行为，终身体育已成为人们的基本思想，在余暇所进行的休闲运动成为人们最好的选择。休闲运动不仅对人的生理健康具有重要影响，还可以培养人顽强的意志品质，调节心理平衡，促进心理健康。

第一节　休闲运动概述

一、休闲运动的概念

　　休闲运动这一概念最早提出是在欧美等一些经济比较发达的国家。中华人民共和国成立以后，我国的休闲体育已经有了一定的发展。近些年来我国国民经济高速发展，人们生活水平有了大幅度的提高，从而奠定了人们开展休闲运动的基础。休闲运动的发展与同一个时期的社会、经济、文化发展密切相关，一个时期的社会、经济、文化越发达，休闲运动才会开展得越好。有学者认为休闲运动是以身体运动为手段，通过直接参与或观赏达到休闲的目的。人们通过各种休闲活动可以放松身心、娱乐消遣和发展个性，满足自己在空余暇时间里对生命质量的追求，对身体健康水平的改善，对健康生活方式的期盼，对精神享乐和自我超越的关注，丰富自己的文化生活，改善人际关系，促进社会和谐。休闲运动带来的不仅是身体上的舒适和自由，也通过身体的运动来愉悦精神，给运动者生理和心理的双重满足。由于休闲运动自身所具备的功能与特征，在一定程度上满足了人们的精神需求，而且其活动内容和形式也灵活多样，因此受到越来越多人的喜欢。

二、休闲运动的作用

休闲运动是健康的体育运动与浪漫的文化追求相结合的一种休闲方式，是人们在余暇通过多种多样具有一定文化品位的运动，达到健身、娱乐、交往、自我实现等目的，进而满足个人身心发展需要的一种活动方式。休闲运动不仅能缓解压力，松弛过分紧张的情绪，更能张扬个性，追求品位与情趣，因此逐渐被人们接受和喜爱，成为人们文化生活的重要组成部分。同时，一些休闲运动的民间组织成立，如世界休闲体育协会，旨在促进全球休闲运动的发展。

三、休闲运动的分类

休闲运动项目有很多分类，包括骑行、游泳、轮滑、滑雪、登山、野营、攀岩、蹦极、定向越野、野外拓展、溯溪、韵律操、街舞、射击、射箭、踢毽子、马术以及各种球类等。根据休闲运动的特征，从动机和目的可以分为健身健美、康乐游戏、竞争对抗、养生保健和探险拓展五个大类。

（一）健身健美类

健身健美类休闲运动的内容有健身、健美操、啦啦操、普拉提、体育舞蹈、街舞、瑜伽等，用于形体训练、减肥纤体、调节机能，是带有表演性、艺术性、技巧性的有氧运动。健身健美类休闲运动伴以节律强劲的音乐和豪迈奔放的舞姿，在放松身心、消除疲劳的同时，塑造俊秀并充满生命力的健康形象，提高审美能力和增强审美情趣，以达到外在美和内在美的统一，展示出大自然赋予人类的体态美和体育活动的运动美。

（二）康乐游戏类

康乐游戏类休闲运动有跳绳、钓鱼、放风筝、踢毽子、打陀螺、飞镖等。这些运动有些源于古代的民间游戏，历史悠久，在漫长的实践和传承过程中经过人们不断地修改、创新，发展成为现代颇具特色的项目。康乐游戏类休闲运动最大的特点是具有明显的娱乐性，在运动中尽情玩耍，在玩乐中强身健体、陶冶情操、培育品格、开拓思维，感受身心愉悦的体验。

（三）竞争对抗类

竞争对抗类休闲运动有休闲竞技比赛、野外拓展、组队对抗等项目，具有技艺性、竞争性和规则性的特点。体育运动的竞技性赋予体育这一人类文明活动无限的魅力，吸引着人们广泛参与。通过竞赛运动，可以展示自我、张扬个性，体现人类敢于创新、顽强拼搏、奋力争先的精神；可以满足竞争的心理，展示个人的智慧和才华；还可以从中学会正确处理人际关系，宣泄心中的郁闷，调整心态。

（四）养生保健类

养生保健类休闲运动有太极拳、八段锦、气功、五禽戏等，其特点是内向含蓄、自得其乐，在安逸的心境和清静的环境下，身心双修，在自由自在中养生。养生保健类休闲运动是超然洒脱、颐养性情的好方法，是中老年群体健身保健的首选方式。通过"调形"保持筋络畅通，防御治疗疾病；通过"调息"理顺呼吸系统，增强机体机能；通过"调意"畅快情怀心绪，孕育乐观向上的人生态度。

（五）探险拓展类

探险拓展类休闲运动有登山、野营、攀岩、蹦极、定向越野、漂流、溯溪、徒步穿越、驾车、自行车等项目，其内容丰富、形式独特，具有体能训练、技能训练、生存训练、心理训练、人格训练和管理训练等多方面的功能。它是征服自然的运动，是返璞归真的游戏，是勇敢者的挑战！探险拓展类项目是休闲体育运动中一朵璀璨的奇葩，吸引着众多热衷于冒险刺激、磨炼意志的运动休闲爱好者去探索、去体验，体现人生的价值。

随着我国社会经济的发展、人民生活水平的提高，休闲将成为人类社会的重要组成部分。休闲运动新的审美观念会随着人们新的生活态度而发生转变，精神美、行为美的运动审美观点会被越来越多的人接受。由现代社会信息化、机械化快速发展引发的一系列环境问题、社会问题，给人类身心健康和生活环境带来了巨大的挑战。休闲运动在现代社会中的渗透和推广，可以使人们从烦琐、枯燥、沉重的学习、工作生活中解脱出来，放松和愉悦疲惫的身心，调适心情、排解压力，在运动中汲取能量、重塑自信，体验休闲的乐趣，感悟生命的价值和意义。在当今休闲风潮和节能减排的时代背景下，休闲运动一定会成为现代人们放松身心、排解压力、享受健康生活的一种时尚运动方式。

第二节　现代健康观

一、健康的概念

从古至今，健康都是各朝各代人们谈论的永久话题，并被视为人生的第一需要。然而，什么是健康，如何正确理解和把握健康的确切内涵，这些问题都很关键。世界卫生组织提出的健康新概念：健康不仅为疾病或羸弱之消除，而系体格、精神与社会之完全健康状态。上述三个方面的有机结合，可构成人的生命质量。在人的生命这个三维立方体中，身体、心理和社会适应三种属性的面积越大，则生命立方体的体积越大，在自然和社会中所占的位置也越高，与社会的接触面也越大，显示出该个体的生命质量也越高。反之，如果这三种属性的面积越小，则个体与社会的接触面也越小，生命质量就越差。许多健康者的经验告诉我们，生命体的质量越高，则健康长寿的可能性就越大。相反，个体如果心理压抑和自我封闭，则极易产生疾病，缩短寿命。这也说明，一个人只有从身体、心理和社会适应三个方面着手，才能提高生命质量，保证其健康幸福的生活。

世界卫生组织在1978年国际初级卫生保健大会上所发表的《阿拉木图宣言》中指出：健康是基本人权，达到尽可能的健康水平，是世界范围内一项重要的社会性目标。后来，世界卫生组织又一次深化了健康的概念，认为健康包括躯体健康、心理健康、社会适应良好和道德健康。这种新的健康观念使医学模式从单一的生物医学模式演变为生物—心理—社会医学模式。这个现代健康概念中的心理健康和社会性健康是对生物医学模式下的健康的有力补充和发展，它既考虑到人的自然属性，又考虑到人的社会属性，从而摆脱了人们对健康的片面认识。

（一）躯体健康

躯体健康即生理健康，是指身体结构和功能正常，具有生活的自理能力。

（二）心理健康

心理健康是指个体能够正确认识自己，能及时调整自己的心态，使心理处于良好状态以适应外界的变化。心理健康有广义和狭义之分：狭义的心理健康主要是指无心理障碍等心理问题的状态；广义的心理健康还包括心理调节能力，发展心理效能。

（三）社会适应良好

较强的适应能力是心理健康的重要特征。心理健康的大学生，应能与社会保持良好的接触，对于社会现状有清晰、正确的认识。既有远大的理想和抱负，又不会沉湎于不切实际的幻想与奢望，注重现实与理想的统一。对于现实生活中所遇到的各种困难和挑战，不怨天尤人，能用切实有效的办法去解决。当发觉自己的理想和愿望与社会发展背道而驰时，能够迅速地进行自我调节，以求与社会发展一致，而不是逃避现实，更不妄自尊大和一意孤行。

（四）道德健康

道德健康是指能够按照社会规范的细则和要求来支配自己的行为，能为人们的幸福作贡献，表现为思想高尚，有理想、有道德、守纪律。

二、健康的标准

人人都想拥有一个健康的身体，但怎样才算健康呢？过去人们都认为身体没有疾病就是健康，这种认识是非常肤浅的。随着时代的前进和科学的进步发展，现代人对健康有了更科学、更全面的认识。世界卫生组织为人的健康提出了十条标准。

（1）有充沛的精力，能从容不迫地担负日常生活和繁重的工作，而且不感到过分紧张和疲劳。

（2）处事乐观，态度积极，乐于承担责任，事无大小。

（3）善于休息，睡眠良好。

（4）应变能力强，能适应外界环境中的各种变化。

（5）能抵抗一般性感冒和传染病。

（6）体重适当，身材发育匀称，站立时，头、肩、臂的位置协调。

（7）眼睛明亮，反应敏捷，眼睛不易发炎。

（8）牙齿清洁，无龋齿，不疼痛，牙龈颜色正常，无出血现象。

（9）头发有光泽，无头屑。

（10）肌肉丰满，皮肤有弹性。

新的健康观的核心思想是"人人为健康，健康为人人"。任何集体、个人对自然生态环境的破坏和污染及不道德、不讲卫生的行为，不但危害自己的身心健康，而且危害他人的健康。这种健康观是"机体—心理—社会—自然—生态—健康"的一种整体观，是一种社会协调发展型的健康观。对于健康来说，7%取决于气候与地理条件，8%取决于医疗条件，10%取决于社会条件，15%取决于遗传，60%取决于个人生活方式。

我国传统医学中，也有一套健康的标准。这一整套健康标准主要是针对中年人，因此也可以视为中年人的十大健康标准。这十大标准如下：

（1）眼有神：目光炯炯，无呆滞的感觉，说明精气旺盛，脏器功能良好，思想活跃。

（2）声息和：声如洪钟，呼吸从容不迫，心平气和，反映出肺脏功能良好，抵抗力强。

（3）前门松：指小便通畅，说明泌尿、生殖系统大体无恙。

（4）后门紧：大便每日一次，有规律，无腹痛、腹泻之虑，说明消化功能良好。

（5）形不丰：保持体形匀称，不宜过胖，标准体重（千克）=身高（厘米）-105（女性减100）。

（6）牙齿坚：注意口腔卫生，基本上无龋齿，反映肾精充足。

（7）腰腿灵：表现为肌肉、骨骼和四肢关节有力或灵活。

（8）脉形小：指每分钟心跳次数保持在正常范围（60～80次/分），说明心脏和循环功能良好。

（9）饮食稳：饮食坚持定时定量，不挑食和偏食，不饱食滥饮，无烟酒嗜好，注意饮食养生法。

（10）起居准：能按时起床和入睡，睡眠质量好。

第三节　休闲运动对健康的影响

在健康的要素中，生理健康是基础。它是其他健康要素的发展前提和保证。生理健康首先应身体机能正常，各器官系统功能协调配合，代谢良好。较高水平的生理健康表现为体能良好，体能是一种满足生活需要和有足够的能量完成各种活动的能力。休闲运动是提高体能的一种有效途径，是增进健康的一种有效方式。休闲运动还可以培养顽强的意志品质，调节心理平衡，降低紧张的心理，对心理健康有良好的促进作用。

一、休闲运动对运动系统的影响

运动系统主要由骨、软骨、关节和骨骼肌等组成，其主要功能是起支撑、保护和运动作用。人体的运动系统是否强壮、坚实、完善，对人的体质强弱有很大影响。休闲运动能增强运动系统的功能。它不仅为内脏器官，如心、肺、肝、肾以及脑、脊髓等的生长发育提供了可能，而且能保护这些器官使之不易受到外界的损伤。骨、软骨、关节、骨骼肌是人体运动器官，骨的质量，关节连接的牢固性、灵活性，肌肉收缩力量的大小和持续时间的长短等，在很大程度上决定着人体的运动能力。青少年经常从事休闲运动，能促进骨的生长，使骨骼长长、横径变粗，骨密度增大，骨重量增加。经常进行休闲运动锻炼，也能使肌纤维变粗，肌肉横断面积加大，肌肉收缩能力和张力增强，从而不断提高肌肉的力量和耐力。据测定，一般人的肌肉重量占体重的40%左右，而经常锻炼的运动员的肌肉重量可达体重的45%～50%。由此可见，休闲运动对于人体的肌肉、骨骼的发育起着良好的促进作用。

二、休闲运动对消化系统的影响

消化系统是由消化管与消化腺组成的。消化系统可把食物转化为身体所需要的营养物质，以供身体生长和维持生命，并将代谢过程中的残渣排出体外。经常参加休闲运动，对消化系统的机能有良好影响，可使胃肠的蠕动增强，消化液的分泌增多，因而使消化和吸收的能力提高；还能增加人体对食物的欲望和需要量，有利于增强体质。人的身体发育及脑力与体力劳动都需要大量的营养物质；同时，休闲运动能量消耗的增加会进一步加快新陈代谢的过程，从而促使胃肠消化机能同步加强。在这种情况下，消化系统分泌的消化液增多，消化道的蠕动加强，胃肠的血液循环得到改善，从而使食物的消化和营养物质的吸收进行得更加充分和顺利。休闲运动能使呼吸加深，膈肌大幅度上下移动，腹肌大量活动，这对胃肠能产生一种特殊的按摩作用，对增强胃肠的消化功能有良好影响。经常参加休闲运动，对防治肠胃疾病有良好作用。例如：腹肌过分松弛无力，往往容易导致内脏下垂、消化不良、便秘等，通过休闲运动加强腹肌力量，可以预防这些疾病。同时，利用休闲运动使人增进食欲，提高消化能力，改善肠胃消化功能的良好作用，作为治疗消化不良、胃肠神经官能症、溃疡等疾病的手段，也能取得良好的效果。

三、休闲运动对神经系统的影响

神经系统包括中枢神经系统和周围神经系统。中枢神经系统是指挥整个机体活动的"司令部"。人体的一切活动，其本质都是神经系统的反射活动，都是经过感知、分析、判断、做出反应这个过程来完成的。巴甫洛夫认为："神经系统的活动一方面使有机体各部分的活动统一合作，另一方面使有机体与外界环境发生关系，使有机体各系统与外界平衡。"

（一）改善和提高神经系统的反应能力

经常参加休闲运动可以改善和提高神经系统的反应能力，使之思维敏捷，调控身体运动更加准确协调。大脑虽然只占人体重的2%，但是所需要的氧气是由心脏总血流量的20%来供应，比肌肉工作时所需的血流量还要多。进行体育锻炼，特别是到大自然中去锻炼，可以改善神经系统，尤其是大脑的供血、供氧情况，从而一方面可以使中枢神经系统及其主导部分大脑皮质的兴奋性增强，抑制加深，抑制、兴奋更加集中，改善神经过程的均衡性和灵活性，提高大脑皮质的分析、综合能力，以保证机体对外界不断变化的环境有更强的适应性；另一方面，休闲运动可以改善和提高中枢神经系统对身体内部各器官、组织的调节能力，使各器官、组织的活动更加灵活、协调，机体的工作能力得到提高。

（二）有效地消除脑细胞的疲劳

经常参加休闲运动可以使大脑皮质的兴奋与抑制经常保持平衡状态，能有效地消除脑细胞的疲劳，提高学习和工作效率。消除疲劳的方法有两种：静止性（消极）休息和活动性（积极）休息。静止性休息主要是通过睡眠，使大脑细胞产生广泛的抑制，从而使已经疲劳的脑细胞恢复机能；活动性休息则是通过一定的户外活动，使大脑皮质不同功能的细胞产生兴奋与抑制过程相互诱导，从而使细胞得到交替休息。这两种休息的方法和效果是不尽相同的，后者要优于前者。另外，由于休闲运动使血液循环加快，在单位时间内流经脑细胞的血液增多，能量物质的补充较快，且户外空气中氧气含量要明显高于户内，因此，通过血液循环，能使脑细胞获得更多的氧气，加快新陈代谢，加快疲劳的消除，使我们的大脑更清醒、更灵活，从而提高学习和工作效率。

（三）预防和治疗神经衰弱

经常参加休闲运动可以预防和治疗神经衰弱。神经衰弱一般是由于长期用脑，不注意休息，使大脑皮质兴奋、抑制长时间失衡而引起的神经系统机能下降的一种功能性疾病。现在国际上广泛开展的健身跑活动，对于一些患有轻度神经性失眠者来说，能起到帮助快速进入睡眠的作用。国内外一些医生，经常为身患轻微神经衰弱的病人开运动处方，以运动代替药物。

四、休闲运动对心智的影响

（一）有助于智力的发展和提高

经常参加休闲运动，可以促进大脑的开发，使神经系统的兴奋和抑制过程更加集中，对外刺激的反应更加迅速、准确，还可以提高人的视觉、听觉、感觉、神经传导速度，以及神经过程的均衡性和灵活性，促进神经系统功能的增强，有助于智力的发展和提高。

（二）有助于情感与情绪的调节和改善

休闲运动不但可以转移不愉快的意识、情绪和行为，使人从烦恼和痛苦中解脱出来，而且不良情绪也可以得到及时的宣泄。

（三）有助于坚强意志品质的培养和形成

在休闲运动中，要不断地克服客观困难和主观困难，在战胜自我的前提下，越是努力克服主客观方面的困难，就越能培养良好的意志品质。

（四）有助于自我正确观念的确立和人际关系的改善

通过休闲运动，可以结识更多的朋友，每个人都能融入集体，为自己成为集体中的一员而心情舒畅，精神振奋。

（五）有助于减轻疲劳，消除心理障碍

休闲运动能使自身的心理机能、身体素质得到改善，身心得到一种舒适的感受，减轻疲劳，产生积极的成就感，从而增强自信心，摆脱压抑、悲观等消极情绪，消除心理障碍。

第二章　运动处方与营养

本章提要

　　营养是人类进行运动的重要物质基础，人体的各种生理活动和体力活动，乃至人体生命的存在，都离不开营养。我们应了解人体所必需的基本营养物质及其功能和作用，将科学的运动与营养相结合，培养健康合理的饮食习惯，制订适合自己的休闲运动处方，有效地提高自身的健康水平和运动能力。

第一节　运动处方概述

一、运动处方的基本概念

　　"运动处方"一词最早是美国生理学家卡波维奇在 20 世纪 50 年代提出的，当时主要应用于康复医学领域中冠心病的康复，由于其良好的康复效果而得到广泛认可。20 世纪 80 年代，运动处方随着康复医学被引入我国，主要应用于心脏病的康复治疗。1995 年我国颁布了《全民健身计划纲要》，从此，运动处方在全民健身人群中的应用逐渐扩大。人们为了达到更好的休闲健身效果，更加注重休闲运动健身的科学性和有效性。

　　运动处方的完整概念：由注册康复医师、康复治疗师、社会体育指导员或健身私人教练，根据患者或体育锻炼者的年龄、性别、健康状况、身体素质以及运动试验和体力测验情况，用处方的形式指导运动者的运动形式、运动强度、运动时间及运动频率，并提出运动中的注意事项，以达到科学、有计划地进行康复治疗或预防健身目的。

二、运动处方的分类

根据运动处方的对象不同，运动处方可分为康复治疗性运动处方和预防健身性运动处方。

（一）康复治疗性运动处方

康复治疗性运动处方的对象是经过临床治疗达到基本痊愈，但遗留有不同程度身体机能下降或功能障碍的患者。这类运动处方的目的是，通过运动疗法帮助患者提高身体机能，缓解症状，减轻或消除功能障碍，恢复肢体功能，尽量提高患者的生活自理和工作能力。康复治疗性运动处方主要用于综合医院的康复科、康复医疗机构。康复治疗性运动处方主要由康复医师、康复治疗师来制订。

（二）预防健身性运动处方

预防健身性运动处方的对象是全民健身运动参加者，特别是身体基本健康的中老年人以及长期缺乏体育锻炼的亚健康人群。运动处方的主要目的是指导人们科学地进行体育锻炼，以便更有效、更科学地增强体质，提高健康体适能，预防和治疗慢性疾病的发生，防止过早衰老等。预防健身性运动处方主要由社会体育指导员和私人健身教练来制订。本章主要介绍以休闲娱乐健身为目的的预防健身性运动处方。

三、运动处方的作用

运动处方的作用主要表现在康复治疗和预防健身中。运动处方在康复治疗中的作用表现为，按照运动处方进行康复锻炼，能更有效地促进功能恢复，减轻功能障碍的影响，达到更好的康复效果。运动处方在预防健身中的作用表现为，采用运动处方进行锻炼，用更有针对性的科学锻炼达到更佳的健身效果，达到增强体质、增进健康、预防疾病的目的。

四、运动处方的基本原则

（一）个性化原则

个性化原则是指运动处方是根据锻炼者自身的特点制订的，只适合锻炼者自己，其他人不能通用，要根据每一个参加锻炼者的具体情况，制订出符合个人身体客观条件及要求的运动处方。年龄性别不同，身体状况不同，锻炼目的不同，制订的运动处方也不同。即使是相同的锻炼目的，其身体状况不同，运动处方也不同。同一个人在不同的状态下，运动处方也应有所不同。

（二）循序渐进原则

循序渐进原则是指运动处方的制订和实施过程中，处方的内容和运动量的安排，要遵循动作的选择由易到难、由简到繁，运动量由小到大、逐渐提高的过程。

（三）安全有效性原则

安全有效性原则是指运动处方的制订和实施既要确保达到良好的锻炼效果，又不能发生伤害事故。反映在运动强度的安排上，安全性是运动强度的上限，高于上限就有安全风险；有效性是运动强度的下限，低于下限就达不到应有的效果。

（四）全面发展原则

全面发展原则是指运动处方应遵循身心全面健康的原则。在运动处方的制订和实施中，应注意维持人体生理和心理的平衡，以达到"全面身心健康"的目的。

第二节　运动处方的制订与实施

运动处方的制订和实施程序包括全面了解处方对象的体质健康状况、临床检查和功能检查、运动试验及体力测验、制订运动处方、实施运动处方等步骤。

一、全面了解处方对象的体质健康状况

在制订运动处方前，要通过问询、问卷调查、医学检查、体质测量等方法，全面了解处方对象的身体状况，一般应包括：身体发育情况、疾病史、目前伤病情况和治疗情况、近期身体健康检查结果、身体素质和健康体适能测定结果、运动史、锻炼情况等。全面了解情况的目的是为了排除运动禁忌证，确定运动目的，确定运动功能评定方案，为检查锻炼效果提供原始资料。

二、临床检查和功能检查

运动处方的临床检查主要包括：运动系统的检查、心血管系统的检查、呼吸系统的检查、神经系统的检查等。

检查的目的：对现在的健康状况进行评价；评判能否进行运动和参与运动负荷试验；是否有潜在性疾病或危险因素，预防事故。总之，医学检查的基本目的在于掌握个人的状况，为制订运动处方掌握必要的信息。

三、运动试验及体力测验

运动功能评定是指根据运动处方的目的，进行相应的器官系统的功能状况检查评定。以康复治疗为目的的，要对相应功能障碍的部位进行关节活动幅度评定和肌肉力量评定；以增肌为目的的，要进行肌力和体围指标的测量评定；以提高心肺功能或减脂为目的的，要进行心肺功能检查评定。

四、制订运动处方

（一）确定运动目的

确定运动处方的目的就是要确定运动处方的锻炼是为了功能恢复、消除或减轻功能障碍，还是提高心肺功能、增肌或是减脂等。

（二）确定运动种类

运动种类的选择应考虑到以下几个方面：运动目的；临床检查和功能检查的结果；运动者的运动经历、兴趣、爱好和特长等；运动的环境、条件等。运动处方的种类分为有氧运动、力量练习、拉伸和柔韧性练习三类，可以根据需要选择这三类中的某一类，也可以是其中的某两类，或者是三类都有。

例如，以减脂和提高心肺功能为目的的运动处方，运动种类应选择有氧运动，如慢跑。若锻炼者的体重过大或腿部力量较弱，则可以先加强腿部力量训练，同时进行运动强度较低的走跑交替运动，等腿部力量跟上了，再进行慢跑。

（三）确定运动量

运动量的大小主要是由运动强度和持续运动时间（组数、间歇时间）决定的。

1.有氧运动的运动量的确定

有氧运动的运动量是由运动强度和持续运动时间决定的。有氧运动的运动强度是以靶心率来表达的，以最大心率的65％～85％为靶心率，即靶心率＝（220－年龄）×（65%～85%）。这个公式中唯一的变量就是年龄，按照这一公式，同一年龄的锻炼者，靶心率都是一样的，这显然不是很科学。目前在实际操作中，引入了年龄和静态心率两个变量来表达。把有氧运动按照锻炼目的不同分为以提高心肺功能为目的的有氧运动和以减脂为目的的有氧运动，其靶心率计算公式如下：

（1）以提高心肺功能为目的靶心率为：

$$靶心率＝[（220－年龄）－静态心率]×（60％～80％）$$

其中，220－年龄＝最大心率，最大心率－静态心率＝储备心率。

（2）以减脂为目的靶心率为：

$$靶心率 = [（220 - 年龄）- 静态心率] \times （40\% \sim 60\%）$$

根据锻炼者的肥胖程度，重度肥胖者起始锻炼的靶心率一般采用储备心率×40%，中度和轻度肥胖者起始锻炼的靶心率一般采用储备心率×50%。

以提高心肺功能为目的的有氧运动的持续运动时间为 20 ～ 60 分钟。开始运动的时候持续运动的时间不要过长，适应后逐渐延长运动时间。

以减脂为目的的有氧运动的持续运动时间最低不能少于 40 分钟，一般持续运动时间控制在 40 ～ 80 分钟。

2.力量练习的运动量的确定

力量练习的运动量是由抗阻力大小、重复次数、组数以及组间间隔时间决定的。力量练习的运动强度是以抗阻力大小而不是以心率指标为准。

抗阻力大小一般用极限次数来表达运动强度，即用竭尽全力所能完成的次数来表达运动强度。以下是不同运动强度与对应的效果关系：

极限强度和大强度（1 ～ 5 次）：主要是增长力量最快。

中等强度（6 ～ 8 次）：主要是增长肌肉体积，增长力量。

中小强度（9 ～ 12 次）：主要是发达小肌肉群和增加肌肉的线条弹性。

小强度（13 次以上）：主要是减缩皮下脂肪和增加肌肉弹性。

一般根据力量练习所需要达到的效果选择不同的抗阻力大小，比如，要达到增肌效果的，就采用中等强度（极限次数 8 ～ 12 次）；要减缩皮下脂肪和增加肌肉弹性就要选用小强度（极限次数 13 次以上）。

力量练习的组数包括每个部位肌肉练习的组数与一次训练课的总组数。首先要了解每个动作应该练几组，然后依照训练的水平决定每次练习的总组数。练习组数的多少还取决于不同的体质、体力和训练水平，必须根据实际情况，不能无限制地增加组数，否则就会导致训练过度。依据训练水平（原则上以系统训练时间为依据）分为：初级Ⅰ段（开始至 3 个月）、初级Ⅱ段（3 ～ 6 个月）、中级阶段（6 个月～ 1 年）、高级阶段（1 年以上）。同时，大肌肉群和小肌肉群练习的组数也略有区别。我们通常将全身肌肉分为大肌肉群和小肌肉群，两者之间的训练组数是不同的。胸部肌群、背部肌群、臀部肌群和腿部肌群为大肌肉群，肩部、上臂肌群、前臂肌群为小肌肉群。腹部肌肉群为特殊肌肉群。原则上小肌肉群是大肌肉群的组数的 2/3。根据不同的训练阶段，练习组数安排如下：

阶　段	大肌肉群	小肌肉群	总组数
初级Ⅰ段	2 ～ 4 组	2 ～ 3 组	20 ～ 25 组
初级Ⅱ段	5 ～ 7 组	3 ～ 4 组	32 ～ 36 组
中级阶段	8 ～ 10 组	5 ～ 6 组	不超过 40 组
高级阶段	12 ～ 14 组	8 ～ 10 组	具体情况而定

决定运动强度大小的另一个因素是组间间歇。在两组练习之间，应该有一个最合适的休息时间。训练间歇必须合理才能使肌肉保持最佳兴奋状态。间歇时间过短，肌肉不能消除疲劳；而过长，不但上一组的训练痕迹消失，达不到训练效果，还会影响训练情绪，甚至引发伤害事故。根据不同的训练阶段，间歇时间安排如下：

初级Ⅰ段：间歇 90 ～ 120 秒

初级Ⅱ段：间歇 70 ～ 90 秒

中级阶段：间歇 60 ～ 70 秒

高级阶段：间歇 45 ～ 60 秒

间歇是为了练习的连续性和尽快消除疲劳，不能采用躺卧、静坐等静止不动的消极性休息方式，而应该采取积极的休息方式。首先，必须要做的就是调整呼吸，做几次深呼吸，增加吸氧量，使体内供氧充足，让肌肉得到放松；其次，应对肌肉进行放松按摩，如快速抖动肌肉，有节奏地按捏、叩击和做一些使肌肉充分拉长的伸展动作，以尽快消除肌肉紧张状态，达到消除疲劳的目的。另外，为了增加练习效果，应在间歇时间内默念动作过程和技术要领。

（四）确定运动频率

1.有氧运动的运动频率

在运动处方中，运动频率常常用每周的锻炼次数来表示。运动频率取决于运动强度和每次运动持续的时间。一般认为：每周锻炼 3 ～ 4 次，即隔一天锻炼一次，这种锻炼的效率最高。最低的运动频率为每周锻炼 2 次。运动频率更高时，锻炼的效率增加并不多，却有增加运动损伤的风险。中小运动量的有氧运动可每天进行。

2.力量练习的运动频率

力量练习的运动频率确定的依据是，每个部位的肌肉充分锻炼后，要休息 48 小时才能进行再次锻炼。如果每一次都是全身肌肉的锻炼，运动频率则为每周锻炼 3 ～ 4 次，即隔一天锻炼一次。如果把全身肌肉分成两部分进行分部锻炼，一天练一部分，运动频率就是每天锻炼。

3.拉伸和柔韧性练习

拉伸和柔韧性练习的运动频率一般为每日 1 次或每日两次。

（五）注意事项

为了确保安全，在运动处方中，要根据参加锻炼者或者患者的具体情况，提出相应的注意事项。

1.有氧运动的注意事项

（1）起始运动强度不能过大，要从靶心率的下限开始。

（2）运动量要从小到大，循序渐进，每一个强度都要充分适应后再加量。

（3）运动量必须始终控制在靶心率的范围内，保证运动处方的有效和安全。

（4）要做好充分的准备活动和拉伸放松活动。

（5）以减脂为目的的有氧运动要特别强调运动与科学饮食相结合。

2.力量性运动的注意事项

（1）力量练习前应做好充分的准备活动，每做完一组练习，都要及时拉伸放松目标肌肉，全部完成后，要做好全身拉伸放松活动。

（2）正确使用器械、设备，确保安全。

（3）练习时动作要正确，要注意引导目标肌肉用力。

（4）在进行大重量的力量训练时，要给予保护和帮助。

（5）要用正确的呼吸方法，注意肌肉用力时要闭气用力，不要憋气用力。

五、实施运动处方

（一）实施运动处方的步骤

实施运动处方一般分为以下几个步骤：

（1）由运动处方制订者详细介绍运动处方的内容，使锻炼者充分理解运动处方的目的及意义。

（2）逐项学习、体验运动处方的各项内容，掌握正确的动作方法。

（3）在掌握正确的动作方法的基础上，把运动强度逐步加到符合运动目的需要的最低强度进行练习，结合自感用力度，对初始运动强度进行调整和确认。

（4）按照调整和确认好的运动强度进行锻炼，并随着锻炼者能力的提高，对锻炼项目的运动强度、运动时间或组数、次数和组间间隔时间进行微调。

（5）一个运动周期后，对运动处方效果进行评价，根据评价调整运动处方内容。

（二）运动处方一次训练课的实施安排

在运动处方的实施过程中，每一次训练课都应包括三个部分，即准备活动部分、基本部分、拉伸和放松部分。

1.准备活动部分

准备活动部分的主要作用：使身体逐渐从安静状态进入到工作（运动）状态，逐渐适应运动强度较大的基本部分的需要，避免出现心血管、呼吸等内脏器官系统突然承受较大运动负荷而引起的意外，避免肌肉、韧带、关节等运动器官的损伤。

2.基本部分

运动处方的基本部分是运动处方的主要内容，是达到健身目的的主要途径。运动处方基本部分的运动内容、运动强度、运动时间等，应按照具体运动处方的规定实施。

3.拉伸和放松部分

每一次按运动处方进行锻炼时，都应安排拉伸和放松活动。拉伸和放松活动的主要作用：通过拉伸放松使肌肉的血流量增加，肌肉能更快地得到放松和恢复。

（三）运动中的医务监督

在运动处方的实施过程中，应对锻炼者进行医务监督，以确保实施运动处方的安全性。预防健身性运动处方的锻炼者主要是进行自我监督，康复治疗性运动处方的实施应进行医务监督。

在运动处方的实施过程中，预防健身性运动处方的锻炼者的自我监督，应注意对运动强度的监控。一般常采用靶心率和自感用力程度相结合的方式。在运动过程中主要观察自己的健康状况和身体功能状态。内容有：主观感觉（运动心情、不良感觉、睡眠、食欲、排汗量等）和简单的客观检查（心率、体重、运动效果等）。

六、运动处方的格式范例

（一）运动处方的基本格式

（1）一般资料。

（2）临床诊断结果。

（3）临床检查和功能检查结果。

（4）运动试验和体力测验结果。

（5）运动目的。

（6）运动内容。

（7）运动强度。

（8）运动时间。

（9）运动频率。

（10）注意事项。

（11）开处方者签字。

（12）运动处方的制订时间。

（二）以提高心肺功能为目的的健身运动处方格式

姓名：　　　　性别：　　　　　年龄：　　　　　日期：

临床检查结果：

机能检查结果：

运动试验结果：

体力测验结果：

运动目的：发展和保持心肺功能，提高健康水平。

运动内容：有氧运动。

运动强度：储备心率的 60 % ～ 80 %。

运动时间：20 ～ 40 分钟。

运动频率：每周 3 ～ 4 次。

注意事项：

开处方者签名：

（三）以减脂为目的的健身运动处方格式

姓名：　　　　性别：　　　　年龄：　　　日期：　　　身高：　　　体重：

临床检查结果：

机能检查结果：

运动试验结果：

体力测验结果：

运动目的：控制体重，缩减脂肪，降低体脂百分比，预防肥胖并发症。

运动内容：低强度的有氧运动。

运动强度：储备心率的 40％～ 60％。

运动时间：40～ 80 分钟。

运动频率：每周 3～ 5 次。

注意事项：

开处方者签名：

（四）以增肌为目的的健身运动处方格式

姓名：　　　　性别：　　　　　　年龄：　　　　　　日期：

临床检查结果：

机能检查结果：

运动试验结果：

体格测验结果：

运动目的：发展全身肌肉和体力，塑造健美身材，提高健康水平。

运动内容：力量练习。

运动强度：8～ 12 次。

练习组数：3～ 4 组。

组间间隔：60～ 90 秒。

运动频率：每周 3～ 4 次。

注意事项：

开处方者签名：

第三节　运动与营养膳食

一、休闲运动与营养补充的关系

　　休闲运动作为运动中的一类运动形式，也需要足够的能量方能维持其活跃性。能量是维持正常生命活动的基础，也是维持人体运动能力的重要前提，而通过营养的补充进而增加机体能量，则具有十分重要的作用。因此，在运动与营养之间存在一个重要的纽带：通过合理的营养补充，可以显著性地提高运动能力。我们知道运动营养主要研究合理营养对运动员竞技能力和健康的影响，包括运动员在不同的训练或比赛情况下的营养需要，饮食和营养干预措施对提高运动员机体机能、运动能力的作用，营养与体力适应、疲劳恢复、运动性疾病防治以及健康的关系等方面，因此在休闲运动与营养补充之间也存在着十分重要的联系。

合理营养有助于提高运动能力和促进运动后的体力恢复，使锻炼者保持良好的身体状态，对锻炼者的机能状态、体力适应过程、运动后体力的恢复及防止运动性疾病有良好作用。任何形式的运动均以热能的消耗为基础，但体内能源贮备中，如果无充足可利用的能源物，即当体内糖原水平极低而不能满足不断合成能量的要求时，需要注意摄取含碳水化合物丰富的食物，以保证体内有充足的糖原贮备。维生素也同样重要，因为维生素和微量元素多数是辅酶Q的组成成分或激活剂，而这些酶对能源物质在人体内的贮存或分解极为重要。合理营养有助于剧烈运动后的恢复，运动能力恢复的关键在于恢复身体的代谢能力，这包括肌肉及肝脏的糖原贮备、关键酶的浓度（B族维生素及微量元素等）、体液、微量元素（如铁）平衡及细胞膜的完整性等，这些代谢能力的恢复主要借助合理营养的措施得以实现。合理营养可减轻运动性疲劳的程度或延缓其发生。因此，在休闲运动过程中，进行合理营养具有十分重要的作用。

二、营养素

（一）七大类营养素的功效

1. 蛋白质的功效

蛋白质是由氨基酸组成的一类高分子的有机化合物，自然界已知存在20种氨基酸。食物中的氨基酸就其功能来说可分为必需氨基酸和非必需氨基酸两类。前者是人体不能合成或合成不能满足需要的，必须从食物中摄取，后者也为身体所需要，但是可以自己合成。食物蛋白质的营养价值取决于必需氨基酸的含量以及它们之间的比例，如奶制品和蛋类中必需氨基酸的含量高，且各氨基酸之间的比例接近人体蛋白质的组成，故营养价值很高。蛋白质在体内的功能主要有：① 构成人体成分，人体含蛋白质16%～20%，是肌肉等各组织器官的重要组成成分；② 合成人体各种生理活性物质，如胰岛素等激素、抗感染的抗体、参与生化反应的酶等；③ 提供热能，1克蛋白质在体内分解可产热4千卡。

2. 碳水化合物的功效

碳水化合物包括单糖（葡萄糖、果糖）、双糖（蔗糖、麦芽糖）、多糖（淀粉、糖原）。膳食纤维也是一种碳水化合物，因体内没有相应的消化酶而不能被机体吸收利用。碳水化合物在体内的功能主要有三种：① 提供热能，人体每日所需热能大部分来源于碳水化合物，它是最容易获得、最经济的能源；1克碳水化合物在体内分解可产热4千卡；② 构成体内重要生命物质，神经组织的重要成分糖脂即由糖参与构成；③ 节约蛋白质，摄入足够的碳水化合物可以增加肝糖原的贮存，减少蛋白质作为能量的消耗。

3. 脂类的功效

脂类分为脂肪和类脂质，其中脂肪由1分子甘油和3分子脂肪酸组成。类脂中除含有脂肪酸外，还有其他化合物，如固醇类（如胆固醇）。动物脂肪为固体状态，植物脂肪为液体状态，它们在人体内代谢比蛋白质和碳水化合物可产生更多的热量。脂类在体内的功能主要有三种：① 供给热能，三大营养素中脂肪产热量最多，1 克脂肪在体内分解可产热 9 千卡，因此体内脂肪是能量的储存库；② 构成机体组织，如类脂是细胞膜、神经组织的重要组成成分；③ 帮助脂溶性维生素吸收，增进食物的色、香、味，为机体提供必需脂肪酸（指身体不能合成，必须由食物中摄取的脂肪酸）。

4. 无机盐的功效

除了蛋白质、脂肪、碳水化合物等有机化合物外，人体需要的营养素还有无机的矿物质。成人每日需要量大于 100 毫克的称为常量元素或宏量元素（如钾、钠、钙、磷、镁、氯、硫七种），需要量小于 100 毫克的称为微量元素（如铁、锌、碘、硒、氟、铜、钼、锰、铬、镍、钒、锡、硅、钴 14 种）。无机盐种类繁多、功能各异，包括：① 构成机体的重要材料，如钙、磷等是骨骼、牙齿的重要成分；② 构成身体重要生理活性物质，如碘是甲状腺素的主要成分，铁是血红蛋白的主要成分；③ 与生理机能有关，如维持机体内环境的稳定平衡，与神经、肌肉的兴奋和收缩等有关。

5. 维生素的功效

维生素是近 100 年才陆续发现的一组有机营养素，目前已知的有 20 多种。它们需要量很少，但对维持身体健康极为重要。我们的身体不能合成，或合成很少不能满足需要，必须从食物中摄取。维生素依其性质分为两大类：一类能溶于脂肪的称为脂溶性维生素，体内能储存，摄入过多不能从尿内排出，可引起中毒；一类为水溶性维生素，体内不能储存，必须持续从食物中摄取，摄入过多可从尿中排出，不会引起中毒。各种维生素的主要功效见表 2-3-1。

表 2-3-1　各种维生素的主要功效

维生素名称		主要功效
脂溶性维生素	维生素A	维持正常的暗视觉、维持上皮细胞的正常功能
	维生素D	促进钙、磷的吸收和钙在骨骼中的沉积
	维生素E	保护细胞免受自由基的损害，增强免疫功能，延缓衰老
	维生素K	促进血液凝固
水溶性维生素	维生素B_1	参与机体能量代谢，提高食欲，增强消化功能
	维生素B_2	参与蛋白质代谢
	维生素B_3	参与体内氧化还原反应，促进消化，维持皮肤和神经的健康
	维生素B_5	抗应激、抗寒冷、抗感染
	维生素B_6	参与分解蛋白质、脂肪和碳水化合物
	维生素B_{12}	促进红细胞的发育和成熟，预防恶性贫血，维护神经系统健康

6. 水的功效

很多人认为，水是平常之物，尽管对人体非常重要，但没什么营养，不属于营养素。殊不知，所谓营养物质，就是能为生命活动提供能量、维持正常新陈代谢所需的元素。水是人体重要的组成成分，是营养物质的载体，各种代谢的废物也须溶于水从尿液或汗液中排出体外；此外，水可通过蒸发或分泌汗液来调节体温；水还有润滑作用，如润滑眼球防止干燥的泪液、滑润关节减少摩擦的关节滑液，它们的主要成分都是水。由此可见，水是维护人体机能必不可少的营养素之一。

7. 膳食纤维的功效

20世纪70年代以前，人们将食物用酸碱处理后的不溶物称为粗纤维，并认为粗纤维是对人体没有营养作用的非营养成分。经过近几十年的研究，人们发现这种粗纤维与人体健康密切相关，将其命名为膳食纤维，使之成为第七大营养素。膳食纤维是不能被人体小肠消化吸收的而在大肠能部分或全部发酵的可使用的植物性多糖及其相类似物质的总和，包括纤维素、半纤维素、果胶、树胶、木质素及相关植物物质和来源于动物的甲壳素等。植物性食物中，胃肠道不能消化的物质统称为膳食纤维。可溶性膳食纤维主要来自水果的树胶、果胶、藻胶、豆胶等；不溶性膳食纤维主要来自谷皮、果皮和蔬菜的纤维素、半纤维素、木质素等。膳食纤维的功用有：① 降低胆固醇水平。膳食纤维可在小肠包裹胆酸，阻断胆酸被小肠重吸收回肝脏生成胆固醇，从而降低血液中胆固醇水平，预防心脑血管疾病。② 预防便秘、减少肠道疾病的发生。膳食纤维有很强的吸水性和膨胀性，可刺激肠道蠕动，加速排便，减少致癌物质在肠道内的停留时间，降低直肠癌和痔疮的发生率。③ 预防糖尿病。膳食纤维能在肠道内形成一种黏膜，延缓食物营养素的消化过程，阻隔葡萄糖的吸收，从而降低血糖的水平，不易引起血糖的快速升高。④ 控制体重，防止肥胖。富含膳食纤维的食物单位重量所含能量低，吸水后体积较大，使人产生饱腹感，抑制食欲；加之膳食纤维还能减少脂肪的吸收，从而减少热量的摄入，有利于控制体重、预防肥胖。

（二）各类营养素的食物来源

认识了七大类营养素之后，还需要了解各种营养素含量较高的食物，以便我们有针对性地选择食物，完成食物的合理搭配和特定营养素的补充。（表2-3-2）

表2-3-2　各种营养素的食物来源

营养素名称	富含食物
蛋白质	动物性食物中以蛋类、瘦肉、乳类、鱼类、虾等含量丰富；植物性食物中以黄豆、蚕豆、花生、核桃、瓜子含量较多
脂　类	动物油，如猪油、鱼肝油；植物油，如菜油、花生油、豆油、芝麻油；肉类、蛋类、黄豆等也含有脂肪
碳水化合物	谷类：米、面、玉米； 淀粉类：红薯、土豆、芋头、绿豆、豌豆； 糖类：葡萄糖、果糖、蔗糖、麦芽糖
水	各种蔬菜、水果、水、饮料
膳食纤维	可溶性膳食纤维（如果胶、树胶和黏胶）富含于水果、燕麦、大麦和部分豆类中；不溶性膳食纤维（如纤维素和半纤维素）富含于玉米、麦麸等谷物、油菜、韭菜、芹菜、花生、核桃、桃、枣等食物中

营养素名称		富含食物
无机盐	钙	豆类、奶类、蛋黄、骨头、深绿色蔬菜、米糠、麦麸、花生、海带、紫菜等
	磷	粗粮、黄豆、蚕豆、花生、土豆、硬果类、肉、蛋、鱼、虾、奶类、肝脏等
	铁	肝脏、血、心、肝、肾、木耳、瘦肉、蛋、绿叶菜、芝麻、豆类、海带、紫菜、杏、桃、李等
	锌	海带、奶类、蛋类、牡蛎、大豆、茄子、扁豆等
	碘	海带、紫菜等
	硒	海产品、肝、肾、肉、大米等
脂溶性维生素	A	肝、胡萝卜、绿叶菜
	D	肝、蛋、奶、阳光转化
	E	麦胚油、芝麻油、豆油
	K	广泛存在于动植物中
水溶性维生素	B_1	硬果、豆类、全麦粉、粗粮、动物肉、内脏等
	B_2	硬果、肝、肾、肉、豆、蔬菜
	B_3	肉、各种豆类、硬果
	B_5	酵母、蛋黄、肝、谷物
	B_6	小麦胚、香蕉、硬果、豆
	B_{11}	各种绿叶菜、麦胚、水果
	B_{12}	肝、肾、鸡蛋、鱼

三、膳食营养补充

在进行休闲运动时，需根据运动的前、中、后分别进行不同的膳食营养补充。

（一）运动前的营养补充

休闲运动前，总的膳食原则如下：

（1）运动员所摄取的食物要满足其能量的需要，食物体积与重量要小，同时易于消化和吸收。饮食以高糖、低脂肪、适量蛋白质为主。

（2）避免摄入高脂肪、含粗纤维较多的粗杂粮、易产气的食物以及难以消化的食物。

（3）一餐应在运动开始前 3 小时之前完成。

（4）运动当日不应更换新的食物，不要改变运动员的饮食习惯和时间。

（5）补充充足的水分，适量的无机盐和维生素。

（二）运动中的膳食营养补充

（1）水的补充：积极主动、少量多次。

（2）糖的补充：宜选用葡萄糖、果糖、低聚糖的复合糖饮料，糖的浓度不超过8%；糖浓度以5%～7%，渗透压为250～370毫升为宜；每隔20分钟补充一次，补充量可以为20～60克/小时，或1～2克/千克体重。

（三）运动后的膳食营养补充

运动后合理营养对消除疲劳，保持运动能力是必要的。因此要加强运动后的营养，以维持良好的体力。

（1）水的补充：补液仍以少量多次为原则，不可一次大量饮水。运动后以摄取含糖的电解质饮料为佳，饮料的糖含量为5%～7%，钠盐含量为30～40毫克当量，以获得快速补水。

（2）糖的补充：运动后每小时至少摄入50克葡萄糖，才可使肌糖原的合成达到最佳的速率（每小时5～7毫摩尔/千克体重），此外要使膳食中摄入的糖所提供的能量占总能量的70%。

（3）无机盐和维生素的补充：运动后应补充适量钾、钠，尤其是钾；长距离运动使铁的消耗增加，要多选择铁吸收利用率高的食物，如动物肝脏、蛋黄等，补充维生素B_1、维生素C、维生素E、β-胡萝卜素和硒。

（4）蛋白质、氨基酸的补充：运动后蛋白质的补充以摄取优质蛋白为主，如鸡蛋、牛奶、牛肉、大豆蛋白等；游离氨基酸是较好的补充形式，不受蛋白质中氨基酸成分限制，可根据需要随时补充。

（5）碱性物质的补充：及时补充碱性饮料，可以维持体内电解质的平衡。

（6）脂肪酸类物质的补充：赛后摄入脂肪酸类物质可促进肌肉蛋白合成。

（7）可以进行特殊营养物质的补充。

总体而言，在进行休闲运动时，我们可以采用以下具体措施进行营养补充。

（1）身体应习惯于规律的营养配餐，合理地进行营养物质的摄取。

（2）合理安排每天饮食，注意不要暴饮暴食，过多摄取单一营养素。

（3）避免摄入脂肪含量过多的食物，蛋白质、脂肪和碳水化合物的配餐比例要合理。

（4）安排各种各样的营养配餐计划，饮食不单调，食物种类丰富多样。注意增加维生素和碳水化合物，多吃新鲜水果和蔬菜。

（5）注意摄入高质量的动物蛋白质，如牛奶、蛋白、瘦肉、鱼等食物，可增加机体骨骼肌的合成。

（6）淀粉类食物可为机体提供大量能量，如马铃薯、面食、豆类、谷物及谷类食品都含有大量的碳水化合物，因此是用来增加体内淀粉的理想食品。此外，大运动量训练后需进行糖原补充，如多喝营养丰富的果汁。

（7）多喝水果汁等健康饮品，可加入维生素制剂和牛奶；尽量少饮用茶、可乐和咖啡等刺激性饮料。

（8）运动前可适当服用肌酸、蛋白粉等，训练后需休息一段时间，尽量在安静状态下进食。

第三章　运动损伤的处置与康复训练

本章提要

随着人们对体育锻炼的重视，运动健身已经成了人们生活中不可缺少的内容。在运动给自身带来健康、快乐的同时，也不能忽视运动过程中潜在的安全隐患与损伤风险。只有掌握一定的运动损伤处置和急救方法，预防运动损伤的发生，才能更好地进行自我保健。

第一节　运动损伤概述

人体在健身或运动过程中所发生的损伤称为运动损伤。运动损伤也可发生在日常生活中，但更多的与运动项目及技术动作特点密切相关。

一、运动损伤的原因

造成运动损伤的原因很多，归纳起来主要有以下几个方面。

（一）缺乏预防意识

运动损伤的发生，常与锻炼者或体育教师对预防运动损伤的意义认识不足有关，缺乏预防意识，在健身锻炼、运动训练或教学中没有采取各种预防措施。特别是青少年，思想上麻痹大意，盲目进行锻炼，情绪急躁，急于求成，忽视了循序渐进和量力而行的原则；或在练习中因困难、恐惧、害羞等因素而产生的犹豫不决和过分紧张；器械练习中注意力不集中等，都是造成运动损伤的重要原因。

（二）准备活动不充分或不合理

据国内有关调查资料统计分析，在体育锻炼中缺乏准备活动或准备活动不合理，是造成运动损伤的首位或第二位原因。在准备活动中常存在的问题有以下几种：

（1）不做准备活动或准备活动不充分。在神经系统和内脏器官的功能尚未达到适宜的水平即进入紧张、激烈的运动或比赛，此时由于内脏器官存在惰性，肌肉、韧带的弹性和伸展性都不够，身体协调性差，难以适应激烈运动的需要；或对做准备活动的意义认识不足，准备活动马虎敷衍，因而容易发生肌肉拉伤和关节扭伤，甚至发生伤害事故。

（2）准备活动的内容与正式运动的内容配合不当。这就使运动中负担较重部位的功能没有得到充分的改善。例如，在冬天进行跳远练习前只做一般性的徒手练习，没有专门针对踝关节的准备活动，容易造成踝关节损伤。

（3）准备活动的量过大。身体在进入正式运动前已感疲劳，此时参加剧烈运动就容易受伤。

（4）准备活动距正式运动间隔过长，准备活动所产生的生理作用已经减弱或消失，失去了做准备活动的意义。

（三）技术动作错误

技术动作结构的错误，违反了人体结构特点及运动时的力学原理而造成损伤。例如，垫上做前滚翻时，因头部不正引起颈部扭伤；排球传接球时，因手型不正确而引起手指扭挫伤等。

（四）运动负荷过大

运动中运动负荷（尤其是局部负担）超过了锻炼者可以承受的生理负担量，尤其是肢体的局部负荷过大，常会引起微细损伤的积累而发生劳损。

（五）生理功能和心理状态不良

在睡眠或休息不好、患病或伤病初愈阶段，肌肉力量、动作的准确性和身体的协调性显著下降、注意力减退、反应较迟钝的疲劳症状出现时，参加剧烈运动或练习较难动作时就可能发生损伤。情绪低落、烦躁、胆怯、犹豫等心理原因，都可以成为运动损伤的原因。

（六）动作粗野或违反规则

在比赛中不遵守比赛规则或在练习中相互逗闹、动作粗野、故意犯规等，是在篮球、足球运动中常发生损伤的原因之一。

（七）场地或环境因素影响

运动场地不平，有碎石或杂物，跑道太硬或场地太滑，沙坑太硬或有石块，器械维护不良或年久失修造成运动时断裂等，器械的高低、大小或重量不符合锻炼者的体格和体能要求，或者练习时保护措施不当、运动时着装不合适等都极易引起损伤。

气温过高易引起疲劳和中暑；气温过低易发生冻伤，或身体协调性降低而引起肌肉和韧带损伤；潮湿高热易引起大量出汗，发生肌肉痉挛或虚脱；光线不良影响视力，使兴奋性降低，反应迟钝而导致受伤。此外，有害气体污染也是值得注意的不良因素。

二、运动损伤的分类

运动损伤的分类方法较多，常用的有以下几种。

（1）按损伤组织的种类分，可分为肌肉肌腱损伤、滑囊损伤、关节囊和韧带损伤、骨折、关节脱位、内脏损伤、脑震荡和神经损伤等。

（2）按损伤组织的创口界面分，可分为开放性损伤和闭合性损伤。开放性损伤指损伤组织有裂口与外界空气相通，如擦伤、撕裂伤、刺伤、切伤与开放性骨折等。闭合性损伤指损伤的组织无裂口与外界空气相通，如挫伤、肌肉韧带损伤和闭合性骨折等。

（3）按运动能力丧失的程度分，可分为轻伤、中等伤和重伤。伤后仍然能够按照训练计划进行体育锻炼的为轻伤；伤后不能按照教学训练计划进行体育锻炼，需要减少或停止患部活动的为中等伤；伤后完全不能运动的为重伤。

（4）按损伤病程分，可分为急性损伤和慢性损伤。急性损伤指人体在一瞬间遭受直接暴力或间接暴力的损伤；慢性损伤又分为劳损和陈旧性损伤。劳损是因局部负荷过重或多次微细损伤积累而成，陈旧性损伤常因急性损伤处理不当转变而成。

第二节　运动损伤的预防与处理

运动损伤有两大特点，其一是运动损伤与运动项目或者与项目的特殊技术要求有关，例如篮球运动的基本动作都要求膝关节呈半蹲位，而这个姿势又恰恰是膝关节的生理弱点，因此易导致膝关节损伤，而排球容易发生肩袖损伤等；其二是运动损伤中轻度的、慢性损伤居多，严重的损伤较少。作为健身爱好者，应对这些特点有所了解，以便正确地进行体育锻炼，减少运动损伤的发生，避免出现重大损伤。

一、运动损伤的预防原则

（1）加强运动安全教育，克服麻痹思想，提高预防损伤意识。

（2）认真做好准备活动，对可能发生运动损伤的环节和易伤部位，要及时采取预防措施。

（3）合理组织教学，合理安排运动量，科学进行体育锻炼，防止局部负担过重。

（4）加强保护与帮助，特别要提高锻炼者的自我保护能力。

锻炼者要提高自我防护能力，如摔倒时应立即屈肘、低头、团身、顺势滚动，切不可直臂撑地。由高处跳下或者立定跳远时，落地姿势是两脚分开，用前脚掌着地，注意屈膝、弯腰，两臂自然张开，以利于缓冲和保持身体平衡。

二、常见运动损伤的预防及处理措施

运动中有时可出现开放性损伤如擦伤、撕裂伤、刺伤、切伤等，须到门诊或医院进行伤口的消毒处理，必要时进行伤口缝合及注射破伤风抗毒素等处理。下面是运动中常见的各种闭合性损伤的处理及预防措施。

（一）挫 伤

挫伤是指运动中互相冲撞或在钝重器械打击下，使皮下组织、肌肉、韧带或其他组织受伤，而伤部皮肤往往完整无损或只有轻微破损。

1.挫伤的原因

运动中相互冲撞、被踢打或身体某部位碰撞在器械上，都可能发生局部组织的挫伤。

2.挫伤的预防

训练和比赛时，应加强必要的保护，穿戴好保护装置，改正错误动作，遵守竞赛规则，禁止粗野动作。

3.挫伤的治疗

伤后立即制动，然后局部冷敷、加压包扎、抬高患肢。若伤后肿胀不断增加，应立即送医院治疗，有肌肉、肌腱断裂者，应将肢体包扎固定后送医院。

（二）肌肉拉伤

肌肉主动强烈地收缩或被动过度地拉长所造成的肌肉细微损伤、肌肉部分撕裂或完全断裂，称为肌肉拉伤。

1.肌肉拉伤的原因

在体育运动中，由于准备活动不当，某局部肌肉的生理机能尚未达到适应运动所必须的状态；训练水平不够，肌肉的弹性和力量较差；疲劳或过度负荷，使肌肉的机能下降，力量减弱，协调性降低；错误的技术动作或运动时注意力不集中，动作过猛；气温过低或湿度太大，场地或器材的质量不良等都可以引起肌肉拉伤。

2.肌肉拉伤的预防

肌肉拉伤的预防，主要是针对导致肌肉拉伤发生的原因进行的。

（1）大强度运动前要做好准备活动，尤其是易伤部位的准备活动。

（2）体质较弱者练习时要量力而行，防止过度疲劳和局部负荷太重。

（3）要提高动作技能的协调性，不要用力过猛。

（4）注意锻炼场所的温度和湿度，冬季在野外锻炼要注意保暖，不可穿得太薄。

（5）注意观察肌肉的反应，如肌肉的硬度、弹力、疲劳程度等。

（6）肌肉拉伤后重新参加锻炼时要循序渐进，切勿操之过急，防止再度拉伤。

3.肌肉拉伤的治疗

肌肉抗阻力试验是检查肌肉拉伤的一种简便方法，做法是患者做受伤肌肉的主动收缩活动，检查者对该活动施加一定阻力，在对抗过程中出现疼痛的部位，即为拉伤肌肉的损伤处。

肌肉拉伤的治疗要根据具体情况而定。少量肌纤维断裂者，应立即给予冷敷，局部加压包扎，并抬高患肢，外敷中草药。肌肉大部分或完全断裂者，在加压包扎后应立即去医院进行手术缝合。

（三）韧带损伤

韧带损伤是指用力过大、过度牵伸而导致不同程度的韧带纤维或其附着处的断裂。

1.韧带损伤的原因

运动中由于场地不平、身体疲劳或跳起落地时身体失去平衡，引起某个关节发生异常活动，使关节周围的韧带受到过度牵扯而导致部分断裂或完全断裂。

2.韧带损伤的预防

韧带损伤最易发生在踝关节，其次是腕关节和膝关节，所以锻炼时可在这些部位加一些支持保护带。例如，在足球运动中使用护膝、护腕，在篮球、网球运动时使用护腕；避免在不平整的场地上锻炼；减少篮球、足球运动中的一些冲撞动作。平常要多做关节及韧带的拉伸练习，以增大肌肉韧带对关节的支持力。

3.韧带损伤的治疗

对于轻度韧带损伤，治疗方法主要是止痛与加快消肿。韧带损伤发生后，应进行局部冷敷、加压包扎、抬高伤肢，在 48 小时后对伤部周围热敷。中度损伤治疗的关键是制动，使韧带处在避免牵拉的位置，同时用弹性绷带固定受伤处并冷敷、抬高伤肢以便加速愈合。对于重度损伤，则应送医院进行断裂韧带缝合术。

（四）肩袖损伤

1.肩袖损伤的原因

在排球、气排球、网球、游泳及投掷运动项目中，需要肩关节反复外展、旋转或超常范围的活动，使肩袖肌腱与周围组织不断发生挤压和摩擦导致损伤。

2.肩袖损伤的预防

认真做好肩部的准备活动，合理安排训练和改进训练法，避免肩部负担过度；掌握正确的技术要领、注意纠正错误动作；加强肩部肌肉力量训练、提高肌肉力量和协调性；运动后采用按摩、热敷等方法促进局部疲劳的消除。

3.肩袖损伤的治疗

急性损伤时将上臂外展 30°，位置固定并适当休息。慢性损伤时，可采用针灸、热敷、中药外敷、痛点药物注射等方法治疗。

（五）网球肘

1.网球肘的原因

网球、乒乓球、羽毛球等运动项目中，由于"下旋""反拍"回击击球时，球的冲力太大，使肌腱纤维受到反复牵扯导致劳损。

2.网球肘的预防

加强腕部力量训练，防止前臂肌肉疲劳积累，做好准备活动，提高肌肉的反应性；平时加强肘关节的锻炼。在进行网球、羽毛球或乒乓球等锻炼时练习方法要得当，局部负担不宜太重，正确掌握反拍击球技术。发现病症，应及时治疗。

3.网球肘的治疗

发生网球肘后，要立即停止手臂用力的运动，休息三四个星期后症状可自行缓解；也可以每天用热毛巾或热水袋热敷 2～3 次，每次半个小时；局部按摩也是一个很好的方法。

（六）髌骨劳损

1.髌骨劳损的原因

髌骨劳损多由跑跳过多、膝关节长期负担过度或反复微细损伤的积累造成，也可由局部遭受一次撞击和牵扯所致。尤其是膝关节处于半蹲位时，韧带松弛，髌骨的腱膜和髌韧带所受的牵拉张力及髌骨、股骨相应关节面间所承受的挤压力较大，若膝关节起跳发力或屈伸扭转，作用力超过了组织的生理负荷，就会引起髌骨的损伤病变。

2.髌骨劳损的症状

髌骨劳损早期，症状较轻，在大运动量后感到膝痛和膝软，休息后症状缓解。随着病变的进展，疼痛逐渐加重，严重者走路和静坐时也痛，髌骨尖、髌骨周围有压迫痛。

3.髌骨劳损的预防

合理安排运动量，避免局部负荷过大，严禁"单打一"的训练方法。加强下肢肌肉力量的训练，尤其是股四头肌的力量训练，例如"靠墙深蹲"练习。每次训练后，做单足半蹲试验，以便及早发现，及时治疗。训练后要擦干汗水，注意膝部保暖，防止风寒侵袭，可采用热水浴、按摩等方法消除局部疲劳。

4.髌骨劳损的治疗

可采用理疗、中药外敷、针灸、按摩等措施。长期保守治疗无效，症状加重的髌骨软骨患者，应手术治疗。

（七）腰扭伤

1.腰扭伤的原因

腰扭伤在操类、羽毛球、网球、篮球、排球、举重、投掷等运动中最容易发生。在一些活动中，腰部的肌肉还没活动开就用力过猛，肌肉和韧带拉伸过度，或是负荷重量过大，强行用力，或是技术动作错误等，都会造成腰扭伤。

2.腰扭伤的预防

（1）在剧烈运动前做好充分的准备活动，特别是要做好腰部的准备活动，如前后弯腰、左右转身、上跳下蹲等，待腰部的血液流通加快、局部发热后再参加剧烈运动。

（2）注意运动及生活中腰部的正确姿势，发力得当。不管从事哪一项体育活动，腰部用力要逐渐加强，动作要协调平衡、不要用力过猛，避免直腿猛弯腰的错误姿势。

（3）加强腰部肌肉锻炼，尤其是以腰部活动为主的练习项目，使脊椎骨的活动度增加、韧带的弹性和伸展性增强、肌肉更加发达有力，这样在负担较大的情况下，就不容易发生棘间韧带撕裂或扭伤现象。

3.腰扭伤的治疗

发生腰扭伤后，要停止活动，立即卧硬板床休息。如果不休息、不及时治疗，容易反复发作留下病根，变成慢性腰腿痛。躺在床上休息时，为了使腰部的肌肉放松，腰下可垫个软枕头，以减轻疼痛。腰扭伤后，用热敷疗法较好，并注意适当加强背肌练习，建议及时去医院治疗。

（八）脑震荡

1.脑震荡的原因

头部受到外力打击或从高处跌落时头部撞地，导致脑部神经细胞和神经纤维受到震荡引起短暂的一时性意识障碍和脑功能障碍。

2.脑震荡的症状

一时性意识丧失、逆行性遗忘，伴有头晕、头痛、恶心、呕吐等症状。做脑部CT或核磁共振检查未发现脑部病理性改变。

3.脑震荡的急救处理及治疗

若伤员意识丧失可点掐人中穴、内关穴等。苏醒后卧床休息，直到头晕恶心症状消失为止。建议及时就医。

第三节　运动损伤的康复训练

康复训练是指锻炼者受损伤后进行有利于改善或恢复功能的身体活动。对锻炼者来说，除严重的损伤需要休息治疗外，一般的损伤是不必绝对停止身体活动的。而且，通过适当的、有目的的身体练习和功能锻炼，对于损伤的迅速愈合和促进功能恢复有着积极的作用。

一、康复训练的目的

（1）保持锻炼者已经获得的良好身体状态，使其一旦伤愈便能立即投入到正常锻炼中去。

（2）防止因停止锻炼而引起的各种病症。因为个体在长期的体育锻炼中建立起各种条件反射性联系，一旦突然停止锻炼便可能遭到破坏，进而产生严重的机能紊乱，如神经衰弱、胃扩张、胃肠道机能紊乱（功能性腹泻）等，即出现所谓的"运动应激综合征"。

（3）锻炼者伤后进行适当锻炼，可以改善受伤肢体（或受伤部位）的血液供应及营养，加速损伤的愈合，预防肌肉萎缩、关节韧带僵直、肌纤维粘连、骨质疏松等，加强关节的稳定性。

（4）通过伤后康复训练，可以使机体能量代谢趋于平衡，防止伤者个体体重的增加，缩短伤愈后恢复锻炼所需要的时间。

二、康复训练的原则

（1）伤后康复训练以不加重损伤、不影响损伤的愈合为前提，尽量不停止全身与局部的活动，伤部肌肉的锻炼开始得愈早愈好。

（2）在进行康复训练时，要根据自己的年龄、损伤部位和特点来选择伤后锻炼的手段和内容，安排好局部和全身的锻炼时间与活动量。

（3）康复训练的活动量安排，必须遵守循序渐进的原则。尤其是损伤愈合过程中的局部锻炼，动作的幅度、频率、持续时间、负荷量的大小等都应逐渐增加，以免加重损伤或影响损伤愈合，甚至使损伤久治不愈而演变为陈旧性损伤。

（4）注意局部专门练习与全面身体活动相结合。损伤初期，由于局部肿胀充血、疼痛和功能障碍等原因，应以全面身体活动为主；在不加重局部肿胀和疼痛的前提下，进行适当的局部活动。随着时间推移，损伤逐渐好转或趋向愈合，局部运动量和运动时间可逐渐增加。

三、康复训练的方法

康复训练具有明显的科学性和实践性，必须在康复训练师或者医务人员指导下科学地进行，防止康复训练中盲目、过早地进入大强度活动；同时，康复训练又必须调动患者的主观能动性，积极主动认真地做好每一项练习。

（一）主动活动与被动活动

（1）主动活动：依靠本身的肌肉力量做患处的负重或不负重的功能练习，逐步恢复、增强肌肉的力量、关节活动度及活动的速率。

（2）被动活动：依靠外力的帮助做患处的功能活动，通过被动活动使患处的活动范围逐步扩大，促进患处消肿散淤及粘连的吸收。

（3）主动活动与被动活动的练习次序：一般情况下，先做被动活动，再做主动活动，亦可在主动活动后再做被动活动。若后做被动活动，则操作时的负荷量要适当加大，最大不可超过正常的活动范围，否则，会造成患处再次损伤。

（二）动力练习与静力练习

（1）动力练习：利用肌肉本身的力量做肌肉、关节、韧带的负重或不负重的功能练习，如做关节绕环、屈伸、跑步、连续跳跃、投掷、拉力器练习、扩胸器练习等。

（2）静力练习：利用肌肉本身的力量，使患处保持一定角度的功能位置并持续一定时间的练习。逐步提高强度（角度、时间），促进患处的新陈代谢，增强功能。练习时可控制负荷，但最大负荷不要超过本人健康时的80%强度。特别是关节、韧带部位的损伤，静力练习尤为重要。

（3）动力练习与静力练习的练习次序：先做静力练习，再做动力练习，也可在动力练习后再做一次静力练习，但时间要比第一次静力练习少 1/2。

注意，冬天做静力练习，不要在风口、太冷的地方进行，以免发生其他疾病，从而影响健康。

（三）逆向练习

康复训练中的逆向练习，对大多数运动损伤的治疗大有好处，可以加强损伤部位的力量，减少疼痛。

所谓逆向练习，是指腹部损伤的康复练习必须做背部练习、上肢部位的损伤必须做下肢部位的康复练习、右侧肢体损伤必须做左侧肢体的康复练习。另外，屈、伸肌群，外展、内收肌群，旋内、旋外肌群等，按同理应用。当然，不是说不要做患处的康复练习，而是强调做相对应部位的练习，增加活动量，产生健侧机体的优势兴奋，从而淡化、抑制患侧机体的兴奋灶，并使之进入良性状态，达到修复损伤痕迹的效果。同时，练习健侧的肌肉群亦有利于放松患侧的肌肉及关节紧张度，促进患侧的血液循环，加快患处损伤组织的修复。如果使用对抗性的康复练习，练习开始前，必须对患处做好保护工作，如贴好应力橡皮膏等，以免造成肌肉、关节的再次损伤。

四、康复训练的评定

康复训练的目的是使机体在最短的时间里通过针对性练习，消除由于损伤造成的功能障碍。因此，评定康复训练效果的主要指标就是康复训练所花的时间和患处功能恢复的程度。所花时间越少，功能恢复越好，则效果越佳。

康复训练对患处功能恢复的影响，取决于肌肉的力量、关节的活动范围、韧带的负荷强度以及练习后机体的反应等各种因素。

必须明确的是，康复训练的效果一般不要求达到 100% 的效果后才进入正常的体育活动，经过康复训练达到 A 级评定，无特殊问题患者即可投入正常的体育活动，结束康复训练阶段。

第四章　学生体质健康测试

本章提要

《国家学生体质健康标准（2014年修订）》是《国家体育锻炼标准》在学校的具体实施，是国家对学生体质健康方面的基本要求。为了贯彻落实"健康第一"的指导思想，切实加强学校体育工作，促进学生积极参加体育锻炼，养成良好的锻炼习惯，提高学生的体质健康水平，在全国大中小学实施《国家学生体质健康标准（2014年修订）》具有重要的意义。

第一节　《国家学生体质健康标准（2014年修订）》实施说明*

一、说　明

《国家学生体质健康标准》（以下简称《标准》）是国家学校教育工作的基础性指导文件和教育质量基本标准，是评价学生综合素质、评估学校工作和衡量各地教育发展的重要依据，是《国家体育锻炼标准》在学校的具体实施，适用于全日制普通小学、初中、普通高中、中等职业学校、普通高等学校的学生。

本标准的修订坚持健康第一，落实《国家中长期教育改革和发展规划纲要（2010—2020年）》《国务院办公厅转发教育部等部门关于进一步加强学校体育工作若干意见的通知》《教育部关于印发〈学生体质健康监测评价办法〉等三个文件的通知》有关要求，着重提高《标准》应用的信度、效度和区分度，着重强化其教育激励、反馈调整和引导锻炼的功能，着重提高其教育监测和绩效评价的支撑能力。

本标准从身体形态、身体机能、身体素质等方面综合评定学生的体质健康水平，是促进

---

*节选自教育部印发的《国家学生体质健康标准（2014年修订）》。

学生体质健康发展、激励学生积极进行身体锻炼的教育手段，是国家学生发展核心素养体系和学业质量标准的重要组成部分，是学生体质健康的个体评价标准。

在本标准的适用对象中，大学一、二年级为一组，大学三、四年级为一组。

大学各组别的测试指标均为必测指标。其中，身体形态类中的身高、体重，身体机能类中的肺活量，以及身体素质类中的50米跑、坐位体前屈为各年级学生共性指标。

本标准的学年总分由标准分与附加分之和构成，满分为120分。标准分由各单项指标得分与权重乘积之和组成，满分为100分。附加分根据实测成绩确定，即对成绩超过100分的加分指标进行加分，满分为20分；大学的加分指标测试项目为男生引体向上和1000米跑，女生1分钟仰卧起坐和800米跑，各指标加分幅度均为10分。

根据学生学年总分评定等级：90.0分及以上为优秀，80.0～89.9分为良好，60.0～79.9分为及格，59.9分及以下为不及格。

每个学生每学年评定一次，记入《〈国家学生体质健康标准〉登记卡》。特殊学制的学校，在填写登记卡时可以按规定和需求相应地增减栏目。学生毕业时的成绩和等级，按毕业当年学年总分的50%与其他学年总分平均得分的50%之和进行评定。

学生测试成绩评定达到良好及以上者，方可参加评优与评奖；成绩达到优秀者，方可获体育奖学分。测试成绩评定不及格者，在本学年度准予补测一次，补测仍不及格，则学年成绩评定为不及格。普通高等学校学生毕业时，《标准》测试的成绩达不到50分者按结业或肄业处理。

学生因病或残疾可向学校提交暂缓或免予执行《标准》的申请，经医疗单位证明，体育教学部门核准，可暂缓或免予执行《标准》，并填写《免予执行〈国家学生体质健康标准〉申请表》，存入学生档案。确实丧失运动能力、被免予执行《标准》的残疾学生，仍可参加评优与评奖，毕业时《标准》成绩需注明免测。

各学校每学年开展覆盖本校各年级学生的《标准》测试工作，《标准》测试数据经当地教育行政部门按要求审核后，通过中国学生体质健康网上传至国家学生体质健康标准数据管理系统。测试和数据上传时间由教育行政部门确定。

二、单项指标与权重

单项指标与权重见表4-1-1。

表4-1-1　测试指标与权重

测试对象	单项指标	权重
大学各年级	体重指数（BMI）	15%
	肺活量	15%
	50米跑	20%
	坐位体前屈	10%
	立定跳远	10%
	引体向上（男）/1分钟仰卧起坐（女）	10%
	1000米跑（男）/800米跑（女）	20%

注：体重指数（BMI）=体重（千克）/身高^2（米^2）。

第二节　学生体质健康测试方法

一、身　高

受试者赤足，以立正姿势站在身高计的底板上（上肢自然下垂，脚跟并拢，脚尖分开约60°）。脚跟、骶骨部及两肩胛区与立柱相接触，躯干自然挺直，头部正直，耳屏上缘与眼眶下缘成水平位。测试人员站在受试者右侧，使水平压板轻轻沿立柱下滑，轻压于受试者。测试人员读数时两眼应与压板水平面等高，记录员复述后进行记录。以厘米为单位，精确到小数点后一位。测试误差不得超过0.5厘米。（图4-2-1）

图4-2-1

二、体　重

测试时，电子秤应放在平坦地面上。受试者赤足，男性受试者身着短裤，女性受试者身着短裤、短袖衫，站在秤台中央。读数以千克为单位，精确到小数点后一位。记录员复述后记录读数。测试误差不超过0.1千克。（图4-2-2）

三、肺活量

测试时，首先告知受试者不必紧张，并且要尽全力，以中等速度和力度吹气效果最好。受试者面对肺活量计站立，手持吹气口嘴；测试过程中，口嘴或鼻处不能漏气，如漏气应调整口嘴或用鼻夹（或自己捏鼻孔）；测试前，受试者应深吸气（避免耸肩提气，应该像闻花一样慢吸气）。受试者进行一两次较平日深一些的呼吸动作后，更深地吸一口气，屏住气向口嘴处慢慢呼出至不能再呼为止。测试中不得二次吸气。吹气完毕后，液晶屏上最终显示的数字，即肺活量值。以毫升为单位记录测试成绩，不保留小数。

图4-2-2

四、50米跑

受试者至少两人一组进行测试，站立式起跑。受试者听到"跑"的口令后开始起跑。发令员在发出口令的同时摆动发令旗。计时员视旗动开表计时，当受试者的躯干部到达终点线的垂直面时停表。以秒为单位记录测试成绩，精确到小数点后一位，小数点后第二位数按非0进1原则进位，如10.11秒读成10.2秒。

五、坐位体前屈

受试者两腿伸直，坐在平地上，两脚分开 10 ～ 15 厘米，平蹬测试纵板，上体前屈，两臂伸直，用两手中指指尖逐渐向前推动游标，直到不能前推为止（图 4-2-3）。测试计的脚蹬纵板内沿平面为 0 点，向后为负值，远离身体方向为正值。以厘米为单位记录测试成绩，保留 1 位小数。测试两次，取最好成绩。

图 4-2-3

六、立定跳远

受试者两脚自然分开，站在起跳线后，脚尖不得踩线（最好用线绳做起跳线）。两脚原地同时起跳，不得有垫步或连跳动作。丈量起跳线后缘至最近着地点后缘的垂直距离。以厘米为单位记录成绩，不计小数。

七、引体向上（男）

受试者跳起，两手正握杠，与肩同宽，直臂悬垂。静止后，两臂同时用力引体（身体不能有附加动作），上拉至下颌超过横杠上缘为完成一次。记录引体次数。

八、1 分钟仰卧起坐（女）

受试者仰卧，两腿屈膝，小腿与地面的为夹角 45° 左右，两手轻轻地扶在两耳侧，两脚平放于地面上。受试者坐起时，两肘触及或超过两膝为完成一次。仰卧时，两肩胛必须触垫。（图 4-2-4）

图 4-2-4

九、1000 米跑（男）/800 米跑（女）

受试者至少两人一组进行测试，站立式起跑。受试者听到"跑"的口令后开始起跑。计时员看到旗动开表计时，当受试者的躯干部到达终点线的垂直面时停表。以分、秒为单位记录测试成绩，保留 1 位小数。

第三节　《国家学生体质健康标准（2014年修订）》测试评分表

具测试评分表见表4-3-1至表4-3-7。

表4-3-1　体重指数（BMI）单项评分表　　　　　　　　　　（单位：千克/米²）

等　级	单项得分	大学男生	大学女生
正　常	100	17.9～23.9	17.2～23.9
低体重	80	≤17.8	≤17.1
超　重		24.0～27.9	24.0～27.9
肥　胖	60	≥28.0	≥28.0

表4-3-2　大学男生各测试项目评分表　　　　　　　　　　（大一、大二适用）

等　级	单项得分/分	肺活量/毫升	50米跑/秒	坐位体前屈/厘米	立定跳远/厘米	引体向上/次	耐力跑1000米/（分·秒）
优　秀	100	5040	6.7	24.9	273	19	3:17
	95	4920	6.8	23.1	268	18	3:22
	90	4800	6.9	21.3	263	17	3:27
良　好	85	4550	7.0	19.5	256	16	3:34
	80	4300	7.1	17.7	248	15	3:42
及　格	78	4180	7.3	16.3	244		3:47
	76	4060	7.5	14.9	240	14	3:52
	74	3940	7.7	13.5	236		3:57
	72	3820	7.9	12.1	232	13	4:02
	70	3700	8.1	10.7	228		4:07
	68	3580	8.3	9.3	224	12	4:12
	66	3460	8.5	7.9	220		4:17
	64	3340	8.7	6.5	216	11	4:22
	62	3220	8.9	5.1	212		4:27
	60	3100	9.1	3.7	208	10	4:32
不及格	50	2940	9.3	2.7	203	9	4:52
	40	2780	9.5	1.7	198	8	5:12
	30	2620	9.7	0.7	193	7	5:32
	20	2460	9.9	−0.3	188	6	5:52
	10	2300	10.1	−1.3	183	5	6:12

表4-3-3　大学男生各测试项目评分表　　　　　　（大三、大四适用）

等　级	单项得分/分	肺活量/毫升	50米跑/秒	坐位体前屈/厘米	立定跳远/厘米	引体向上/次	耐力跑1000米/（分·秒）
优　秀	100	5140	6.6	25.1	275	20	3:15
	95	5020	6.7	23.3	270	19	3:20
	90	4900	6.8	21.5	265	18	3:25
良　好	85	4650	6.9	19.9	258	17	3:32
	80	4400	7.0	18.2	250	16	3:40
及　格	78	4280	7.2	16.8	246		3:45
	76	4160	7.4	15.4	242	15	3:50
	74	4040	7.6	14.0	238		3:55
	72	3920	7.8	12.6	234	14	4:00
	70	3800	8.0	11.2	230		4:05
	68	3680	8.2	9.8	226	13	4:10
	66	3560	8.4	8.4	222		4:15
	64	3440	8.6	7.0	218	12	4:20
	62	3320	8.8	5.6	214		4:25
	60	3200	9.0	4.2	210	11	4:30
不及格	50	3030	9.2	3.2	205	10	4:50
	40	2860	9.4	2.2	200	9	5:10
	30	2690	9.6	1.2	195	8	5:30
	20	2520	9.8	0.2	190	7	5:50
	10	2350	10.0	-0.8	185	6	6:10

表4-3-4　大学女生各测试项目评分表　　　　　　（大一、大二适用）

等　级	单项得分/分	肺活量/毫升	50米跑/秒	坐位体前屈/厘米	立定跳远/厘米	1分钟仰卧起坐/次	耐力跑800米/（分·秒）
优　秀	100	3400	7.5	25.8	207	56	3:18
	95	3350	7.6	24.0	201	54	3:24
	90	3300	7.7	22.2	195	52	3:30
良　好	85	3150	8.0	20.6	188	49	3:37
	80	3000	8.3	19.0	181	46	3:44
及　格	78	2900	8.5	17.7	178	44	3:49
	76	2800	8.7	16.4	175	42	3:54
	74	2700	8.9	15.1	172	40	3:59
	72	2600	9.1	13.8	169	38	4:04
	70	2500	9.3	12.5	166	36	4:09

等　级	单项得分/ 分	肺活量/ 毫升	50米跑/ 秒	坐位体前屈/ 厘米	立定跳远/ 厘米	1分钟仰卧 起坐/次	耐力跑800米/ （分·秒）
	68	2400	9.5	11.2	163	34	4:14
	66	2300	9.7	9.9	160	32	4:19
及　格	64	2200	9.9	8.6	157	30	4:24
	62	2100	10.1	7.3	154	28	4:29
	60	2000	10.3	6.0	151	26	4:34
	50	1960	10.5	5.2	146	24	4:44
	40	1920	10.7	4.4	141	22	4:54
不及格	30	1880	10.9	3.6	136	20	5:04
	20	1840	11.1	2.8	131	18	5:14
	10	1800	11.3	2.0	126	16	5:24

表 4-3-5　大学女生各测试项目评分表　　　（大三、大四适用）

等　级	单项得分/ 分	肺活量/ 毫升	50米跑/ 秒	坐位体前屈/ 厘米	立定跳远/ 厘米	1分钟仰卧 起坐/次	耐力跑800米/ （分·秒）
	100	3450	7.4	26.3	208	57	3:16
优　秀	95	3400	7.5	24.4	202	55	3:22
	90	3350	7.6	22.4	196	53	3:28
良　好	85	3200	7.9	21.0	189	50	3:35
	80	3050	8.2	19.5	182	47	3:42
	78	2950	8.4	18.2	179	45	3:47
	76	2850	8.6	16.9	176	43	3:52
	74	2750	8.8	15.6	173	41	3:57
	72	2650	9.0	14.3	170	39	4:02
及　格	70	2550	9.2	13.0	167	37	4:07
	68	2450	9.4	11.7	164	35	4:12
	66	2350	9.6	10.4	161	33	4:17
	64	2250	9.8	9.1	158	31	4:22
	62	2150	10.0	7.8	155	29	4:27
	60	2050	10.2	6.5	152	27	4:32
	50	2010	10.4	5.7	147	25	4:42
	40	1970	10.6	4.9	142	23	4:52
不及格	30	1930	10.8	4.1	137	21	5:02
	20	1890	11.0	3.3	132	19	5:12
	10	1850	11.2	2.5	127	17	5:22

表 4-3-6　大学生加分指标测试项目评分表一　　　　　　　　　（单位：次）

加 分	引体向上（男）		1分钟仰卧起坐（女）	
	大一、大二	大三、大四	大一、大二	大三、大四
10	10	10	13	13
9	9	9	12	12
8	8	8	11	11
7	7	7	10	10
6	6	6	9	9
5	5	5	8	8
4	4	4	7	7
3	3	3	6	6
2	2	2	4	4
1	1	1	2	2

注：引体向上（男）、1分钟仰卧起坐（女）均为高优指标，学生成绩超过单项评分100分后，以超过的次数所对应的分数进行加分。

表 4-3-7　大学生加分指标测试项目评分表二　　　　　　　　　（单位：分·秒）

加 分	1000米跑（男）		800米跑（女）	
	大一、大二	大三、大四	大一、大二	大三、大四
10	−35	−35	−50	−50
9	−32	−32	−45	−45
8	−29	−29	−40	−40
7	−26	−26	−35	−35
6	−23	−23	−30	−30
5	−20	−20	−25	−25
4	−16	−16	−20	−20
3	−12	−12	−15	−15
2	−8	−8	−10	−10
1	−4	−4	−5	−5

注：1000米跑（男）、800米跑（女）均为低优指标，学生成绩低于单项评分100分后，以减少的秒数所对应的分数进行加分。

第五章　篮球运动

本章提要

篮球运动起源于 1891 年，是分布最广泛、参与人数最多的运动项目之一。具有对抗性、集体性、观赏性、趣味性、健身性等特点。经常参加篮球运动有助于提高速度、力量、灵敏、耐力以及柔韧等身体素质，培养勇敢顽强、机智果断的优良品质。篮球运动是高对抗的项目，在运动中容易发生踝关节扭伤、肌肉拉伤、指关节挫伤等损伤，应做好充分的准备活动，加强易受伤部位的保护。

第一节　篮球运动概述

一、起源与发展

1891 年，美国马萨诸塞州的体育教师詹姆斯·奈史密斯受桃园中的工人用球向桃筐做投准游戏的启发，将两只桃筐分别钉在健身房两端看台的栏杆上，距离地面 10 英尺（约 3.05 米），选用足球向篮筐内投掷，投中得 1 分，以得分的多少决定胜负。由于采用了两个篮子和一个球，因此这项新的体育运动被称作篮球。

随着篮球运动在全世界的迅速传播，19 世纪 90 年代相继传入加拿大、法国、巴西等国家，1895 年传入中国。1932 年，在日内瓦开会组建了"国际业余篮球联合会"（FIBA），并且制定了世界统一的比赛规则，每 4 年对规则进行修改和补充。男子篮球在 1936 年被列入第 11 届奥运会的正式比赛项目，女子篮球运动在 1976 年被列入第 21 届奥运会的正式比赛项目。

中国男子篮球队在 2004 年雅典奥运会和 2008 年北京奥运会上获得第八名；中国女子篮球队在 1992 年巴塞罗那奥运会上获得亚军，在 2008 年北京奥运会上获得第四名，在 2020 年东京奥运会上获得第五名。2021 年 7 月 28 日，在东京奥运会女子三人篮球比赛中，中国队击败法国队，历史性夺得铜牌。

二、特点与功能

（一）特　点

篮球运动是最受人们喜爱的运动项目之一。它之所以在全世界范围内得到如此广泛的开展，是由其特点所决定的。现代篮球运动是一项综合性体育项目，具有较强的对抗性、集体性、多变性、激烈性、健身性、教育性与国际性的特点。

（二）功　能

经常参加篮球运动，可以提高跑、跳、投等基本活动能力，发展、速度、力量、灵敏、耐力等身体素质，增强心脏、血管、呼吸、消化系统的机能，促进肌肉和骨骼的生长发育，使身体得到全面的发展。篮球运动是集体项目，并具有强烈的竞争性和对抗性，因此能够培养人的团结协作、相互配合的集体主义精神和勇敢顽强、机智果断的优良品质。

第二节　篮球基本技术

一、传球与接球

传球与接球是篮球比赛中队员之间有目的地转移球的方法，是进攻队员在场上相互联系和组织进攻的重要环节，是实现战术配合的具体手段。

（一）持　球

正确的持球姿势是传球技术动作的前提。持球时，两手自然分开，拇指相对成八字形，用指根以上部位握住球的两侧后下方，手心空出，两臂弯曲，肘关节下垂，持球于胸前。（图 5-2-1）

图 5-2-1

（二）双手胸前传球

手臂伸向传球方向，后脚蹬地，重心前移，两手腕下压、外翻，快速地抖腕、拨指将球传出。出球后，手心和拇指向下，其余手指向前。（图5-2-2）

双手胸前传球

图 5-2-2

（三）单手肩上传球

以右手传球为例。传球前，左脚向前跨半步，向右转体将球引至右肩侧上方。传球时，上体向左转动并带动肩肘，前臂快速前摆，扣腕，手指用力将球传出。（图5-2-3）

单手肩上传球

（四）单手胸前传球

持球方法与双手胸前传球相同。传球时，传球手的前臂快速前伸，手腕急促前扣，手腕、手指用力将球传出。（图5-2-4）

图 5-2-3　　　　　　　　　图 5-2-4

二、运　球

持球队员在原地或移动中，用单手连续按拍借助地面反弹起来的球的技术，叫运球。运球不仅是进攻队员摆脱防守，创造传球、突破、投篮得分的桥梁，而且是进攻队员发动快攻，组织与调整战术配合，瓦解防守的重要手段。

（一）高运球

抬头，目视前方，上体稍前倾，以肘关节为轴手按拍球的后上方，球的落点在身体的侧前方，球反弹高度在腰胸之间。

高运球

（二）低运球

抬头，目视前方，两膝深屈，身体半蹲，重心下降，上体前倾，手按拍球的后上部，球的落点在身体侧面，球的反弹高度在膝部以下。

低运球

（三）运球急停急起

快速运球中运用两步急停，同时按拍球的前上方，用手臂、身体和腿保护球，目视前方。急起时，后脚（异侧脚）用力蹬地，上体迅速前倾，手按拍球的后上方，快速起动，加速超越对手。（图5-2-5）

运球急停急起

图 5-2-5

（四）体前变向换手运球

运球队员向防守队员右侧变向时，用右手按拍球的右侧后上方，使球反弹至左手外侧，右脚迅速向左前跨步，向左侧转体探肩，及时换左手继续向前运球。（图5-2-6）

体前变向运球

图 5-2-6

（五）转身运球

转身运球

以右手运球为例。右手运球后转身时，把球运到身体后侧，按拍球的右侧前上方，左脚向前跨一步，以左脚的前脚掌为轴，右脚用力蹬地后撤做后转身动作，同时右手向后拉球，然后换左手运球。（图5-2-7）

图5-2-7

（六）背后变向运球

背后运球

运球队员向防守队员右侧变向时，变向前开始运球时，要把球控制于身体右侧后方，左脚前跨，右手按拍球侧后方，球经身后反弹到左前方，右脚迅速前跨，换用左手运球继续前进。也可用胯下换手运球。

三、投　篮

持球队员运用各种正确的动作方法，将球从篮圈上方投入对方球篮，称为投篮。投篮是篮球比赛中唯一的得分手段，是一切进攻技战术的最终目的和全部攻守矛盾的焦点。投篮的技术种类较多，最常见的有原地单手肩上投篮、行进间单手投篮、原地跳起投篮等。

（一）原地单手肩上投篮

原地单手
肩上投篮

以右手投篮为例。右手五指自然分开，向后屈腕、屈肘，持球于肩上；左手扶球，右脚在前，左脚在后，重心放在两腿之间，上体稍前倾，两腿微屈。投篮时，两脚用力蹬地，腰腹伸展从下向上发力，同时提肘且手臂向前上方充分伸展，最后通过食指、中指指端将球投出。球出手后，手腕、手腕自然前屈。（图5-2-8）

图5-2-8

（二）行进间单手高手投篮

以右手投篮为例。在右脚跨出一大步的同时，双手持球，左脚紧接着跨出一小步，用力蹬地起跳。当身体接近最高点时，右手手指向后，掌心向上，托球的下部向球篮的方向伸臂，食指、中指以柔和力量拨球，将球从指端投出。（图 5-2-9）

行进间高手上篮

图 5-2-9

（三）行进间单手低手投篮

以右手投篮为例。在右脚跨出一大步的同时，双手持球，左脚紧接着跨出一小步，用力蹬地起跳，腾空时间要短。当身体接近最高点时，右手手指向前，掌心向上，托球的下部向上伸展。当接近篮筐时，食指、中指、无名指以柔和力量向上拨球，将球从指端投出。（图 5-2-10）

行进间低手上篮

图 5-2-10

（四）原地跳起单手肩上投篮

以右手投篮为例。投篮时屈膝，降低重心，两脚掌用力蹬地，向上起跳。同时双手举球至肩上，右手托球，左手扶球的左侧。当身体接近最高点时，左手离球，右臂向前上方伸展，手腕用力前屈，通过食指、中指力量将球投出。球出手后，手指、手腕自然前屈。落地时，屈膝缓冲。（图 5-2-11）

图 5-2-11

四、持球突破

持球突破是持球队员运用脚步动作和运球技术快速超越对手的一项攻击性很强的技术，主要有交叉步突破和同侧步突破两种。

（一）交叉步突破

以右脚为中枢脚，从防守者左侧突破时，左脚掌内侧用力蹬地，同时上体右转探肩，贴近对手，左脚交叉步前跨抢位，在右脚离地之前，右手向右脚的侧前方拍球，然后右脚快速上步超越对手。（图5-2-12）

交叉步持球突破

图 5-2-12

（二）同侧步（顺步）突破

以左脚为中枢脚，从防守者左侧突破时，右脚迅速向右前方跨出一大步，同时上体右转探肩，重心前移，在左脚离地之前，右手向右脚的侧前方拍球，左脚快速蹬地并向右前方跨出，加速运球超越对手。（图5-2-13）

同侧步持球突破

图 5-2-13

第三节 篮球基本战术

战术基础配合是两三人之间有目的、有组织地协同作战的配合方法，是组成全队攻守战术的基础。

一、进攻战术基础配合

进攻战术基础配合是进攻队员之间为了创造进攻机会，合理运用技术而组成的合作方法，包括传切、掩护、策应和突分配合。

（一）传切配合

传切配合是指进攻队员之间利用传球和切入技术组成的简单配合。⑤传球给④后，立刻摆脱对手向篮下切入（纵切），接同伴的回传球投篮。（图 5-3-1）

（二）掩护配合

掩护配合是指进攻队员合理地用自己的身体挡住同伴的防守队员的移动路线，使同伴借以摆脱防守，或利用同伴的身体和位置使自己摆脱防守的一种配合方法。掩护配合有多种形式和方法，按掩护队员与被掩护队员所站的位置来分，可分为前掩护、侧掩护、后掩护。按掩护队员的移动路线、方法和变化，可分为反掩护、假掩护、运球掩护、定位掩护及连续掩护等。掩护配合的成功与否，与位置和时机等密切相关。

（1）前锋为后卫做侧掩护。④传球给⑤后，④跑到⑤侧面做掩护，若❹与⑤不换防，⑤直接运球突破❺的防守上篮或做其他攻击动作。

（2）当❹与❺换防，④及时转身切向篮下，接⑤的传球投篮或做其他攻击动作。（图 5-3-2）

（三）策应配合

策应配合是指进攻队员背对篮或侧对篮接球后，以他为枢纽，与同伴的空切相配合而形成的一种里应外合的配合方法。策应分中场策应、外策应和内策应三种方法。中场策应一般是配合策应，或叫接应策应。多运用在突破全场紧逼时，接应推进队员的球。外策应一般指在罚球线附近的策应，策应后助攻传球较多，所以也叫助攻策应。内策应是在中锋位置上的策应。通常策应后自己攻击，如转身跳投、突破或背对篮突破等。

如图 5-3-3 所示，④上前至罚球线背对篮接⑤的传球，⑤传球后摆脱空切篮下，接④的回传球上篮。④与⑤组成了策应配合。

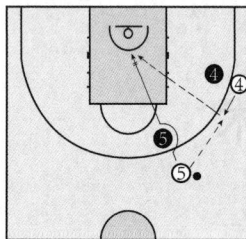  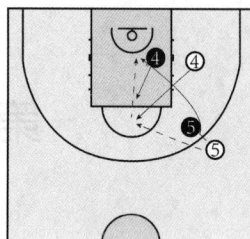

图 5-3-1   图 5-3-2   图 5-3-3

（四）突分配合

突分配合是指持球队员运球突破对手后，利用传球与同伴配合的方法。如图所示，⑤突破❺的防守欲上篮时，❹及时补防，这时⑤将球分给移向空当处的④，④接球后选择跳投或上篮。（图 5-3-4）

二、防守战术基础配合

防守战术基础配合包括挤过、穿过、绕过、换防、关门等，其中，挤过、穿过、绕过、换防是破坏掩护配合最积极有效的方法。

（一）挤过配合

在掩护队员临近自己的一刹那，防守者积极地向前跨出一步，从两个进攻者之间侧身挤过去，继续防守自己的对手。如图所示，④给⑤做掩护，❺在④靠近自己的瞬间，迅速抢前一步靠近④，并从④和⑤之间快速挤过去，继续防守⑤。（图 5-3-5）

（二）穿过配合

当进攻队员进行掩护时，掩护队员的防守者及时提醒同伴并主动后撤一步，让同伴及时从自己和掩护队员之间穿过去，以继续防守各自的对手。（图 5-3-6）

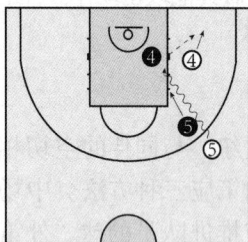  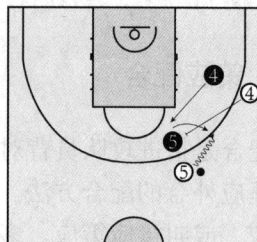

图 5-3-4   图 5-3-5   图 5-3-6

（三）绕过配合

当进攻队员进行掩护时，掩护队员的防守者主动贴近对手，让同伴从身后绕过并继续防守自己的对手。④给⑤做掩护，❹主动贴近对手，让❺从❹和④的身后绕过继续防守⑤。（图 5-3-7）

（四）换防配合

当进攻队员进行掩护时，防守队员之间及时交换自己所防守的对手。④给⑤做掩护，❺主动向同伴发出换防信息，并及时封堵④向篮下突破的路线，而❹则及时调整自己的防守位置，防止⑤的进攻行为。（图 5-3-8）

（五）"关门"配合

进攻队员突破时，相邻的两名防守队员及时靠拢协同防守突破，像两扇门关起来一样将突破者挡在外边。⑤向右侧突破时，❹和❺进行"关门"。（图 5-3-9）

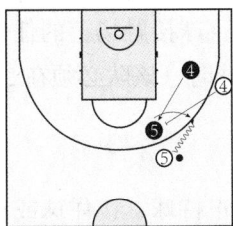 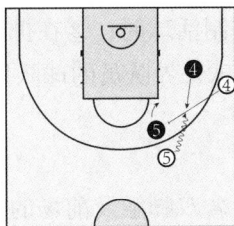 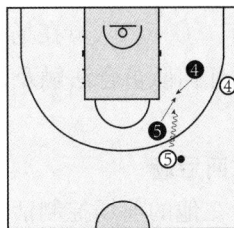

图 5-3-7　　　　　　　　图 5-3-8　　　　　　　　图 5-3-9

第四节　篮球竞赛规则简介与欣赏

一、规则简介

（一）比赛时间

国际篮联规定比赛应由 4 节组成，每节 10 分钟。在第 1 节和第 2 节（上半时）之间，第 3 节和第 4 节（下半时）之间，以及每一次决胜期之间应有 2 分钟的比赛休息时间。半场比赛休息期间的时间为 15 分钟。如果在第 4 节时间终了时比分相同，需要一个或多个 5 分钟的决胜期延续比赛，直至决出胜负。

（二）替换队员

在宣判争球、犯规时，请求暂停被允许时，队员受伤或其他原因裁判员中断比赛时，双方可替换队员，在一次替换机会中替换队员的人数不限。一位替补队员有权要求替换，他应亲自到记录台用手势请求替换，然后在指定的替换位置上等待替换机会。替换应以最快的速度完成。

（三）违　例

1.3 秒钟

某队在前场控制活球并且比赛计时钟正在运行时，该队的队员不得在对方队的限制区内停留超过持续的 3 秒。

2.8 秒钟

每当一名在后场的队员获得控制活球时，或在掷球入界中，球触及后场的任何队员或者被后场的任何队员合法触及，掷球入界队员所在队仍拥有在后场的球权，该队必须在 8 秒内使球进入该队的前场。

3.24 秒钟

每当：①一名队员在场上获得控制活球时；②在掷球入界中，球接触场上的任何队员或被场上的任何队员合法触及，并且掷球入界队员的球队仍然控制球时，该队必须在 24 秒内尝试投篮。

4. 球回后场

某队在他的前场控制活球，当一名双脚触及前场的该队队员正持球、接住球或在他的前场运球，或球在位于前场的该队队员之间传递。在前场控制活球的球队不得使球非法地回到他的后场。

（四）犯　规

1. 侵人犯规

侵人犯规是：无论在活球或死球的情况下，攻守双方队员发生的非法身体接触的犯规。

队员不应通过伸展手、臂、肘、肩、髋、腿、膝、脚或将身体弯曲成"不正常的姿势"（超出他的圆柱体）去拉、阻挡、推、撞、绊对方队员，或阻止对方队员行进；也不得放纵任何粗野或猛烈的动作去这样做。

罚则：应登记犯规队员一次侵人犯规。

（1）如果对没有做投篮动作的队员发生犯规：由非犯规的队在最靠近违犯的地点掷球入界重新开始比赛。如果犯规的队处于全队犯规处罚状态，则应判给未做投篮动作的队员 2 次罚球，代替掷球入界。

（2）如果对正在做投篮动作的队员发生犯规，应按下列所述判给投篮队员若干罚球：如果出手投篮成功，应计得分并追加一次罚球；如果从 2 分投篮区域的出手投篮不成功，2 次罚球。

2. 技术犯规

定义：技术犯规是没有身体接触的犯规，行为种类包括但不限于；

（1）无视裁判员的警告。

（2）与裁判员、技术代表、记录台人员、对方队或允许坐在球队席的人员讨论和/或交流中没有礼貌。

（3）使用很可能冒犯或煽动观众的粗话或手势。

（4）戏弄或嘲讽对方队员。

（5）在对方队员眼睛附近挥手或手保持不动妨碍其视觉。

（6）过分挥肘。

（7）在球穿过球篮之后故意地触及球，阻碍迅速地掷球入界或罚球以延误比赛。

（8）伪造被犯规。

（9）悬吊在篮圈上，致使队员的重量由篮圈支撑，除非扣篮后，队员瞬间抓住篮圈，或者根据裁判员的判断，他正试图防止自己受伤或另一名队员受伤。

（10）在最后一次的罚球中防守队员干涉得分，应判给进攻队得1分，随后执行登记在该防守队员名下的技术犯规罚则。

罚则：

如果判罚队员技术犯规，应作为队员的犯规登记在该队员名下，并计入全队犯规中。判罚球队席人员，应登记在主教练名下，并不计入全队犯规次数中。

应判给对方队员1次罚球。

3. 违反体育运动精神的犯规

违反体育运动精神的犯规是一起队员身体接触的犯规，并且根据裁判员判定，包含：① 与对方发生身体接触并且不在本规则的精神和意图的范畴内努力比赛；② 在尽力抢球或在与对方队员尽力争抢中，造成与对方队员过分的严重身体接触；③ 一起攻防转换中，防守队员为了中断进攻队的进攻，与进攻队员造成不必要的身体接触。该原则在进攻队员开始他的投篮动作之前均适用；④ 一起对方队员从正朝着对方球篮行进的队员身后或侧面与其造成的非法接触，并且在该行进队员、球和对方球篮之间没有其他队员，该原则在进攻队员开始他的投篮动作之前均适用；⑤ 在第4节和每一决胜期比赛计时钟显示2:00分钟或更少，当掷球入界的球在界外并且仍在裁判员手中，或掷球入界队员可处理时，防守队员在比赛场内对进攻队员造成身体接触。

罚则：

（1）应给犯规队员登记一次违反体育运动精神的犯规。

（2）应判给被犯规的队员执行罚球，以及随后：在该队前场的掷球入界线处掷球入界；在中圈跳球开始第1节。

应按下述原则判给若干罚球：如果对没有做投篮动作的队员发生犯规，2次罚球；如果对正在做投篮动作的队员发生犯规，如果中篮应计得分并追加一次罚球；如果对正在做投篮动作的队员发生犯规，并且球未中篮，2次或3次罚球。

（3）当登记了一名队员2次违反体育运动精神的犯规或2次技术犯规，或一次技术犯规和一次违反体育运动精神的犯规时，应该取消他本场剩余比赛的资格。

二、欣　赏

（一）看　点

篮球运动是一项具有较高观赏性的比赛项目。观看篮球比赛时，不难发现，其最鲜明的特点就是比赛中的高强度对抗，这主要体现在整体对抗和运动员的个体对抗两方面。运动员技动作的高度技巧性，是力量、速度和弹跳等的完美统一，使观众对运动员的精彩动作不断叫好，并为之感叹、为之兴奋，更为运动员获得这样高度技巧的技术动作所付出的艰苦训练而感动，这些都是欣赏篮球比赛的重要看点。运动员在比赛中的突破防守、飞身上篮、急停跳投、大力灌篮、火爆盖帽、奋勇抢断等精彩动作层出不穷，让人应接不暇，尤其是在最后几秒钟内决定胜负的一投和防守，更是让观众随之感到紧张、兴奋与刺激，仿佛自己已经成为比赛中的一员，也在比赛、也在拼搏。尤其是高水平运动员的表现也就成了欣赏篮球比赛时的又一个重要看点。

欣赏篮球比赛还要从整体性上观察球队在比赛中各个环节的配合是否默契。例如，进攻中通过后卫的组织和主攻手的跑动完成进攻，以及利用全队队员巧妙的配合和隐蔽的组织，使对手疲于奔命，顾此失彼，形成无人防守下的投篮和扣篮局面。当看到这样的场景时，不要忘了，前面一连串的环节是多么地严密，这囊括了由守转攻的推进、后卫组织指挥、战术布置、各个球员跑动（路线和时机）、接应等每一个环节。因此，一支球队要想取得好成绩，必须拥有较高的整体性水平。

（二）礼　仪

（1）观众进出场地要有序，通常要提前到达场地，这是对运动员、主教练和裁判员最起码的尊重。玻璃瓶、罐装饮料不允许带进赛场，垃圾要用方便袋或者纸袋自行带出。

（2）观众的衣着要整洁、大方，进入体育馆后，不允许吸烟。在比赛中，不要随意走动；不能随意使用闪光灯，尤其在队员进行罚球时。

（3）在比赛入场仪式上，当现场主持在逐一介绍双方比赛队员时，观众要为每一位球员鼓掌。在升参赛国国旗、奏参赛国国歌时，观众应该起立行注目礼。比赛结束后，如果有颁奖仪式，观众应等场内所有仪式全部结束后再离场。

（4）比赛中，主队占尽优势时，要注意在为己方球队加油助威，不要使用侵犯对方球队的语言。要为双方的精彩表演鼓掌，不要利用嘘声影响比赛。

（5）良好的互动是篮球场上必不可少的，它可以激起运动员的热情，使其更好地投入比赛。

第五节　篮球装备选择

一、运动服装和鞋

（一）护　腕

护腕是用于保护手腕关节的一块有弹力的布料。护腕的作用，第一是提供压力，减少肿胀；第二是限制活动，让受伤的部位得以休养生息。

（二）护 膝

护膝是用于保护运动员膝关节的一块弹力布料，在现代体育运动中，护膝的使用是非常广泛的。护膝的作用有三点：一是制动，二是保温，三是保健。膝关节既是一个在运动中极其重要的部位，又是一个比较脆弱、容易受伤的部位，受伤时极其疼痛且恢复较慢。

（三）球 衣

参加篮球运动时穿着的服装，通常包括上身的短袖和下身的短裤。材料一般使用具有良好透气疏水性的布料，不会影响运动员的身体活动，不易产生静电并且重量轻，好的球衣有助于运动员提高成绩。

（四）篮球鞋

篮球是一项剧烈运动，为了能应对激烈的运动，对于一双篮球鞋来讲，就需要有很好的耐久性、支撑性、稳定性、舒适性和良好的减震作用。篮球运动中不断的起动、急停、起跳和迅速地左右移动等动作决定了在挑选篮球鞋时必须把鞋的特性放在首位。另外，个人的打球风格也是一个很重要的因素，可以根据自身风格选择自己所需的不同类型的篮球鞋。

二、运动器材

篮球是圆形的，颜色为认可的橙色，按惯例应有八瓣成型的镶片。球的外层为皮革、橡胶或合成物。球面的接缝或槽的宽度不得超过 6.35 毫米。成年男子用球为 7 号球，其圆周为 0.749 ～ 0.780 米，重量为 576 ～ 650 克。成年女子用球为 6 号球，其圆周为 0.700 ～ 0.710 米，重量为 510 ～ 550 克。充气后球从 1.80 米高度落到球场地面上，反弹高度在 1.20 ～ 1.40 米之间。

第六章　足球运动

本章提要

现代足球诞生于英国，是世界上开展最广泛、影响最大并深受各国人民喜欢的运动项目之一。足球具有参加人数多、技术复杂、战术丰富、对抗性强等特点，经常参加可以提高人的身心健康水平，还可以培养团队合作精神和积极进取的意识。足球运动是创伤发生率最高的运动项目之一，轻者擦伤，重者骨折、脱位，多发生在四肢部位，所以应穿戴好相应的保护装备，做好充分的准备活动。

第一节　足球运动概述

一、起源与发展

足球运动是一项古老而富有魅力的体育运动，它的历史源远流长。根据历史记载，我国古代足球运动称蹴鞠，又称踏鞠，是一种"足球"游戏，最早记载于《战国策·齐策》。

现代足球诞生于英国。1857年，英国谢菲尔德成立了世界上第一个足球俱乐部——谢菲尔德俱乐部。1863年10月26日，英格兰足球总会成立，标志着现代足球的正式形成，从此欧洲足球得到普及开展。

1896年第1届现代奥运会在希腊举行时，足球被列为正式比赛项目。1904年5月21日，国际足球联合会（简称国际足联）于巴黎成立。1928年，国际足联决议，每四年举办一次世界足球锦标赛。1930年7月18日，第1届世界杯在乌拉圭开幕，从此开辟了世界足球的新纪元。中国女足迄今为止共晋级世界杯决赛圈8次，参加女足世界杯7次1996年，在美国亚特兰大奥运会上获得亚军。2022年，中国女足在2022年印度女足亚洲杯决赛中3：2击败韩国队，时隔 16 年再夺女足亚洲杯冠军。

二、特点与功能

（一）特　点

（1）整体性。足球比赛每队由 11 人上场参赛。场上的 11 人思想统一，行动一致，攻则全动，守则全防，整体参战意识很强。

（2）对抗性。足球运动是一项竞争激烈的对抗性项目。比赛中，双方为争夺控制权，达到将球攻进对方球门，而又不让球进入本方球门的目的，展开短兵相接的争斗。

（3）多变性。足球运动是一项技术上多彩多姿、战术上变幻莫测、胜负结局难以预测的非周期性运动项目。比赛中，运用技战术时要受对方直接的干扰、限制和抵抗。

（4）强负荷。足球比赛中，运动员要在 7000 多平方米的场上奔跑 90 分钟，跑动距离少则 6000 米，多则 10000 米以上，而且还要伴随完成上百个有球和无球的技术动作。若平局后需决定胜负，比赛则要加时 30 分钟，如仍无结果，还需以踢点球决定胜负。因此运动员的体力消耗非常大。

（5）易行性。足球竞赛规则比较简练，对器材设备要求也不高。

（二）功　能

参加足球运动，不仅可以增进人们的健康，提高身体素质，特别是增强人的心血管系统、呼吸系统等内脏器官的功能，还可以培养人的意志力、自制力、责任感及勇敢顽强、机智果断、团结协作、密切合作等品质。

第二节　足球基本技术

一、踢　球

（一）脚内侧踢球

1. 动作要领

踢球时，助跑路线为直线，支撑脚踏在球的侧方 15 厘米左右处，脚尖与球的前沿平行，膝关节微屈。在支撑脚落地的同时摆动腿由后向前摆动，在前摆过程中髋关节外展，小腿加速前摆，脚掌平行于地面，脚尖稍翘起，踝关节紧张，用脚内侧部位击球的后中部。触击球后，身体跟随移动，髋关节向前送。（图 6-2-1）

脚内侧踢球

2. 易犯错误

（1）脚弓和球接触面不正确，影响了击球的准确性。

（2）踢球脚离地过低，踢在球的底部，易成高球。

（3）动作过度紧张，使用力量不及时，特别是脚击球的一刹那，没有用力，只靠腿的摆动力量踢球。

（二）脚背正面踢球

脚背正面踢球

1. 动作要领

直线助跑，最后一步稍大并积极着地，支撑脚踏在球的侧方 10～15 厘米处，脚尖与球前沿平行并指向出球方向。膝关节微屈，摆动腿以髋关节为轴，大腿带动小腿迅速前摆。脚面绷直，膝关节紧张，脚趾扣紧，用脚背正面击球的中后部，踢球腿随之前摆。（图 6-2-2）

2. 易犯错误

（1）踢球腿膝盖不在球的正上方，脚跟没有提起而将球踢出。

（2）踢球时脚尖没有绷紧，踢球部位不正确，影响了踢球力量。

（3）摆动腿不是前后摆动，而是侧向摆动，容易把球踢偏或踢高。

（三）脚背内侧踢球

脚背内侧踢球

1. 动作要领

踢球时斜线助跑，助跑方向与出球的方向约成 45° 角，支撑脚踏在球的侧后方 20～25 厘米处。膝关节微屈，在支撑的同时踢球腿已完成后摆，支撑脚脚尖指向出球方向，身体向支撑腿一侧倾斜。在支撑腿着地的同时踢球腿以髋关节为轴，大腿带动小腿由后向前迅速摆动，触球一瞬间脚面迅速绷直，踝关节紧张，脚尖外转插向球的斜下方，用脚背内侧击球的后下部，踢球腿随球向斜上方前摆。（图 6-2-3）

2. 易犯错误

（1）踢球时上体后仰，易把球踢高。

（2）脚尖外转太多，踢球部位不正确，易把球踢偏。

（3）踢球时，踝关节松弛，往往踢在脚尖或脚内侧上，击球无力。

图 6-2-1　　　　图 6-2-2　　　　图 6-2-3

二、停　球

停球指足球运动员用身体的合理部位将球停挡在自己的控制范围内。停球包括脚内侧停球、胸部停球、脚背正面停球、大腿停球和脚底停球等。

（一）脚内侧停球

1. 动作要领

（1）停地滚球。

身体对正来球方向，支撑腿膝关节微屈，停球脚稍提起，脚尖翘起，膝关节外转，脚内侧正对来球。脚与球接触的一刹那，停球腿稍后撤以缓冲来球的力量，将球停在自己的体前。

（2）停反弹球。

先判断好球的落点，支撑脚要在球落地点的侧前方，膝关节弯曲。上体稍前倾，对准球的反弹路线，停球腿放松，用脚内侧对准球的反弹角度，推压球的中上部，缓冲球的力量，将球控制好。

（3）停空中球。

准确判断来球方向、力量和高度，迎球前上。提腿用脚内侧对准来球，触球的一刹那，小腿放松、微撤，缓冲球的力量，将球停在自己的控制范围内。

脚内侧停
地滚球

脚内侧停
反弹球

脚内侧停
空中球

2. 易犯错误

停球脚的肌肉太紧张，当球与脚弓接触时未做后撤动作，使球停不到脚下。

（二）胸部停球

1. 动作要领

胸部既能停高球又能停空中直平球，是足球运动中较常见的技术之一。

（1）缩胸停球。

缩胸停球主要停齐胸高的平直球。面对来球，两脚前后开立，两臂自然张开，挺胸迎球，在与球接触的一刹那，上体后移，迅速收胸、收腹挡压球，缓冲来球力量，将球准确地停在体前。

（2）挺胸停球。

挺胸停球主要停胸以上的高空球。面向来球，两臂自然屈肘上举，当球与胸接触时，两腿蹬地，上体稍后仰，胸部向上挺出，将球弹起落在体前。（图6-2-4）

挺胸停球

2. 易犯错误

缩胸过早或过晚，不能缓和来球力量，易将球弹出。

（三）脚背正面停球

1. 动作要领

脚背正面停球主要用于停空中下落的球。面对来球，停球脚提起，用脚背正面迎空中下

落的球的底部，踝关节及膝关节放松，接球一刹那脚背后下撤，缓冲球的力量，将球准确地停在体前。（图6-2-5）

2. 易犯错误

停球脚接触球时，下撤过早或过晚。

（四）大腿停球

大腿停球

1. 动作要领

大腿停球主要用于高空下落的球及平行于大腿高度的球。停球时，面对来球，停球腿抬起，以大腿中部对准下落的球，肌肉放松。当大腿与球接触时，大腿迅速后撤，将球准确地停在体前。（图6-2-6）

2. 易犯错误

①不能正对来球。②不能缓冲来球力量（或缓冲过早）。③不能将球停在自己控制的范围内。

（五）脚底停球

1. 动作要领

（1）脚底停地滚球。

身体正对来球方向，移动前迎，支撑脚站在球的侧面，脚尖正对来球方向，膝关节微屈，同时接球腿提起，膝关节微屈，脚背略屈，使脚底与地面夹角稍小于45°，以前脚掌触球的上部为宜。（图6-2-7）

图6-2-4　　　　图6-2-5　　　　图6-2-6　　　　图6-2-7

（2）脚底停反弹球。

根据来球落点，及时前移迎球，支撑脚站在落点侧后方，脚尖正对来球方向，球落地瞬间，用前脚掌去触球的中上部，微伸膝，用脚掌将球停在体前。

脚底停反弹球

2. 易犯错误

判断球的落点不准确，停球脚提起过高。

三、运　球

运球运动员在跑动中用脚间断触球的技术，它是控球能力的集中体现，包括脚背正面运球、脚内侧运球、脚背外侧运球等。

（一）动作要领

1.脚背正面运球

脚背正面运球有利于向前跑动时快速运球。运球时，身体放松，上体前倾，两臂自然摆动，步幅不要太大；运球脚提起时，踝关节弯曲，脚尖下指，在向前迈步着地前，用脚背正面向前推拨球。（图 6-2-8）

脚背正面
运球

2.脚内侧运球

要求在运球前进时支撑脚始终领先于球，位于球的侧前方，肩部指向运球方向，支撑腿膝关节微屈，重心放在支撑腿上，另一条腿提起屈膝，用脚内侧推球前进。（图 6-2-9）

脚内侧运球

3.脚背外侧运球

运球时身体持正常跑动姿势，上体稍前倾，步幅不宜过大，运球腿提起，膝关节稍屈，髋关节前送；提踵，使脚背外侧正对运球方向，在运球脚落地前用脚背外侧推拨球的后中部。（图 6-2-10）

脚背外侧
运球

图 6-2-8　　　　图 6-2-9　　　　图 6-2-10

（二）易犯错误

（1）只是低头看球，而不是随时观察场上情况，以致不能及时完成传球或射门动作。

（2）运球时不是推拨球而是踢球，以致球离人过远而失去控制。

四、头顶球

原地前额
正面顶球

（一）动作要领

这里主要介绍原地前额正面顶球，其动作要领为：身体正对来球，两脚前后开立，膝关节微屈，两臂自然张开，上体稍向后仰，眼睛注视来球；当球运行到身体垂直部位前的一刹那，后脚用力蹬地，重心由后脚移向前脚的同时，迅速向前摆体，颈部保持紧张状态，快速摆头，用前额正面顶球的后中部，接着上体随球继续前摆。

（二）易犯错误

（1）顶球时没有后仰，没有充分利用腰腹力量。

（2）没有摆头的动作。

（3）顶球时不用眼看球或刻意低头。

五、抢截球

抢截球是凭借争夺、堵截、破坏的办法，以延缓和阻拦对方进攻的技术。

（一）动作要领

1. 正面跨步抢截球

两脚前后开立，两膝微屈，重心下降，重心落在两脚之间，面向对手。对手运球前进，当脚触球即将着地或刚着地时，抢球者一脚立即用力蹬地，抢球脚以脚内侧对正球并向球跨出一步，膝关节弯曲。若双方的脚同时触球，则要顺势向上提拉，使球从对方脚背滚过，身体要迅速跟上把球控制住。（图6-2-11）

2. 侧面合理冲撞抢球

当与对手并肩跑动时，重心稍下降，同对方接触一侧的臂要紧贴身体。当对方靠近自己一侧的脚离地时，用肘关节以上部位冲撞对方的相应部位，使对方失去平衡而离开球，然后趁机将球控制过来。（图6-2-12）

图6-2-11　　　　　图6-2-12

（二）易犯错误

（1）抢球时犹豫不决，判断不准，盲目乱跑。

（2）抢球时支撑脚重心不稳，轻易移动，重心落在抢球脚上，容易被撞倒。

六、假动作

假动作必须在距对方适当的距离时使用。假动作慢，真动作快、突然，真假动作的衔接要快速、适当，做到真真假假，使对方防不胜防。

（一）踢球假动作

传球前可假做向左（右）方踢球的动作，诱使对方向该方向堵截，待对方重心移动后，突然向右（左）方踢球或运球突破。

（二）接球假动作

接球前，如对方上步抢截，可假做向左（右）接球的动作，诱使对方向左（右）侧堵截，然后突然改为向右（左）接球。

（三）运球假动作

对方迎面抢截球时，可采用身体虚晃动作，使对方迷惑，从而越过对手。当对手侧面抢截时，可先快速带球前进，诱使对手追赶，这时带球人可突然降低速度或做假停球，使对手也放慢速度，然后带球人再突然加速甩开对手，带球前进。

七、守门员技术

守门员技术的高低、反应速度的快慢、竞争意识的强弱，直接影响全队的士气和最后一道门户的牢固。守门员的有球技术可分为接球、扑接球、拳击球、托球等。

（一）接 球

1. 接地滚球

接地滚球分直立接球和单膝跪立接球两种。直立接球时，两脚要自然并拢，不留空隙，脚尖对准来球，上体前屈，两臂自然下垂，手指自然张开，手心向前，两手接球底部，接球后两臂同时弯曲，并互相靠拢，将球提至胸前紧抱。单膝跪立接球时，两腿向侧前方开立，前腿弯曲，后腿跪立，膝关节接触地面，并靠近前脚跟，不留中空，上体前倾，两臂下垂，掌心对准来球方向，两手接球底部，接球后将球抱至胸前。

守门员接地滚球

2. 接高球

两手自然张开，拇指相对，食指与拇指呈桃形，当手触球时，手腕和手指适当用力将球接住，同时屈肘、回缩并下引，顺势翻掌将球抱于胸前。要求守门员要准确判断球路与落点，跑动、起跳要及时。

守门员接高球

3. 接平球

接球前两臂屈肘置于胸前两侧，在球接触胸前的瞬间，两臂夹紧，收缩两手抱住球的侧上部，迅速置于胸前。

守门员接平球

（二）扑接球

扑接球分为侧地扑接球和鱼跃扑接地滚球。这里主要介绍侧地扑接球。侧地扑接低球时，守门员须先向来球跨一步，接着身体的一侧小腿、大腿、臀部、上体和前臂依次着地，同时两臂向前伸出，同侧手掌对准来球，另一侧手在球的上方对准来球，触球后手指、手腕用力，屈肘把球收到胸前，然后站立。

守门员扑接球

（三）拳击球

拳击球可分为单拳击球和双拳击球。单拳击球时，屈肘，握拳于胸前，跳起快速冲拳，以拳面将球击出。双拳击球时，双臂屈肘，握拳于胸前，两拳靠拢，当跳起到最高点时，双拳同时快速冲击，以拳面将球击出。

（四）托　球

起跳后身体成背弓，单臂快速上伸，手掌前部和手指用力将球向后上托出。

八、掷界外球

掷界外球时要充分发挥蹬地、腰腹和手腕的力量，整个动作过程要连贯。

（一）原地掷界外球

手指自然张开，持球的后半部，两脚前后或左右站立，膝微屈，将球举在头后，上体后仰；掷球时，两脚蹬地，收腹屈体，两臂快速前摆，将球掷出。

原地掷界外球

（二）助跑掷界外球

助跑时将球持于胸前，在迈到最后一步时将球举至头后，蹬地、收腹、向前快速摆臂，并用扣腕力量将球掷出。

助跑掷界外球

第三节　足球基本战术

足球比赛攻守过程中采取的个人行动和集体配合，称为足球的基本战术。足球战术可分为进攻战术和防守战术两大类。进攻战术和防守战术中都包含着个人和集体的战术。

一、比赛阵形

比赛阵形是指比赛场上队员的基本位置排列，是本队攻守力量分配和分工的形式。选择阵形要以本队队员的特长、体能与技术水平的特点为依据。

人们根据队员的职责和排列的层次把阵形分为后卫线、前卫线和前锋线。阵形的人数排列原则是从后卫数向前锋，守门员不计算在内。目前，世界上普遍采用的阵形有"4-3-3""4-4-2""4-1-2-3""3-5-2"等。在以上阵形中，除"4-4-2"阵形以防守为主、反击为辅外，其他阵形均以进攻为主，尤以"3-5-2"阵形最具代表性。

二、进攻战术

（一）个人进攻战术

个人进攻战术包括摆脱、跑位、运球过人等。个人进攻战术指的是在对方紧逼防守的情况下，为摆脱自己的对手，跑到有利的位置，接应控制球的同伴巧妙的传球配合，以达到进攻目的而采取的有效措施。

（二）局部进攻战术

局部进攻战术是指两人以上的战术配合行动。此战术可以丰富和完善全队的进攻战术，是实施全队战术的基础。两人的局部配合是集体配合的基础。常用的两人配合有以下几种：

（1）斜传直插二过一；

（2）直传斜插二过一；

（3）反切二过一。

（三）集体进攻战术

1. 边路进攻

边路进攻主要是通过边锋、交叉到边上的中锋或直接插上的前卫、边后卫，运用个人带球突破或传球配合，以达到突破对方防线传中（外围传中、下底传中、切底迂回传中）、由中锋包抄射门的目的。

2. 中路进攻

中路进攻能直接威胁球门，但由于中间防守队员密集，中路进攻不易突破。因此，要通过中锋、内切的边锋或插上的前卫间的配合或个人运球过人等方法突破对方防线。

3. 转移进攻

当一侧进攻受阻、另一侧进攻有利时，要及时快速地转移进攻方向。此方法多是采用有效而准确的中长距离传球来实现的，用以拉开对方一边的防守，达到声东击西的进攻目的。

4. 快速反击

在防御中积极拼抢，一旦得球，乘对方立足未稳时，快速传球，形成以多打少的局面，达到射门得分的目的。

三、防守战术

（一）个人防守战术

个人防守战术是局部防守和集体防守的基础，包括堵（迎面堵、贴身堵）、抢（迎面抢、侧面抢、侧后铲）、断等技术的运用。此外，选位与盯人也是重要的个人防守战术。

（二）集体防守战术

集体防守战术有全攻全守的全场防守、半场防守、紧逼防守和区域防守，也有与盯人相结合的区域防守、密集防守等多种防守战术。不论采用哪种战术，都要考虑到本队的特长，还要针对对方的进攻技术，采用有效的防守战术，破坏对方的进攻。

四、造越位战术

造越位战术是指防守队员主动制造对手越位，以破坏对方的进攻节奏和攻势的一种做法，是由守转攻的一种手段。

五、定位球战术

定位球战术主要包括角球、球门球、任意球、点球、中圈开球、掷界外球等相关战术的配合。

（一）角　球

角球进攻战术有两种：一种是直接将球踢至门前，由头球能力强的同伴争抢头球射门；另一种是短传配合，常在己方头球能力较差或碰到较大逆风时运用。

（二）球门球

发球门球的原则是及时、快速、准确、有效地发起进攻。发球门球时，守门员可与后卫做一次配合，以改变传球方法，也可踢远球给进攻的一线队员。

（三）任意球

任意球分直接任意球和间接任意球两种：罚直接任意球可采用穿墙和弧线球的方法直接踢入，或者采用过顶吊入传切配合的方法；罚间接任意球时，传球次数要少，运用假动作声东击西，传球要及时，以免越位。

（四）点　球

罚点球时，主罚队员要沉着、机智，还要有高度的信心、熟练的假动作技术和过硬的脚法。

第四节　足球竞赛规则简介与欣赏

一、规则简介

（一）比赛时间

正式的国际足球比赛分为上、下两个半场，每半场 45 分钟，中间休息 15 分钟。

（二）队员人数与换人

一场比赛由两队参加，每队最多可有 11 名上场队员，其中 1 名必须为守门员。如果任何一队场上队员人数少于 7 人，则比赛不得开始或继续。

国际足联、各洲际联合会或各国足球协会可决定在其正式赛事中可使用的替补队员人数，但最多不能超过 5 人次替换，涉及顶级联赛球队一队及国家队 A 队的男子、女子赛事最多可进行 3 人次替换。

（三）比赛判罚

1. 直接任意球

当球员发生以下行为时，判对方直接任意球：

· 如果裁判员认为，一名场上队员草率地、鲁莽地或使用过分力量对对方队员实施如下犯规，则判罚直接任意球：冲撞；跳向；踢或企图踢；推搡；打或企图打（包括用头顶撞）；用脚或其他部位抢截；绊或企图绊。

· 如果是有身体接触的犯规，则判罚直接任意球。

· 如果场上队员实施如下犯规时，判罚直接任意球：手球犯规（守门员在本方罚球区内除外）；拉扯对方队员；在身体接触的情况下阻碍对方队员移动；对在比赛名单上的人员或比赛官员实施咬人或吐口水；向球、对方队员或比赛官员扔掷物品，或用手中的物品触及球。

2. 间接任意球

当球员发生以下行为时，判对方间接任意球：

如果一名场上队员犯有如下行为时，则判罚间接任意球：以危险方式进行比赛；在没有身体接触的情况下阻碍对方行进；以语言表示不满，使用攻击性、侮辱性或辱骂性的语言和/或行为，或其他口头的违规行为；在守门员发球过程中，阻止守门员从手中发球、踢或准备踢球；故意发起施诡计用头、胸、膝等部位将球传递给守门员以逃避规则相关条款处罚的行为（包括在踢任意球或球门球时），无论守门员是否用手触球；如果该行为由守门员发起，则处罚守门员；犯有规则中没有提及的，又需裁判员停止比赛予以警告或罚令出场的任何其他犯规。

（四）红黄牌

足球裁判员在判罚时，根据犯规性质不同可出示两种不同颜色的牌。

（1）对于足球比赛中出现的一些严重犯规，裁判员要出示红牌；恶意的犯规或暴力行为要出示红牌；故意手球、辱骂他人或同一场比赛同一人得到两张黄牌时，也要被出示红牌。

（2）比赛中，有违反体育道德的行为，用语言和行为表示不满的队员就要被出示黄牌。连续犯规、故意延误比赛、擅自进出场地的队员也要被出示黄牌。

（五）越　位

1.越位位置

（1）队员处于越位位置本身并不构成犯规。

（2）队员处于越位位置：头、躯干或脚的任何部分在对方半场（不含中线）；头、躯干或脚的任何部分较球和倒数第二名对方队员更接近于对方球门线。

（3）队员不处于越位位置：队员齐平于倒数第二名对方队员；队员齐平于最后两名对方队员。

2.越位犯规

处于越位位置的队员，在队友处理或触及球的一瞬间，以下列方式参与到现实比赛时才被判为越位犯规。

（1）干扰比赛：处理或者触及队友传来或触到的球。

（2）干扰对方：通过明显阻挡对方视线来阻止对方触球或可能的触球；与对方争抢球；明显试图去处理距离自己很近的球且此行为影响到对方；做出明显的动作来明确地影响对方处理球的能力。

（3）通过触球或者干扰对方来获得利益：当球从球门柱或横梁弹回，或从对方队员身上弹回或变向；球经对方队员有意识救球而弹回或变向。

（六）计胜方法

在比赛中，进球数较多的队为胜者。若两队进球数相等或未进球，则比赛为平局；必须淘汰一支队伍时，按规定进行加时赛，若仍未决出胜负则需进行"点球大战"，直至决出胜负。积分赛时，积分为胜一场积3分，平1场积1分，负1场积0分，最终以积分多少决定名次。若积分相等，则根据竞赛规程确定的不同名次判定标准来排定名次。

二、欣　赏

（一）看　点

足球运动能够成为拥有球迷最多的运动项目，重要原因就是足球比赛具有较高的观赏性。在观看足球比赛时，不难发现，足球运动最鲜明的特点就是比赛中对抗的高强度，这主要体现在整体对抗和运动员的个体对抗。运动员技术动作的高度技巧性，是智慧、力量、速度和弹跳等的完美统一。球员们娴熟的盘带过人突破、腾挪躲闪、时而变速、时而转身、时而变向，技惊四座，使防守者人仰马翻、难以围追阻截；射门时如炮弹般的大力射门、轻推射门、挑射门、带过守门员射空门等让观众在焦急期盼中得到满足；而守门员一夫当关、腾空扑球，使无数的射门无功而返，让观众佩服守门员之勇猛；一环接一环紧紧相扣的整体战术，使一支球队形成全攻全守，最终射门或防守成功，表现出高度的集体性和团队合作精神。

（二）礼 仪

1. 进场与退场

准时入场，对号入座，散场的时候，向最近便的出口跟着人流一步步地走向门口。不能推搡、催促、强行挤推前面的人群。

2. 比赛中

观看体育比赛时，要注意自己的言行举止。可以为心爱的球队叫好、欢呼和呐喊加油，但不应该辱骂另一方。如果是精彩的场面，不管是主队的还是客队的，都应该鼓掌加油，表现出公道和友好。

在比赛中不应做出起哄、乱叫、向场内扔东西、鼓倒掌、喝倒彩等违背体育精神的行为。

在比赛中如果觉得裁判有问题，要按照程序向有关人员提出。不应该谩骂、起哄甚至围攻裁判。

第五节 足球装备选择

一、运动服装和鞋

（一）服 装

正式比赛时，运动员必须着运动上衣、短裤、长护袜、护腿板、足球鞋。运动上衣背面、运动短裤正面需要有明显的号码。一些小型或基层的比赛也有统一不能戴护腿板等要求。平常进行足球运动最好穿着宽松的运动服，有利于动作的舒展。

（二）运动鞋

足球运动有专门的足球鞋。足球鞋头较扁，在踢球时很容易插到球下，对鞋头磨损要小些；而普通鞋头在踢球时不易插入球下，鞋头与球之间的碰撞更多。不同的球场有对应的适应性较好的足球鞋，其中常见的有以下几种。

1. SG足球鞋

适用于表面松软或者非常松软（甚至泥泞）的草地，俗称"泥地"，鞋钉一般是金属钉，属于专业的足球运动鞋。

2. FG足球鞋

适用于表面相对坚硬的草地，简称"草场"。FG的钉子大多数以长胶钉为主，因而也称"长钉"。同样适用于草皮和地皮都相对不好的场地。

3. HG足球鞋

适用于表面坚硬的场地，HG的球鞋与FG的很不好区分，也是合成材料的鞋钉，但HG的比FG的要短要软，在鞋底的分布较密。

4. TF足球鞋

适用于较硬的泥沙地和人造塑胶颗粒的场地。这种球鞋的鞋钉是与鞋底一体化的颗粒，俗称"碎钉"。"碎钉"足球鞋是适应场地最多的一类球鞋，适用于各类人工草场。

5. IN足球鞋

适用于经打磨过的木质、混凝土或其他人工合成的室内场地。IN球鞋大多是平底设计，没有鞋钉，由各种纹路取代，俗称"牛筋底"。

6. 帆布面胶钉足球鞋

比较常见的足球训练鞋，很多业余性质的比赛因担心运动员动作不规范或防范保护意识不强，常规定必须穿帆布胶钉足球鞋。

二、运动器材

一场正规比赛的器材包括标准规格的足球、足球门、角旗杆、边裁旗帜、主裁哨子、红牌黄牌等。

平时训练的常用器材有：标志杆、标志盘、标志桶、小跨栏、简易球门、敏捷绳梯等。

排球运动

本章提要

　　排球运动始于 1895 年，与篮球、足球并称为世界"三大球"，在全球范围内有着极大的影响力。排球的技战术灵活多变，规则系统翔实，不受年龄、性别的限制。经常参加排球运动，能促进身体素质的全面发展，培养人们团结合作的集体主义精神和顽强拼搏的意志品质。排球运动对上下肢、腰部和背部肌肉力量的要求很高，膝部、肩部、腰部、手指、肘部和腕部极易发生损伤，应做好相应的保护措施，增强肌肉力量的训练。

第一节　排球运动概述

一、起源与发展

　　排球（volleyball）原意是击"空中球"，因排球比赛中参加比赛的队员的站位成排，所以我国称之为排球。1895 年，美国马萨诸塞州霍利奥克市春田学院的毕业生威廉·摩根，担任起霍利奥克市体育干事的工作。他在工作中发现，篮球运动对于常坐办公室和年龄较大的人来说过于剧烈，他们需要一项新的运动来放松身心又不至于太累。根据这一需要，他用网挂在篮球场中间把双方队员隔开，双方队员攻防把球拍来击去，不让球掉在本方场地，击球不出对方场地。排球运动就这样从嬉戏篮球胆的游戏中发展起来了。

　　排球运动由于融趣味性、娱乐性、攻防竞技性、体育教育性于一体，很快就在世界各国盛行开来，成为世界性体育项目。排球运动于 1905 年传入我国，最先是 16 人制，后来演变为 12 人制、9 人制。1918 年，国际上出现 6 人制排球赛（每队 6 人上场），并沿用至今。1947 年，国际排球联合会成立，到目前为止已有 200 多个会员国。1964 年，奥运会将排球列为正式比赛项目。中国女排的表现近几十年一直名列世界前茅，其拼搏精神振奋中华民族。近些年来，中国女排在 2003 年世界杯排球赛、2004 年雅典奥运会排球比赛、2015 年排球世界杯、2016 年里约热内卢奥运会排球比赛、2019 年世界杯排球赛上 5 次夺冠，极大地振奋了中国人的精神。中国女排所体现出来的顽强奋斗、勇敢拼搏的精神激励着一代代中国人不断奋斗。

二、特点与功能

（一）特　点

1. 广泛的群众性

排球场地设备简单，比赛规则容易掌握，运动者既可在球场上比赛和训练，亦可在一般空地上活动，运动负荷可大可小，适合于不同年龄、不同性别、不同体质、不同训练程度的人。

2. 技术的全面性

规则规定，除自由防守队员外，每名队员都要进行位置轮转，既要到前排扣球与拦网，又要轮到后排防守与接应，要求每名队员都要全面地掌握各项技术。

3. 高度的技巧性

规则规定，比赛中球不能落地，不得持球、连击。击球时间的短暂性和击球空间的多变性决定了排球的高度技巧性。

4. 攻防技术的两重性

排球是多种技术都可以得分、失分的项目，这种情况在决胜局比赛中更加突出，所以说每项技术都具有攻防的两重性。因此，要求技术既要有攻击性，又要有准确性。

5. 严密的集体性

排球比赛是集体比赛项目，除发球外，都是在集体配合中进行的。没有严密的集体配合，再好的个人技术也难以发挥，更无法发挥战术的作用。水平越高的队，集体配合就越严密。

（二）功　能

排球运动对增强体质、丰富业余文化生活、增进健康有着不可忽视的积极作用。经常进行排球运动，不仅能全面提高人体各器官系统功能，发展力量、弹跳、速度和灵敏等身体素质，而且能培养人机智、果断、沉着和冷静等心理品质及团结友爱的集体主义精神。

第二节　排球基本技术

排球技术分为无球技术和有球技术两大类。其中，准备姿势、各种移动步法和起跳等技术被称为无球技术；传球、垫球、发球、扣球和拦网被称为有球技术。

一、准备姿势和移动

准备姿势和移动是排球基本技术之一，属于无球技术，是完成发球、垫球、传球、扣球和拦网等各项有球技术的前提与基础，并对各项有球技术的运用起串联和纽带作用。准备姿势和移动是相辅相成的，准备姿势主要是为了移动，而要快速移动，又必须做好准备姿势。

（一）准备姿势

准备姿势根据重心的高低可分为稍蹲准备姿势、半蹲准备姿势和低蹲准备姿势三种。在此着重介绍一下半蹲准备姿势。

半蹲准备姿势：两脚左右开立，稍比肩宽，一脚稍前，两脚尖稍内收，脚跟稍提起，膝关节保持一定的弯曲，其投影在脚尖前面，上体前倾，重心靠前。两臂放松自然弯曲，两手置于腹前。全身肌肉放松，两眼注视来球，两腿始终保持微动。（图7-2-1）

图 7-2-1

（二）移　动

在排球比赛中，多采用两三步短距离的移动，包括并步、滑步、交叉步、跨步等。

1. 并步与滑步

当球距身体一步左右时采用并步移动。移动时，如向前，则前脚向来球方向跨出一步，后脚蹬地跟上（图7-2-2）。当来球稍远，并步不能接近球时，可用快速的连续并步，即为滑步。

图 7-2-2

2. 交叉步

当来球在体侧 3 米左右时，可采用交叉步移动。采用向右侧交叉步时，上体稍右倾，左脚从右脚前面交叉迈出一步，然后右脚向右跨出一步，同时身体转向来球方向，保持击球前的姿势。（图 7-2-3）

3. 跨　步

当来球较低时，常运用跨步迎球。跨步可以向前、向侧前或侧方跨出。（图 7-2-4）

图 7-2-3

图 7-2-4

二、传　球

传球是在额前上方用双手（或单手）借助伸臂、蹬腿的动作，通过手指、手腕的弹击力量将球传至一定目标的击球动作。

双手传球的技术动作通常分为正面上手传球、背传和侧传三类，可以在原地传或跳传。

（一）动作要领

1. 正面上手传球

【准备姿势】正对来球，两脚开立，两膝稍屈，上体挺起稍前倾，两眼注视来球，两臂屈肘抬起，两手成传球手型。

【击球】传球时，利用蹬地、伸膝和伸臂的动作，通过球压在手指上的反弹力，以拇指、食指、中指和手腕的协调力量将球传出，用力一定要协调一致。传球距离近时，用手指、手腕的弹力较多；传球距离较远时，必须要加强蹬地、展体的力量，才能控制好球。（图 7-2-5）

正面双手
上手传球

图 7-2-5

手型：两手自然张开，微屈成半球形，手腕后仰，小指在前，拇指相对成八字形置于额前。（图 7-2-6）

图 7-2-6

2. 背 传

背传球是传球的基本方法之一，也是难度较大的一种传球。传球时，上体保持正直或稍后仰，击球点比正面传球要高。迎球时，微仰头挺胸，在下肢蹬地的同时，上体向后上方伸展，击球时手腕适当后仰，掌心向后上方击球的底部，利用抬臂、送肘的动作和手指、手腕主动将球向后上方传出（图 7-2-7）。无论是向前传还是向后传，都应该尽量保持一种姿势，从而提高传球的隐蔽性，迷惑对手，为队友创造更好的扣球机会。

背 传

图 7-2-7

3. 侧 传

侧传的准备姿势、手型与正面传球相同。迎球时，通过下肢蹬地使重心上升，但上体和手臂应向侧上方用力，触球下方，传球方向异侧手臂的动作幅度和用力距离要大于同侧手臂。由于侧传具有隐蔽性的特点，可以传各种快球以增强进攻的力量。

侧 传

（二）易犯错误及纠正方法

（1）手型不正确，触球部位离身体太远，拇指朝前。

【纠正方法】① 自传中观察手型，用传球手接球，然后检查手型或先摆手、后放球来检查；② 对墙连续近距离轻传。

（2）击球点过高或过低。

【纠正方法】① 击球点偏低，可多练背传、自传、近墙自传反弹球、近网对传等；② 击球点过高，可多做平传、坐地传、自抛传远球等。

（3）传球时上体后仰。

【纠正方法】① 向前移动中传球。② 先向前自传一次，再立即跟上传出。③ 传后跟进保护垫球。④ 球出手后，手触地板一次。

三、垫 球

垫球是用双手前臂的前部击球，利用来球的反弹力将球击出的技术动作。垫球主要用于接发球、接扣球、接拦回球，有时也用来组织进攻。

（一）动作要领

1. 正面双手垫球

正面双手垫球技术按连贯动作的顺序一般可概括为"一插、二夹、三抬臂"。"插"：要求判断来球，快速移动到位，保持好球与人的关系，双手插入球下；"夹"：要求两臂夹紧，手腕下压，保持良好的手型，触球部位要正确（图7-2-8）；"抬"：抬臂时要求击球点要正确，根据来球的力量大小采用正确的用力方法，全身协调用力。（图7-2-9）

正面双手垫球

图 7-2-8

图 7-2-9

2. 侧面双手垫球

在身体两侧用双臂垫球的动作称为侧面垫球。来球飞向体侧，队员来不及移动对正球时，可用双臂在体侧垫球。

3. 背 垫

从身前向背后垫球，称背垫。在不能进攻将球处理过网时可采用。

（二）易犯错误及纠正方法

（1）屈肘，两臂并不拢，不会用力。

【纠正方法】模仿练习，垫固定球，自垫球练习。

（2）移动慢，对不正球。

【纠正方法】移动抢球，双臂夹球移动垫球。

（3）两臂用力不等，动作不协调。

【纠正方法】垫固定球，体会用力和协调发力。

四、发　球

（一）动作要领

1.下手发球

这种发球动作简单易学，失误较少，方向较准确，但球飞行速度慢，力量小，攻击性小。（图7-2-10）

以右手击球为例，发球前侧对球网，两脚前后开立，左脚在前，两膝微屈，上体稍前倾，重心偏后脚。左手持球置于腹前，右臂自然下垂，两眼注视球。发球时，左手将球轻轻抛起在体前右侧，离手高约20厘米；在抛球前，右臂伸直，以肩为轴由后向前摆动，借右脚蹬地力量，重心随着右手向前摆动击球移至前脚上。在腹前以虎口、掌根或手掌击球的后下部。接触球时，手指、手腕紧张，手成勺形吻合球，随着击球动作，重心前移，迅速进场比赛。正面下手发球时，将球抛在右肩前下方，右臂伸直，以肩为轴，由后向前摆动击球。

图 7-2-10

2.正面上手发球

这种发球准确性大，易控制球的力量和落点，对对方有很强的攻击性和威胁性。（图7-2-11）

面对球网，两脚自然开立，左脚在前，左手托球于身前。用抬臂和手掌的平拖上送，稳稳地将球垂直向自己右肩前上方抛起，高度要适中。在抛球的同时，右臂抬起并屈肘后引，肘与肩平，上体稍向右侧转动，利用蹬地、转体、收腹带动手臂迅速而有力地向前上方挥动。在右肩膀前上方伸直手臂至最高点，用手掌击球的后中下部。击球时，手指自然张开吻合球。正面上手发球时，可利用不同的击球手法和击球的不同部位，使其产生不同的旋转。

图 7-2-11

3. 正面上手大力跳发球

这种发球攻击性强，直接得分和破坏对方一传的概率比较大，但是难度较高，在国际大赛上这种发球已经占领了主流，世界强队几乎都是采用这种发球方法。

面对球网，把球向斜上方抛高（尽量把球抛在固定的高度与位置上有利于发挥最大的攻击效果），利用已经熟练掌握的技术扣球上步，起跳、腾空、展腹、展臂、看准球的最高点、收腹、挥臂、全掌包满球、屈膝、缓冲落地即完成整套动作。

（二）易犯错误及纠正方法

（1）正面上手发球抛球不准，击球点太靠后；做不出推后带腕动作；动作不协调，用不上全身的协调力量。

【纠正方法】明确动作要领，向固定目标抛球；眼看球，对墙轻发，体会手抛球动作，使球打转；掷实心球，做排球的发球练习。

（2）抛球不正，时高时低；挥臂动作不正确，击球的部位不准。

【纠正方法】多做固定目标的抛球和挥臂击球练习；强调手掌根部的击球力量通过球体重心，使球不旋转。

（3）正面下手发球准备姿势和击球位置过高，影响发球的准确性；挥臂击球方向不正确，击球时手臂在肘关节处弯曲过大，击球不准。

【纠正方法】明确动作概念，反复进行抛球练习；击固定吊球练习；结合抛球进行挥臂练习。

五、扣球

正面扣球

（一）动作要领

1. 准备姿势

站在离网 3 米左右处，两脚自然开立，两膝微屈，上体稍前倾，两臂自然下垂，观察二传来球，随时准备向各个方向助跑起跳。

2. 助 跑

助跑的目的是获得一定的水平速度，增加弹跳高度，并且选择适当的起跳点。助跑的时机、方向、步法、速度、节奏是由来球的方向、速度和弧线来决定的。因此，要全面熟练地掌握一步、两步、三步及多步助跑的步法。

以两步助跑为例，助跑时，左脚先向前迈出一步，接着右脚再迅速跨出一大步，左脚及时并上，落在右脚侧前方，两脚尖稍内收准备起跳。

助跑的第一步要小，目的是对正上步的方向，使身体获得向前的水平速度；第二步要大，目的是接近球和提高助跑的速度，右脚落地的支撑点在重心之前，有利于制动。

3. 起　跳

在助跑跨出最后一步的同时，两臂绕体侧向后引，左脚在落地制动的过程中，两臂自后积极向前摆动，随着两脚蹬地向上起跳，两臂配合起跳用力上摆。

4. 空中击球

起跳后，挺胸展腹，上体稍向右转，右臂向后上方抬起，身体成反弓形。挥臂时，以迅速转体、收腹动作发力，带动肩、肘、腕各部位关节成鞭甩动作向前上方挥动。击球时，五指微张成勺形并保持紧张，用全掌包满球，以掌心为击球中心，击球的后中部，同时主动用力屈腕、屈指向前推压球，使扣出的球加速上旋。击球点在起跳和手臂伸直至最高点的前上方。

5. 落　地

空中完成击球动作后，身体自然下落，为了避免腿部负担过重，两脚的前脚掌应先着地，同时顺势屈膝，缓冲身体下落的力量。（图 7-2-12）

图 7-2-12

（二）易犯错误及纠正方法

（1）助跑起跳前冲，击球点保持不好。

【纠正方法】进一步明确起跳位置；进行限制性练习，如在地面画上线（起跳线），防止前冲；扣固定球或助跑起跳的接球练习。

（2）上步起动时间早，起跳早。

【纠正方法】以口令、信号作提示或触动队员身体，使他们体会起动上步时间。

（3）挥臂动作不正确（僵硬、拖肘）。

【纠正方法】原地扣球，用中等力量放松鞭甩；掷皮球或小垒球。

（4）击球手法不正确（打不转、未包满球）。

【纠正方法】击固定球，练习包满球；手腕用中拳力量推打，以使球旋转。

（5）击球点不高（肘关节弯曲）。

【纠正方法】用小网原地扣球提高击球点。

（6）扣快球时起跳离网近（出现触网或过中线）。

【纠正方法】助跑距离不要过长，前面一步要大；明确二传队员与扣球者的关系，确定起跳点。

（7）手臂、手腕鞭甩不正确。

【纠正方法】原地扣球练习，注意提肩、提肘、甩扣。

六、拦　网

（一）动作要领

队员用腰部以上身体任何部位，在球网附近高于球网上沿，试图阻拦击过来的球，并触击球，称为拦网。拦网分为单人拦网、双人拦网和三人拦网。下面仅介绍单人拦网。

队员面对球网，两脚左右开立约与肩同宽，距网 30 ～ 40 厘米，两膝微屈，两臂在胸前自然屈肘。移动可采用并步、交叉步、跑步，向前或斜前移动。原地起跳后，重心降低，两膝弯曲，用力蹬地，使身体垂直起跳。如果是移动后起跳，制动时，两脚脚尖要转向网，同时利用用手臂摆动帮助起跳。拦网时，两手从额前平行球网向网上沿前上方伸出，两臂平行，两肩尽量上提，两臂尽力过网伸向对方上空，两手接近球，自然张开，手触球时两手要突然紧张，用力屈腕，主动盖帽捂住球。（图 7-2-13）

图 7-2-13

（二）易犯错误及纠正方法

（1）起跳过早。

【纠正方法】运用节奏控制和加强信号刺激判断起跳时间。

（2）双手前扑、触网。

【纠正方法】徒手模仿或结合矮网原地拦；运用提肩、屈腕方法把球拦下。

（3）过中线或碰网。

【纠正方法】练习原地起跳，含胸，微收腹。

（4）不看扣球动作，盲目起跳伸臂。

【纠正方法】徒手轻跳拦固定球；判断扣球人的路线，快速移动对正慢跳；原地徒手和结合球的扣球练习。

第三节 排球基本战术

一、阵容配备

排球阵容配合是排球战术运用的基础，阵容配备应最大限度地符合本方队员的特点，按队员特点合理搭配，同时还要考虑对手的情况。

（一）"四二"配备

"四二"配备是 2 名二传队员和 4 名进攻队员的阵容。4 名进攻队员分为 2 名主攻和 2 名副攻。"四二"配备在中等水平球队采用较多，2 名二传队员前后排始终保持 1 名，便于接应传球。

（二）"五一"配备

"五一"配备是 1 名二传队员和 5 名进攻队员的阵容。5 名进攻队员为 2 名主攻，2 名副攻，二传对角是接应二传。由于目前比赛中引入了自由人，"五一"配备更加灵活。这种战术配备对二传队员要求较高，一般在中高水平的球队运用较多。

（三）"三三"配备

"三三"配备是由 3 名传球队员和 3 名进攻队员间隔站立，使每一轮都有传有扣。这种配备是初学者常采用的战术配备。

二、进攻战术

（一）"中一二"进攻

"中一二"进攻是前排 3 个人中 1 个人在 3 号位做二传，将球传给 2 号位、4 号位的进攻形式。二传队员在 2 号位、4 号位时，在球发出后可以置换到 3 号位，这种情况称为"边一二"换"中一二"或反"边一二"换"中一二"。这种进攻简单，便于组织。

（二）"边一二"进攻

前排 3 个人中 2 号位队员做二传，将球传给 3 号位、4 号位进攻，二传队员在 3 号位、4 号位时，在发球后换到 2 号位。这种方式对右手扣球队员比较顺手，而左手扣球队员比较别扭，但是一传如果传偏到 4 号位，则很难接应。

三、防守战术

（一）接发球的站位阵形

1. 5 人接发球

除 1 名二传队员在网前站立或后排插上外，其余 5 名队员均担负起一传任务，通常为三二站位。这种方式便于队员分布，但二传队员插上距离较远或者进攻变化较少。

2. 4 人接发球

二传队员和上快球队员站在网前不接发球，后场 4 人一字或弧线站立。这种方式便于二传传球和进攻跑动，但容易造成空当，对接发球判断和移动要求高，一般用来针对发球较差的对手。

（二）防守阵形

1. 不拦网的防守阵形

在没有拦网必要时，二传队员在网前，既可以接网前球，又可以组织进攻，前排队员后撤，准备防守和进攻。

2. 单人拦网防守阵形

该阵形用于对方进攻力量较弱、扣球以中线为主、吊球较多的情况。单人拦网应以中线为主，阻止球吊入中场，前排不拦网队员后撤防前场区。

3. 接拦回球的保护阵形

拦回球的保护，一般应掌握在后排留 1 个人准备接反弹较远的球，其他队员尽量多地参加前排保护。在只有一点进攻时，应采用 4 人保护。在有战术变化时，进攻队员跑动或跳起后，如未扣球应争取保护，但二传队员和后排队员应尽量组成 2～3 人的保护阵形。

第四节　排球竞赛规则简介与欣赏

一、规则简介

（一）发　球

1. 发球击球时的犯规

（1）发球次序错误：某队未按照记分表所登记的发球次序发球为发球次序错误。

（2）发球区外发球：队员发球击球时或跳发球时，踏及场区或发球区外地面为发球区外发球犯规。

（3）发球击球时球未被抛起或持球手未撤离。

（4）发球 8 秒：第一裁判员鸣哨后 8 秒内，发球队员未将球击出，为发球 8 秒犯规。

2. 发球击球后的犯规

（1）发出的球触及发球队队员或球的整体未通过球网垂直面。

（2）界外球。

① 发出的球的整个落点完全在场区界线以外的地面上。

② 发出的球触及场外物体、天花板或非比赛队员等。

③ 发出的球触及标志杆、网绳、网柱或球网标志带以外的部分。

（3）发球掩护：任何一名发球队的队员，以挥臂、跳跃或左右晃动等动作妨碍对方接发球，而且发出的球从他的上方飞过，则构成个人掩护。

（二）击球时的犯规

（1）4 次击球：一个队连续触球 4 次（拦网一次除外）为 4 次击球犯规。

（2）持球：一名队员没有将球清晰地击出，使球停止（如捞捧、推掷、携带等）为持球犯规。

（3）连击：一名队员明显连续击球两次或球连续触及身体不同部位（拦网一次除外）为连击犯规。

（4）借助击球：队员借助同伴或任何物体的支持击球为借助击球犯规。

（三）队员在球网附近的犯规

（1）对方进攻性击球前或击球时，在对方空间触及球或对方队员。

（2）从网下穿越进入对方空间并干扰对方比赛。

（3）队员的双脚（单脚）全部越过中线进入对方场区。

（4）队员干扰比赛有下列情况（但不限于）：击球行为触及标志杆及标志杆以内球网任何部分；利用球网进行支撑或稳定身体；造成了对本方有利；妨碍了对方合法的击球试图；拉网/抓网。

任何运动员靠近球击球或准备击球，不管是他/她能否击到球都是击球行为。但是，队员身体触及标志杆以外的球网，不算犯规（另有规则除外）。

（四）拦网犯规

（1）在对方进攻性击球前或击球的同时，在对方空间完成拦网。

（2）后排队员或自由防守队员完成拦网或参加了完成拦网的集体。

（3）拦对方的发球。

（4）拦网出界。

（5）从标志杆以外伸入对方空间拦网。

（6）自由防守队员试图进行个人或参加集体拦网。

（五）进攻性犯规

（1）在对方空间击球。

（2）击球出界。

（3）后排队员在前场区完成进攻性击球，并且击球时球的整体高于球网上沿。

（4）在前场区内对高于球网上沿的对方发球完成进攻性击球。

（5）自由防守队员对高于球网上沿的球完成进攻性击球。

（6）队员在高于球网处，对同队自由防守队员在前场区用上手传出的球完成进攻性击球。

（六）不良行为

（1）粗鲁行为：违背道德原则和文明举止的行为。

（2）冒犯行为：诽谤、侮辱的言语、形态或任何轻蔑的表示。

（3）侵犯行为：人身攻击或威吓行为。

二、欣　赏

（一）美学角度

比起篮球的激烈和足球的疯狂，排球相对要宁静、柔和许多，这份宁静和柔和也激活了体育运动中不同于足球、篮球的另一种味道。排球运动员体型匀称、身材修长、肤色健康、骨骼和肌肉强劲有力、体态健美，排球用球从 1895 年正式诞生至今，也由最初的纯白色逐渐过渡到了活泼的蓝、黄、白三色，这在一定程度上体现了排球运动之美。排球拥有庞大且稳定的球迷群体。另外，因其具有运动强度适中、简便易行等特点，在全球范围内仍然具有广泛的群众运动基础。

（二）技术角度

体育比赛中，技术是完成战术配合的基础，而战术的不断演变和发展又对技术提出了更高的要求。排球比赛中除了常见的基本技术像移动、传球、垫球、发球、扣球、拦网等之外，快球技术发展也很快，比较常见的有近体快球、短平快球、远网快球等。排球运动技术的运用具有时间和空间的局限性，有空中击球、击球时间短等特点，快速灵活的移动、准确无误的击球、敏捷利索的起跳、协调流畅的空中动作、令人赞叹的控球能力都能体现出排球技术的精湛性。

（三）战术角度

体育比赛中的战术，是比赛双方根据赛场情况变化，正确分配力量和采取合理行动，充分发挥自己的优势，限制对方的特长，以此取得比赛胜利的竞赛艺术。现代排球战术，已在不断变化、发展，过去的高快结合逐渐变成高快活（灵活多变），战术的内容和质量也是很重要的，有时，简单的战术形式可以打出高质量、多变的球来。发球变化多端是排球所特有的，扣球也特别具有代表性，全场多个落点的扣球是运动员智慧和速度的结合，排球运动动作优美，有艺术感，整体配合要在快速中完成，技术性强。排球活动中蕴含着规律性的强弱、长短、急缓、张弛等运动节奏，既有个人技战术节奏的变化，又有整体攻防的节奏转换，隔网对抗的形式决定了它是一项靠能力和智慧取胜的运动，双方没有身体直接接触，靠技战术能力、靠集体团结配合、靠才智勇敢争取，从而在行为规范上凸显出文明、儒雅、礼貌等特点。在每球必争、奋身拼搏的运动竞争中体现出高雅的气质，这正是排球的魅力所在。

第五节　排球装备选择

一、运动服装和鞋

队员服装包括上衣、短裤、袜子和运动鞋。全队队员上衣、短裤和袜子必须统一、整洁和颜色一致。运动鞋必须是没有后跟的、柔软轻便的胶底或平底鞋。国际排联世界性比赛中，全队队员鞋子的颜色必须一致，商标的颜色和设计可不同。队员上衣必须有号码，序列为1～20号。号码必须在身前和身后的中间位置，并与上衣的颜色明显不同。身前号码至少15厘米高，身后号码至少20厘米高，号码笔画宽度至少2厘米。队长上衣胸前号码下，应有一条与上衣颜色不同的长8厘米、宽2厘米的带状标志。禁止穿着不符合规则规定的号码或与同队其他队员不同颜色的服装。

第一裁判员可以允许一名或多名运动员不穿鞋进行比赛。比赛中，禁止队员佩戴可能造成伤害及有利于人为加力的物品。队员可以戴眼镜进行比赛，但风险自负。

二、运动器材

比赛用球是一色的浅色球或国际联排批准的多色球，球的圆周为65～67厘米，用柔软的皮革或合成革制成外壳，内装橡胶或类似材料的球胆。比赛用球重260～280克。自行车打气筒可用来给排球充气。

第八章　乒乓球运动

本章提要

　　乒乓球运动于19世纪末起源于英国，具有球小、速度快、变化多、设备简易的特点，且不受年龄、性别和身体条件的限制，运动量适中，有广泛的群众基础。经常参加乒乓球运动可以发展人的灵敏性和协调性，改善心血管系统的功能，增强体质，还有助于培养勇敢顽强、机智果断、沉着冷静、敢于拼搏等优良品质。根据其运动特点，肩关节受伤频率最高，平时应有针对性地进行专门性练习，合理安排运动量，做好准备活动。

第一节　乒乓球运动概述

一、起源与发展

（一）起　源

　　乒乓球运动起源于英国，是从网球运动中派生而来的。19世纪后期，英国的一些大学生从网球中得到启示，在室内以餐桌作为球台，在两把高背椅子上挂一根线作为球网，采用软木或橡胶做成的球，手持羊羔皮纸贴成的长柄椭圆形球拍，在台子上将球打来打去。

　　1890年左右，英国越野跑运动员詹姆斯·吉布，从美国带回了作为儿童玩具的塑料球，于是这种小球就代替了软木球和橡胶球。由于当时普遍使用的羊羔皮纸球拍击到球和球碰台后发出"乒乓"的声音，于是人们根据其声音的像声性把它叫作"乒乓球"，英文则直接称其为"桌子上的网球"（table tennis）。

（二）发　展

1. 第一阶段（1926—1951 年）——**欧洲乒乓球运动的全盛时期**

这期间共举行了 18 届世界锦标赛，欧洲运动员获得的世界冠军占 93.1%，处绝对优势。1928 年以前，乒乓球作为体育项目在英国和匈牙利开展得较为广泛。

2. 第二阶段（1952—1958 年）——**日本称霸世界乒坛**

日本乒乓球协会于 1928 年就加入了国际乒联，20 世纪 50 年代他们使用海绵拍，大大改变了乒乓球的传统打法，并开始称霸世界乒坛。

3. 第三阶段（1959—1970 年）——**中国的崛起**

1959 年第 25 届世界乒乓球锦标赛上，我国运动员容国团以其独特的直拍近台快攻打法，在比赛中连续打败了许多世界强手，为我国夺得有史以来的第一个世界乒乓球冠军。

1961 年第 26 届世界乒乓球锦标赛上，我国健儿夺得了男子团体、男子单打、女子单打三项世界冠军。

1965 年第 28 届世界乒乓球锦标赛上，我国选手第一次获得女子团体世界冠军。

4. 第四阶段（1971—1979 年）——**"欧亚对抗"**

在第 31 届世界锦标赛中，19 岁的瑞典选手本格森成为男子单打世界冠军。他在继承、发展欧洲打法的基础上，学习了日本的弧圈球以及中国快攻技术的长处，把快攻和弧圈球结合在一起。

5. 第五阶段（1981 年以后）——**中国称霸世界乒坛**

1981 年第 36 届世界乒乓球锦标赛，我国选手囊括了 7 项冠军，创下了世界乒乓球历史的新纪录。

在第 37 届、38 届和 39 届世界乒乓球锦标赛上，我国选手各夺得六项世界冠军。在 2014 年第 52 届世乒赛上，中国国家乒乓球队再次获得男、女团体冠军。在 2016 年里约热内卢奥运会上，中国国家乒乓球队再次包揽男单、女单、男团、女团 4 枚金牌。2021 年，在东京奥运会上，中国国家乒乓球队不仅取得了 4 金 3 银的佳绩，还创造了男单四连冠、女单九连冠，以及男团、女团四连冠的新纪录。

二、特点与功能

（一）特　点

1. 灵巧性

乒乓球运动是一项以上肢为主，下肢为辅的技巧性、灵敏性运动项目。无论是正式比赛还是作为一般性的健身锻炼活动，都需要运动者在小范围内进行脚步移动、挥拍、击球，合理运用各种击球技术在桌面上对击，从而使锻炼者的上肢肌肉和视觉神经都得到充分锻炼。

2. 简便性

乒乓球运动对场地要求非常低，不大的空间只需一张乒乓球桌即可进行锻炼，可室内、可露天，普通锻炼者可以在生活小区和公园内进行锻炼。

3. 广泛性

乒乓球在我国有着广泛的基础，锻炼者可以是各个年龄段的人群，且不分性别，都可以同台对抗。

（二）功　能

经常打乒乓球能提高视觉的敏锐性和神经系统的灵活性，使人心情舒畅，想象力丰富，利于提高学习和工作效率；能改善人的心血管、脑血管系统的机能，使人的反应加快，身手敏捷，动作协调，四肢灵活、柔韧，形体健美；能提高控制情绪的能力及培养机智果断、勇敢顽强、勇于进取和敢于拼搏的优良品质与作风。此外，生活、工作中产生的不良情绪，也可在打乒乓球锻炼中得到缓解和宣泄，起到积极的心理调节作用，提高社会适应能力。

第二节　乒乓球基本技术

一、握拍法

（一）直握法

拇指第一指节和食指第二指节分别压住球拍两肩，拍柄压住虎口（两指间距离适中）；中指、无名指和小指自然弯曲斜形重叠，中指第一指节侧面顶住球拍背面上端1/3处。（图8-2-1）

（二）横握法

中指、无名指和小指自然地握住拍柄，拇指在球拍的正面轻贴于中指旁边，食指自然伸直斜贴在球拍的背面。深握时，虎口紧贴球拍；浅握时，虎口轻微贴拍。（图8-2-1）

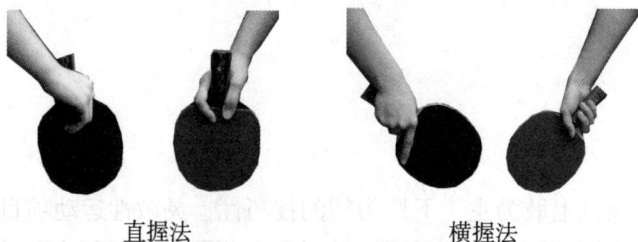

直握法　　　　　　　横握法

图 8-2-1

二、发球技术

发球是乒乓球比赛中唯一不受对方来球限制的技术，它可以让使用者最大限度地实现自己的战术意图，具有较强的主动性。发球是乒乓球竞赛中创造得分机会的主要技术。

（一）动作要领

1. 正手平击发球

身体离球台约 40 厘米，两脚开立，略宽于肩，左脚稍前。左手将球向上抛起，身体稍右转，同时右臂内旋，使拍面稍前倾，向右后方引拍。当球从高点下降至稍高于球网时，击球的中上部，向左前下方挥动，以向前发力为主。击球后迅速还原。（图 8-2-2）

图 8-2-2

2. 反手平击发球

身体离球台约 40 厘米，两脚开立，略宽于肩，右脚稍前。左手将球向上抛起，身体稍左转，同时右臂外旋，使拍面稍前倾，向左后方引拍。当球从高点下降至稍高于球网时，击球的中上部，并向右前下方挥动，以向前发力为主。击球后迅速还原。（图 8-2-3）

图 8-2-3

3. 正手发左侧上（下）旋球

近台站位，左脚在前，右脚在后，身体侧向球台，重心下降。左手将球向上抛起，同时右臂向右后上方引拍，直握拍手腕伸展，横握拍手腕外展，腰部略向右转动。当球下降至接近网高时，前臂加速向左前方挥摆，触球时手臂、手腕发力，直握拍手腕屈曲，横握拍手腕内收，腰部配合向左转。发侧上旋球时，拍面略微立起，击球的中部，并向左侧上方摩擦。发侧下旋球时，拍面略后仰，击球的中下部，并向左侧下方摩擦。控制随势挥拍，迅速还原。（图 8-2-4）

4. 反手发右侧上（下）旋球

近台站位，左脚在前，右脚在后（或两脚平行）。左手将球向上抛起，同时右臂向左后方引拍，拍面适当后仰，腰部向左转动。左脚稍抬起，重心移至右脚。当球下降至接近网高时，前臂加速向右上方挥摆，直握拍手腕伸展，横握拍手腕内收，腰部配合向右转。发侧上旋球时，拍面略微立起，击球的中部，并向右侧上方摩擦。发侧下旋球时，拍面略后仰，击球的中下部，并向右侧下方摩擦。控制随势挥拍，迅速还原。（图 8-2-5）

图 8-2-4

图 8-2-5

（二）易犯错误

（1）没有把球抛起或者抛起的高度不够，挥拍击球时机不准确，造成"漏击"。

（2）拍形角度不对，使发出去的球弧线过高或者下网。

（3）挥拍方向不准确，力度没有传到球上，造成球的落点和方向无法掌控。

三、攻球技术

（一）正手攻球技术

1. 动作要领

（1）正手快攻。

左脚稍前，身体离台约 40 厘米。手臂自然弯曲并做内旋，使拍面稍前倾，重心移向右脚，前臂横摆引至身体右侧后方。右脚稍用力蹬地，髋关节略向前转动，腰向左转，上臂带动前臂快速向左前方挥动迎球，在上升期（或高点期）击球的中上部，触球瞬间前臂迅速收缩，以向前打为主，略带有摩擦，手腕辅助发力，重心由右脚移至左脚。注意击球后迅速还原。（图 8-2-6）

直板正手攻球

横板正手攻球

图 8-2-6

（2）正手扣杀。

左脚稍前，站位远近视来球长短而定。手臂自然弯曲并做内旋使拍面稍前倾，球拍呈半横状，随着腰、髋的转动，手臂向后移动，将球拍引至身体右后方，适当加大引拍距离。借腰、髋的左转及腿的蹬力，带动手臂向前迎球。当来球跳至高点期（位置合适可在上升期），上臂带动前臂同时加速向左前下方发力，拍面前倾击球的中上部。以撞击为主，略带有摩擦（近网除外），击球后重心由右脚移至左脚。扣杀后，立即还原，准备连续扣杀。（图 8-2-7）

图 8-2-7

2. 易犯错误

两脚站位平行，右脚没有后撤，导致引拍动作不正确或者没有引拍动作；对来的球落点和速度判断不够准确，造成挥拍击球时机不准确，无法正确回击；拍形角度过于前倾或后仰导致击球下网或击飞出台；击球后，姿势没有及时还原，导致下一拍击球来不及做出反应。

（二）反手攻球技术

1. 动作要领

（1）直拍反手快攻。

离球台 40～50 厘米，右脚稍前。身体略左转，使腰部扭紧，右肩略下沉，前臂后引球拍至身体左侧，略高于来球。用腰、髋的突然转动，带动前臂向右前方用力。上臂贴近躯干，肘部内收，在球的上升期或高点期击球的中上部。手腕和食指压拍，中指在拍后，选定用力方向后将球击出。击球后迅速还原。（图 8-2-8）

图 8-2-8

（2）横拍反手快攻。（图8-2-9）

靠近球台，右脚稍前。身体左转，右肩前顶略下沉，拍向左侧后引至腹前，肘部前顶，手腕稍后屈，拍形前倾，拇指抵住球板。腰、髋略向右转动，前臂带动上臂由左后向右前上方挥动，击球点在体前偏左侧方，在上升后期或高点期击球的中上部，击球以前臂发力为主。击球后迅速还原。

图 8-2-9

2. 易犯错误

（1）直拍反手推挡球：反向引拍不正确，造成拍形下坠，无法有效使用拍面挡球；反向引拍后没有靠近身体小腹部位，推球时手臂无法发力；拍面前倾角度不正确，造成挡回去的球弧线过高或者下网，击球落点无法控制。

（2）横拍反手拨带球：前臂位置不当，击球时没有以肘关节为轴，前臂无法发力，造成错误击球动作；拍面前倾角度不正确，造成挡回去的球弧线过高或者下网；手腕没有固定，加上前臂做挥拍动作时"甩手腕"，造成击球落点无法控制；击球点和击球时机不对，造成击球的效果不佳。

四、搓球技术

搓球是近台还击下旋球的一种基本技术，可用它为拉弧圈球创造条件。将搓球技术与攻球技术结合起来可以形成搓攻战术。搓球在接发球时可以作为有效的过渡，为自己下一板创造进攻机会。

（一）动作要领

1. 慢 搓

（1）反手慢搓。

右脚在前或两脚平行站立，身体离台40～50厘米。手臂外旋，使拍面角度后仰，前臂向左上方引拍至胸前，横握拍手腕适当外展，直握拍手腕屈曲，拍头指向斜上方。当来球跳至下降前期时，前臂带动手腕加速向右前下方用力摩擦球，拍面后仰，击球中下偏外侧的部位。击球后，前臂顺势前送，并注意还原。（图8-2-10）

直板反手
搓球

（2）正手慢搓。

正手慢搓与反手慢搓动作相同，但方向相反。

直板正手
搓球

图 8-2-10

2. 快　搓

（1）反手快搓。

两脚平行或右脚稍前，身体靠近球台。肘部自然靠近身体，后引动作较小，拍面稍后仰。当来球跳至上升期时，利用上臂前送的力量，前臂和手腕配合，结合发力，触球的中下部并向前下方用力摩擦。尽快还原，准备下一板球。（图 8-2-11）

横板反手
搓球

图 8-2-11

（2）正手快搓。

正手快搓与反手快搓动作相同，但方向相反。

横板反手
搓球

（二）易犯错误

（1）没有判断好旋转和落点，脚步没有前移，前臂没有前伸，造成被动接球。

（2）摩擦球时没有摩擦球的底部，身体没有前移，前臂前伸不够，摩擦球的力量不足，没有产生把球向前送的合力，无法抵消来球的旋转力量，导致击球下网。

五、弧圈球技术

（一）动作要领

1. 正手弧圈球

判断来球方向，确定拉球时机和拉球部位。两脚开立，左脚稍前，收腹、含胸、屈膝使重心较低，重心落在两脚之间。腰、髋向右转动，重心置于右脚前脚掌，右肩略下沉，左肩自然转向来球方向，右腿屈膝程度加大，前臂自然下垂，通过转腰带动上臂、前臂经腹前向右侧下方移动，将球拍引至身体右侧腰部下方稍后处。手臂自然放松，肘关节夹角保持在150°～170°。右脚蹬地，髋关节适当前转，腰部带动上臂向左转动，前臂向左前上方挥动击球。通常击球的中部或中上部（如果增加侧旋可击球的略偏右位置并带侧向摩擦），前臂和手腕即将触球时迅速内收，手指在触球瞬间抓紧球拍。来球下旋强烈或击球点较低时，多向上摩擦；在保证必要弧线的前提下，可增加撞击的比重以增强球的前冲力。击球后，手臂继续顺势挥动，重心移到左脚后，迅速还原。（图 8-2-12）

图 8-2-12

2.反手弧圈球

动作原理与正手弧圈球类似。除左右方向相反外，还须注意以下几点：① 近台反手拉球时，站位基本上以左脚在前为主；中远台拉球时，站位多以两脚平行或右脚稍前为主。② 反手拉球时，在引拍阶段肘部要稍微离开身体，放在身体外侧，以确保球拍在身体前有一定的击球空间。近台拉球时，引拍动作不宜过大。

（二）易犯错误

（1）没有判断好旋转和落点，脚步没有后撤，没有沉肩引拍动作，造成被动接球。

（2）击球时机不准确，摩擦球部位不准确，没有在球落到下降期就摩擦球，造成击飞或无法拉出弧圈球。

（3）右脚没有蹬地和以腰带手发力，导致挥拍动作不合理，力量不能传到球上，效果不佳。

第三节　乒乓球基本战术

一、单打战术

（一）发球抢攻战术

乒乓球的特点使发球一方占有很大的主动优势，利用高质量的发球可以造成对方回球质量不高甚至可以发球直接得分。

（二）直拍的"左推右攻"战术

直拍快攻是我国的传统打法，"左推右攻"战术说的是用反手推球正手攻球，使对方跟不上击球节奏，以快制胜。

（三）横拍的两面攻战术

由于横拍的技术特点是正反面均衡，用正反两面击球，左右调动对手，使对手难以判断来球的方向和落点，以控制取胜。

（四）旋转球战术

利用球拍拍面胶皮的特性，制造各种旋转球，使对方难以准确判断旋转，造成击球下网或击飞。

二、双打战术

（一）双打发球抢攻战术

由于乒乓球规则规定，双打发球落点必须在对方右半桌，使发球的难度增加，但还是可以通过高质量的旋转球和速度迫使对方回球质量不高，为同伴创造得分机会或发球直接得分。

（二）双打接发球抢攻战术

双打接发球不好就容易造成同伴被动，接发球时判断对方发球的旋转和落点，利用对方发球质量不高和落点固定的弱点，能抢攻则抢先攻，不能抢攻就控制落点，为同伴创造得分机会。

（三）双打配对战术

选择类型特点不同的运动员进行配对，利用击球的不同特点和变化扰乱对手的接球节奏，以巧制胜。

第四节　乒乓球竞赛规则简介与欣赏

一、规则简介

（一）发　球

（1）发球开始时，球自然地置于不持拍手的手掌上，手掌张开，保持静止。

（2）随后发球员须将球几乎垂直地向上抛起，不得使球旋转，并使球在离开不执拍手的手掌之后上升不少于 16 厘米，球下降到被击出前不能碰到任何物体。

（3）当球从抛起的最高点下降时，发球员方可击球，使球首先触及本方台区，然后直接触及接发球员台区。在双打中，球应先后触及发球员和接发球员的右半区。

（4）从发球开始，到球被击出，球要始终在比赛台面的水平面以上和发球员的端线以外；而且从接发球方看，球不能被发球员或其双打同伴的身体或他（她）们所穿戴（带）的任何物品挡住。

（5）球一旦被抛起，发球员的不执拍手及其手臂应立即从球和球网之间的空间移开。球和球网之间的空间由球和球网及其向上的无限延伸来界定。

（6）运动员发球时，有责任让裁判员或副裁判员确信他（她）的发球符合规则的要求，且裁判员或副裁判员均可判定发球不合法。如果裁判员或副裁判员对发球的合法性不确定，在一场比赛中第一次出现时，可以中断比赛并警告发球方。但此后如该运动员或其双打同伴的发球不是明显合法，将被判发球违例。

（7）运动员因身体伤病而不能严格遵守合法发球的某些规定时，可由裁判员做出决定免于执行。

（二）击 球

对方发球或还击后，本方运动员必须击球，使球直接越过或绕过球网装置或触及球网装置后再触及对方台区。

（三）得 1 分

除被判重发球的回合，下列情况该运动员得一分：
（1）对方运动员未能正确发球。
（2）对方运动员未能正确还击。
（3）运动员在发球或还击后，对方运动员在击球前，球触及了除球网装置以外的任何东西。
（4）对方击球后，球没有触及本方台区而越过本方台区或端线。
（5）对方击球后，球穿过球网，或从球网和网柱之间、球网和比赛台面之间通过。
（6）对方阻挡。
（7）对方故意连续两次击球。
（8）对方用不符合规则的拍面击球。
（9）对方运动员或其穿或戴（带）的任何东西使比赛台面移动。
（10）对方运动员或其穿或戴（带）的任何东西触及球网装置。
（11）对方运动员不执拍手触及比赛台面。
（12）双打时，对方运动员击球次序错误。

（四）一局比赛

在一局比赛中，先得 11 分的一方为胜方。10 平后，先多得 2 分的一方为胜方。

（五）一场比赛

单打的淘汰赛采用七局四胜制，双打淘汰赛和团体赛采用五局三胜制。

（六）次序和方位

（1）在获得 2 分后，接发球方变为发球方，依此类推，直到该局比赛结束，或直至双方比分为 10 平，或采用轮换发球法时，发球和接发球次序不变，但每人只轮发 1 分球。

（2）在双打中，每次换发球时，前面的接发球员应成为发球员，前面的发球员的同伴应成为接发球员。

（3）在一局比赛中首先发球的一方，在该场比赛的下一局中应首先接发球，在双打比赛的决胜局中，当一方先得 5 分后，接发球一方必须交换接发球次序。

（4）一局中，在某一方位比赛的一方，在该场比赛的下一局应换到另一方位。在决胜局中，一方先得 5 分时，双方应交换方位。

（七）间 歇

（1）在局与局之间，有不超过 1 分钟的休息。
（2）在一场比赛中，双方各有一次不超过 1 分钟的暂停。
（3）每局比赛中，每得 6 分球后，或决胜局交换方位时，有短暂的时间擦汗。

二、欣 赏

（一）看 点

欣赏一场乒乓球比赛，除了要懂得比赛的相关规则以外，还要了解运动员的水平和特点，可以从快、转、狠、巧等几个方面来欣赏。

"快"是指击球的速度快，直拍快攻是我国的传统打法，快节奏的击球使双方运动员你来我往，比赛场面精彩纷呈。"转"是指乒乓球的高质量旋转，旋转是乒乓球的魅力，乒乓球的旋转是难以用肉眼看清的，旋转的强度有时候令人匪夷所思，很难用常规的物理常识去解释旋转。"狠"是指运动员的搏杀精神，比赛到了关键时刻，一方运动员想获得比赛的胜利，往往会采用搏杀型的技战术，使比赛更加激烈好看。"巧"是指运动员的击球技巧，乒乓球运动员的良好手感往往在被动击球时出其不意，用类似太极拳"四两拨千斤"的手法巧妙地化解对方威胁巨大的来球。

（二）礼 仪

（1）进出场：观众进出场地要有序。一般要提前到达场地，到场后需要按号入座，坐在自己的位置上等待运动员和裁判员入场。琉璃瓶、易拉罐饮料不允许带进赛场，只能带软包装饮料进入球场，垃圾自行带出。

（2）换座位：在赛场观看比赛，都会遇到调座的问题。调座时语言要礼貌。

（3）比赛中：乒乓球比赛中，不能把乒乓球当作足球比赛来看。因为过大的声音、过激的语言会影响到运动员的心情和注意力。不要产生嘘声，否则会给球员带来压力，也不要对裁判员发出嘘声。

（4）发球时：从运动员准备发球开始到这个球成为死球的这一段时间内，整个赛场要保持安静。不要鼓掌、跺地板、大声讲话、呐喊助威、展示旗帜和标语等。

（5）拍照：不要使用闪光灯拍照，闪光灯对乒乓球比赛的影响是非常大的，因为乒乓球球拍和球的碰撞是在瞬间完成的，闪光灯会使运动员的眼睛产生不适，使运动员无法判断来球的特性，从而影响回球的质量和命中率。

（6）标语与旗帜：虽然看乒乓球比赛时携带的标语和旗帜的尺寸大小没有明确规定，但是，乒乓球比赛属于室内赛事，不提倡把锣鼓带进体育馆，旗帜和标语也不要太大。

（7）其他：将手机关闭或保持静音状态。场馆内禁止吸烟。

第五节　乒乓球装备选择

一、运动服装和鞋

乒乓球运动多是室内运动，具有动作幅度不大、出汗不多等特点。乒乓球运动时服装多以彩色为主，尽量选择合体宽松的短袖运动服装，材料多以吸汗排湿的轻薄面料为宜。乒乓球运动不需要进行太多弹跳动作，一般的防滑缓震护踝型运动鞋可以提供足够的脚部保护。

二、运动器材

（一）球

乒乓球直径为 40 毫米，重 2.7 克，颜色为白色或橙色，无光泽。

（二）球　拍

球拍的大小、形状和重量不限，底板由 85% 天的然木材制成，其中可加入高科技碳纤维和纳米陶瓷等新材料，相比纯木底板，增加了乒乓球底板的弹性和硬度，使球拍性能增加。乒乓球胶皮多为套胶，胶皮和海绵搭配成套，乒乓球套胶的质量对击球性能的影响力很大。球拍两面无论是否有覆盖物，必须无光泽，且一面为鲜红色，另一面为黑色。用来击球的拍面可用一层颗粒向外的普通颗粒胶覆盖，连同黏合剂，厚度不超过 2 毫米，或用颗粒向内或向外的海绵胶覆盖，连同黏合剂，厚度不超过 4 毫米。

第九章

羽毛球运动

本章提要

    1873 年，现代羽毛球运动诞生于英国。它特征鲜明，具有球小、速度快、变化多等特点。经常进行羽毛球运动，有助于发展人的灵敏性和协调性，改善心血管系统的功能，从而使人们更好地发展自身机能。随着羽毛球比赛技战术和规则的不断演进，也在很大程度上增加了比赛的精彩程度，吸引着越来越多的人投身到这项运动中去。由于羽毛球运动是高对抗的项目，速度转换快，因此，在运动中容易发生肩关节、肘关节的损伤，应做好充分的准备活动，加强易伤部位的保护。

第一节　羽毛球运动概述

一、起源与发展

    现代羽毛球运动诞生于英国，大约在 1800 年由网球派生而来。1870 年，出现了用羽毛、软木做的球和穿弦的球拍。1873 年，英国人鲍弗特在格拉斯哥郡伯明顿镇的庄园里进行了一次羽毛球游戏表演，从此，羽毛球运动便逐渐开展起来。那时的活动场地是葫芦形的，两头宽中间窄，窄处挂网，直至 1901 年才改为长方形。

    20 世纪 70 年代以来，男子羽毛球技术处于领先地位的是印尼队和中国队。1982 年，中国队首次参加汤姆斯杯赛就荣获冠军；1978 年 2 月，世界羽毛球联合会在中国香港成立；1981 年 5 月，国际羽毛球联合会和世界羽毛球联合会正式合并。2006 年，国际羽毛球联合会更名为羽毛球世界联合会，简称世界羽联。

    在 1987 年北京世锦赛、2010 年巴黎世锦赛、2011 年伦敦世锦赛和 2012 年伦敦奥运会中，我国羽毛球选手包揽了全部 5 个项目的冠军。2015 年 5 月 17 日，在第 14 届苏迪曼杯羽毛球决赛中，中国队成功卫冕，实现苏迪曼杯六连冠。在 2016 年里约热内卢奥运会上，中国羽毛球队获得 2 枚金牌。在 2020 年东京奥运会上，中国羽毛球队获得 2 枚金牌、4 枚银牌的好成绩。

二、特点与功能

（一）特　点

1. 全身性

羽毛球运动是一项能够让人眼明、手快，全身得到锻炼的体育项目。无论是正式比赛还是作为一般性的健身活动，都要在场地上不停地进行脚步移动、跳跃、转体、挥拍，合理地运用各种击球技术和步法将球在场上对击，从而增大上肢、下肢和腰部肌肉的力量，加快锻炼者全身血液循环，增强心血管系统和呼吸系统的功能。

2. 调节性

羽毛球运动适合于男女老幼，运动量可根据个人年龄、体质、运动水平和场地环境的特点而定。

3. 简便性

羽毛球运动对场地要求很低，只需要在稍微平整的场地就能进行，因此它不仅可以在正规的室内运动场进行，也可以在公园、生活小区等处广泛开展。

（二）功　能

1. 发展身体素质

羽毛球运动对身体素质的要求全面。在练习的过程中，为了提高击球的速度，获得更大的落点面积，最大限度地提高击球点，要求运动者要有良好的弹跳力以及上肢、下肢的协调能力。因此，经常参加羽毛球运动，可以达到增强身体肌肉力量，提高身体灵活性，提高心血管系统和呼吸系统功能的目的。

2. 增强心理素质

羽毛球运动不仅能提高运动能力，更是锻炼心智的一项运动。在练习和比赛过程中，因其竞争性、对抗性、大强度等诸多因素的影响，运动者会有很多复杂的心理体验，不仅能培养他们顽强的毅力，使他们形成敢打敢拼、胜不骄败不馁的品格，还能弘扬体育精神，使他们在运动中有更突出的表现。

3. 陶冶性情、益智益德

在羽毛球项目中设有单项、双打、团体项目。团体项目通过集体配合来实现，因此，羽毛球项目可以培养独立思考、单独作战及集体主义精神，从而使运动者增长智慧、陶冶性情，而且能培养运动者以良好的心态、正确的人生观去面对事业、家庭、荣辱等。

第二节 羽毛球基本技术

一、握拍法

（一）正手握拍法

正确的握拍方法是先用左手拿住球拍杆，使拍面与地面垂直，其方式与手握菜刀相似，然后张开右手，使手掌下部（小鱼际）靠在球拍的握柄底托，虎口对着球拍柄较窄的一面，小指、无名指、中指自然地并拢，食指与中指稍稍分开，自然地弯曲并贴在球拍柄上。（图 9-2-1）

（二）反手握拍法

一般来说，反手握拍有两种：一种是在正手握拍的基础上，把球拍框往外转，拇指伸直贴在拍柄的宽面上，食指、中指、无名指、小指并拢；另一种是正手握拍把球拍框外转，拇指贴在球拍柄的棱上，食指、中指、无名指、小指并拢。反手握拍时，手心与球柄之间要留有空隙，这样握拍有利于手腕力量和手指力量的灵活运用。（图 9-2-2）

图 9-2-1　　　　　　　　　　　　　　图 9-2-2

二、发　球

发球是羽毛球运动一个重要的基本技术，发球质量的好坏，直接关系到比赛的主动或被动，因此要重视发球，并把发球作为组织威胁进攻的开始。

（一）正手发高远球

1. 动作要领
高远球就是把球发得又高又远，使球向对方后场上方飞去，球的飞行路线与地面形成

的角度要大于 45°，使球在对方场区底线附近垂直下落。（图 9-2-3）

2. 易犯错误

（1）动作僵硬。

（2）放球与挥拍配合不当。

（3）击球点靠近身体或离得太远。

（4）握拍太紧，以致力量发挥不出。

（5）发球后，球拍未顺势向左上方挥动缓冲，而是挥向了右上方。

图 9-2-3

（二）反手发网前球

反手发网前球就是运用反手发球技术把球发至对方发球区内前发球线附近。击球时球拍由后向前推送击球，使球运行至弧线的最高点略高于网顶，球拍触球时，拍面呈切削式击球，使球落到对方场区的前发球线附近。（图 9-2-4）

图 9-2-4

三、击　球

（一）正手击高远球

1. 动作要领

起跳后手腕控制球拍，对准来球路线，快速挥拍击打球的后部，球即沿着直线飞行；若手腕控制拍面击球托的右下方，球则沿着对角线方向飞行。击球后，手臂随惯性自然回收至胸前。（图 9-2-5）

2. 易犯错误

击球点选择不当，偏前或偏后，影响击球用力；击球时，不是以肩为轴挥臂，而是以肘为轴，影响上臂发力，造成用力不当；击球时不是用挥臂甩腕动作靠"爆发力"把球击出，而是将球"推"出；击球后球拍不是顺惯性朝前下方挥动并收拍至体前，而是将球拍朝下；朝右后方挥动，影响了手臂的用力；击球时全身用力不协调等。

图 9-2-5

（二）反手击高远球

如果对方的来球飞向左后场区，要迅速将身体转向后方，移动到合适的击球位置，背对球网，反手握拍，沿半弧形击球，把球击向后上方。（图 9-2-6）

图 9-2-6

（三）正手放网前球

侧身向球的方向移动，上身稍前倾，右手握拍于体前；步法移动的最后一步是右脚向着来球方向，跨大弓箭步，重心要提高，前臂伸向来球，要往前上方举，稍上仰，斜对网，争取高点击球，握拍放松，稍收腕，向球托斜侧提击或搓切，击球过程中左手要向后平举以协调动作。（图 9-2-7）

图 9-2-7

（四）搓 球

1. 正手搓球

击球前，前臂稍外旋，手腕由后伸至稍内收闪动；击球时在正手放网前球动作的基础上，加快挥拍速度，搓切来球的右下底部，使球旋转翻滚过网。（图 9-2-8）

图 9-2-8

2. 反手搓球

反手搓球主要靠前臂的前伸外旋和手腕由内收至外展的合力，搓击球的右侧后底部，使球侧旋滚动过网。（图 9-2-9）

图 9-2-9

（五）吊 球

1. 正手吊球

吊直线球时，击球用力的方向是朝前下方，但在击球瞬间，前臂要突然减速，用手腕的闪动向下轻轻切击球托的右侧后下方，使球越网后即下落；吊对角线球时，击球用力的方向是对角线斜下方。（图 9-2-10）

图 9-2-10

2. 反手吊球

反手吊直线球和反手吊对角线球的击球前动作同反手击高球动作类似。手指内侧顶住拍柄，手腕向后"甩腕"，轻击球托的后下部，使球的飞行方向朝着直线和对角线方向落到对方的网前。（图 9-2-11）

图 9-2-11

（六）扣杀球

1. 动作要领

准备姿势和击球动作基本与正手击高远球相同，不同的是在击球的一刹那须用全力，前臂快速带动手腕下压，触球时拍面前倾，向前下方用力，击球点在右肩稍前上方。击球时，手臂基本伸直，使右腿的蹬力、腰腹力量、上臂、前臂、腕力、指力及重心的转移等协调一致，最终集中在击球的一瞬间发力，这样才能形成凶狠的扣杀。（图 9-2-12）

图 9-2-12

2. 易犯错误

（1）击球点过后或过低，影响手臂发力。

（2）击球前动作过分紧张、僵硬，有劲使不出。

（3）挥臂时以肘为轴，影响上臂发力。

（4）击球时手腕下"甩"不够，往往造成杀球出界等。

第三节　羽毛球基本战术

一、单打战术

（一）发球抢攻战术

发球不受对方干扰，发球者可以根据规则，随心所欲地以任何方式将球发到对方接球区的任意位置；善于利用多变的发球术，先发制人，取得主动；以发平快球和网前球配合，争取创造第三拍的主动进攻机会，这就是发球抢攻战术。

（二）攻后场战术

采用重复打高远球或平高球的技术，压对方后场两点，迫使对方处于被动状态，一旦其回球质量不高，便伺机杀球、吊球，一击制敌。

（三）逼反手战术

一般说来，后场反手击球的进攻性不强，球路也较简单。对于后场反手较差的对手要毫不放松地加以攻击。先拉开对方位置，使对方反手区露出空当，然后把球打到反手区，迫使对方使用反拍击球。例如，先吊对方正手网前，对方挑高球，再以平高球攻击对方反手区。在重复攻击对方反手区迫使其远离中心位置时，突然吊对角网前。

（四）四方球突击战术

以快速的平高球、吊球准确地打到对方场区的四个角落，迫使对方前后左右奔跑，当对方来不及回中心位置或失去重心时，抓住空当和弱点进行突击。

（五）吊、杀上网战术

先在后场以轻杀配合吊球把球下压，落点要选择在场地两边，使对方被动回球。若对方还击网前球时，便迅速上网搓球或勾对角快速平推球；若对方在网前挑高球，可在其后退途中把球直接杀到他身上。

二、双打战术

（一）攻人（二打一）战术

这是一种经常运用的行之有效的战术。当发现对方有一个人的防守能力或心理素质较差，失误率比较高或防守时球路单调，就可采用这种战术，把球攻到较弱者的一边。这种战术可集中优势兵力以多打少，以优势打劣势，造成主动或得分；有利于打乱对方防守站位；有利于我方突击另一线而成功；有利于造成对方思想上的矛盾而互相埋怨，影响其士气。

（二）攻中路战术

不论对方把球打到什么位置，攻球的落点都应集中在对方两人之间的结合部，并靠近防守能力较差者一侧或在中线上。攻中路战术可以造成对方抢球或漏球，也可以限制对方挑出大角度的球路，有利于我方网前的封网。

（三）攻直线战术

攻直线战术的杀球路线和落点均为直线，没有固定的目标和对象，只依靠杀球的力量和落点来取得得分效果。当对方的来球靠边线时，攻球的落点在边线上；当对方的来球在中间区域时，就朝中路进攻。这个战术在使用上较易记住和贯彻。杀直线球虽然难度高一些，但效果不错，便于网前同伴的封网。

（四）后攻前封战术

当本方取得主动攻势时，后场队员逢高球必杀，前场队员积极移动封网扑打。

（五）防守反击战术

防守时，对方攻直线球，我方挑对角平高球；对方攻对角球，我方挑直线平高球，以达到调动对方移动的目的；然后，可采用挡或勾网前的精巧网前技术迫使对手起球，创造后场进攻机会，达到反守为攻的目的。

第四节 羽毛球竞赛规则简介与欣赏

一、规则简介

（一）挑 边

比赛开始前应挑边，赢方应在①或②选项中做出选择：①先发球或先接发球；②在一个场区或另一个场区开始比赛。输方在余下的一项中选择。

（二）计分方法

（1）除非另有规定，一场比赛应以三局两胜定胜负。

（2）对方违例或球触及对方场区内的地面成死球，则本方胜这一回合并得1分。

（3）20平后，领先2分的一方胜该局。

（4）29平后，先到30分的一方胜该局。

（5）除（3）、（4）的情况外，先得21分的一方胜一局。

（6）一局的胜方在下一局首先发球。

（三）赛中间歇方式

每场比赛均采用三局两胜制。当一方在比赛中得到11分后，比赛将间歇1分钟；两局比赛之间的间歇时间为2分钟。

（四）比赛中常见的违例

以下情况均属违例。

（1）不合法发球。

（2）球发出后：停在网顶；过网后挂在网上；被接发球员的同伴击中。

（3）比赛进行中，球：落在场地界线外（即未落在界线上或界线内）；未从网上越过；触及天花板或四周墙壁；触及运动员的身体或衣服；触及场地外其他物体或人；被击时停滞在球拍上，紧接着被拖带抛出；被同一运动员两次挥拍连续两次击中，但一次击球动作中球被拍框和拍弦面击中不属"违例"；被同方两名运动员连续击中；触及运动员球拍，而未飞向对方场区。

（4）比赛进行中，运动员：球拍、身体或衣服，触及球网或球网的支撑物；球拍或身体从网上侵入对方场区（击球时，球拍与球的接触点在击球者网这一方，而后球拍随球过网的情况除外）；球拍或身体，从网下侵入对方场区，导致妨碍对方或分散对方的注意力；妨碍对方，即阻挡对方随球过网的合法击球；故意分散对方注意力的任何举动，如喊叫、做手势等。

（五）重发球

（1）重发球时，原回合无效，由原发球员重新发球。

（2）除发球外，球过网后，挂在网上或停在网顶，判重发球。

（3）发球时，发球员和接发球员同时被判违例，将重发球。

（4）发球员在接发球员未做好准备时，将球发出，判重发球。

（5）球在飞行时，球托与球的其他部分完全分离，判重发球。

（6）裁判员对该回合不能做出判决时，将判重发球。

（7）出现意外情况，判重发球。

（六）交换场区

（1）第一局比赛结束时，双方应交换场地。

（2）若局数为 1∶1 时，在第三局比赛开始前，双方应交换场地。

（3）在第三局比赛中，领先一方比分达到 11 分时，双方应交换场地。

若应交换场地而未交换时，一旦发现应立即交换，已得分数有效。

二、欣 赏

（一）看 点

现代羽毛球运动诞生 100 多年来，已发展成为全球性的体育项目。它有着无穷的魅力，深受人们的喜爱，是一项参与面广、观赏性强的体育运动。

欣赏一场羽毛球比赛，除了要懂得比赛规则以外，还要了解运动员的水平和特点，可以从快、准、刁、活等方面来细细品味。

"快"指精确的判断能力、敏捷的反应速度和良好的身体素质。"准"是羽毛球运动员展示魅力的一个重要方面。羽毛球的一次往返飞行时间仅在一秒之内，在这来回的瞬间，精准地把握球的飞行路线和落点是运动员高超技艺和控制能力的综合表现。"刁"是指运动员刁钻的球路和技法，反映了运动员的聪明才智。"活"是羽毛球比赛的战术特点。对手间旗鼓相当、比赛势均力敌时，战术的灵活运用、打法的不断变换就是克敌制胜的法宝。

（二）礼 仪

羽毛球运动始终是一项高雅的运动。尊重对手，尊重裁判，女士优先，用语文明，讲究举止等，都为羽毛球文化所倡导。因此，观众在观看这项比赛时应注意以下内容：

（1）赛前 5 分钟提前入座，并保持安静；比赛中尽量不要从座位上站起来，更不要随意在看台上来回走动。

（2）不得使用粗鲁、不文明、带有敌意、攻击性或侮辱性语言刺激球员；观看比赛时不得燃放烟火、向场内抛掷物品。

（3）观看比赛拍照时，不得使用闪光灯；比赛馆内严禁吸烟；观赛时应将手机关闭或设置在振动、静音状态；不要将锣鼓、乐器等响器带入比赛场内。

第五节　羽毛球装备选择

一、运动服装和鞋

羽毛球运动与其他运动相比，具有动作幅度大，多在室内运动，出汗非常多等特点，因此对于服装的要求也与其他运动项目不同。羽毛球运动服装要合体、宽松。短袖运动衫的材质应选择吸汗排湿的材料。运动短裤的材质没有运动衫那么讲究，但也有一定的特点，目前比较流行的是弹性材料的短裤。在球鞋的选择上，要防滑耐磨，注重缓震性能和对脚的保护性。

二、运动器材

（一）球

羽毛球重 4.74 ～ 5.50 克，应有 16 根羽毛插在半球形的软木托上；羽毛球底部为圆形，球托直径为 25 ～ 28 毫米；羽毛在顶部围成圆形，直径为 58 ～ 68 毫米；羽毛应用线或其他适宜材料扎牢。（图 9-5-1）

（二）球　拍

羽毛球拍用木料、铝合金或碳素纤维等质地轻而坚实、并富有弹性的材料制作而成。球拍由拍头、拍弦面、连接喉、拍杆、拍柄组成整个框架。球拍总长度不超过 680 毫米，宽不超过 230 毫米；拍弦面应是平的，用拍弦穿过拍头十字交叉或用其他形式编制而成，编制样式应保持一致；拍弦面长不超过 280 毫米，宽不超过 220 毫米。（图 9-5-2）

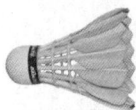

图 9-5-1　　　　　　　　　　　　图 9-5-2

第十章　网球运动

本章提要

现代网球运动起源于19世纪的英国。网球运动球速快，变化多，健身性、趣味性强，运动量可大可小。经常参加网球训练，能提高人的速度、力量、耐力、灵敏等素质，对调节肌肉和发展协调性都有较高的要求。在网球运动中，极易发生跟腱断裂、肌肉拉伤、踝部韧带拉伤断裂，以及各关节的疼痛等问题，平时应加强关节力量的练习，做好相关的防护措施。

第一节　网球运动概述

一、起源与发展

古代网球运动可追溯到古希腊时期，它是人们玩耍的一种"掌中游戏"。现代网球运动起源于英国。1873年，英国人温菲尔德在掌握了古代网球游戏之后，把它搬到了室外，使网球运动从宫廷走进了寻常百姓家。

1877年，英国在温布尔登举行了第1届草地网球锦标赛，以亨利·琼为首的裁判委员会草拟的比赛规则是现代网球比赛规则的基础，其中的盘制、局制和换位法一直沿用至今。

1912年3月1日，世界网球的最高组织——国际网球联合会（简称"国际网联"）成立，总部设在英国伦敦。

中国网球著名运动员有李娜、郑洁、张帅、王蔷、郑赛赛、王雅繁等。中国网球选手经过不断努力和顽强拼搏，逐渐走到世界排名的前列。其中，李娜是2011年法国网球公开赛、2014年澳大利亚网球公开赛女子单打冠军，是亚洲第一位大满贯女子单打冠军。2018年雅加达亚运会，徐一璠/杨钊煊夺得冠军，这是中国队时隔12年再夺亚运会女双冠军，也是历史上第三次登顶。

二、特点与功能

（一）特　点

网球运动是人们普遍喜爱并富有情趣的一项体育活动。网球运动既是一种消遣娱乐、增进健康的手段，又是一种艺术追求和享受，还是一种扣人心弦的竞赛项目，不论是运动者还是观赏者，都能从网球运动中感受到无穷无尽的运动魅力。

（二）功　能

经常参加网球运动，除了可以提高大脑的反应判断能力、机体的协调能力，对调节肌肉用力的紧张度与肌肉的感觉也有较高的要求，还能培养自信心，增进人际关系。网球富有娱乐性，在身体得到锻炼的同时又能增强心理承受能力和社会适应能力，是一项高雅并可终身坚持的体育项目。

第二节　网球基本技术

一、握拍法

现代网球运动握拍方法有四种：东方式握拍法、大陆式握拍法、西方式握拍法和双手反握拍法。

（一）东方式握拍法

1. 东方式正手握拍法

左手先握住拍颈，使拍面与地面垂直，然后右手手掌也垂直于地面，在齐腰高的地方与拍子相握。手指朝下，拇指放在中指旁边，食指稍展开。（图 10-2-1）

2. 东方式反手握拍法

手掌移到拍柄上部，食指关节跨在右斜面上部，拇指放在拍柄左侧面，在击球时起到稳定作用。（图 10-2-2）

（二）大陆式握拍法

与东方式握拍的不同之处是，大陆式握拍正反手击球都无需换握拍，手掌大部分放在拍柄顶部的小右斜面上。（图 10-2-3）

（三）西方式握拍法

这种握拍法俗称"大把抓"，把球拍平放在地面上，用手在拍柄顶端顺手一把抓起便是。正、反拍是不换握的，而且击球在同一拍面上。（图10-2-4）

（四）半西方式握拍法

从大陆式握拍逆时针转动手（左手顺时针转动），将食指根放在第4个斜边上，手几乎都在拍柄的上方。（图10-2-5）

图 10-2-1    图 10-2-2    图 10-2-3    图 10-2-4    图 10-2-5

（五）双手反手握拍法

此握拍法是左手以东方式正手握拍加上右手的东方式反手握拍，右手握在拍柄底端，左手握在拍柄上端。双手握拍多用于反手击球。

二、基本步法

网球的各种步法大致包括：滑步、垫步、跑步、左右交叉步、跨踏步等。无论采用哪种步法，在击球前都应及时主动。当来球落点较远时，起动要快，步幅稍小，中间加大步幅，接近球时，再用小步调整身体与球之间的距离，这样才能以适宜的身体姿态比较从容地击球。

三、基本技术

（一）正手击球（以右手为例）

1.准备姿势

面对球网，两脚向前自然分开，与肩同宽，双膝微屈，身体略向前倾，重心落在两脚的前脚掌上，右手握拍，左手轻托拍颈，双肘微屈，球拍舒适地放在身前，拍面垂直于拍头指向对方，两眼注视对方来球，做好击球准备。

2.后摆引拍

当判断来球需用正拍回击时，转动双脚，左脚跟抬起并向右侧前方上步，右脚向右转90°与底线平行，同时转肩转髋带动右手向后摆动引拍（此为关闭式步法，适用于初学者转体；另一种为开放式步法，左脚不必上步，两脚平站但需要更多的向右转体动作），引拍时肘部弯曲、自然下垂，拍头低于膝盖，左手伸向前方，保持身体平衡，后摆引拍时重心移向右脚，左肩对向球网，手腕固定，挥拍转动约180°，拍头指向后挡网。

3. 前挥击球

从后摆进而向前挥动时紧握球拍，手腕后伸、固定，用力蹬脚，转动身体并挥拍，正拍的击球点在身体的右侧前方与腰的同高，击球时的挥拍速度最快，球打在拍面的中心，击球挥拍时的拍头是自上而下地臂挥动使球稍带上旋击出。

4. 跟进随挥

球触拍后，使拍面平行于网的时间尽量长些，挥拍沿着球飞行的方向前送，重心前移落在左脚上，身体也随着转向球网，挥拍动作在左肩上方结束，拍头指向上方高出头部。随挥跟进动作要比后摆动作大而充分，保证击球的稳定性，随挥跟进结束，立即恢复准备姿势，准备下一次击球。

图 10-2-6

（二）反手击球

反手击球是网球基本技术中最常见的击球方法，分为单手与双手两种击球，初学者一般是先学习正手击球后再学习反手击球。下面以双手反手击球为例介绍反手击球要领。

1. 准备姿势

反手击球准备姿势与正手击球相同。面向球网，双脚分开与肩同宽，屈膝，上体稍前倾，重心落在前脚掌上，左手扶住球拍拍颈，拍头指向对方，拍面与地面垂直。眼睛密切注意对方来球。

2. 后摆引拍

当判断对方来球朝我方反手方向飞来时，扶住拍颈的左手应迅速帮助右手握拍变换为反手握拍法，向左转肩转髋带动球拍向左后方摆动。后摆时，肘关节自然弯曲，拍头稍翘起，指向后方，右脚向左前方上步，右肩或者是右背对着球网，重心移向左脚，反手击球的引拍动作应比正手击球的引拍要完成得早，整个动作要连贯、协调，左手始终扶住拍颈。

3. 挥拍击球

球拍由后向前上方挥出，前挥时手臂仍保持弯曲，直到随挥结束后才伸直。击球点在右脚左侧方向，击球时球拍与右脚应在一条直线上，击球高度在膝与腰之间（比正手击球稍低），击球时手腕绷紧（平时握拍引拍成放松姿态），拍面与地面保持垂直，击在球的中部，要有以手背击球的意识，用转体和转肩的力量使重心前移到右脚上。

4. 随挥跟进

击球后，球拍沿着球飞行的方向向前向上送，重心前移落在右脚上，挥拍在右肩上方结束，拍底部指向前方，左手稍提起以保持整个身体平衡，身体转向球网，恢复原来的准备姿势。

图 10-2-7

（三）发　球

在网球比赛中，由于发球是比赛的开始，又可以直接得分，因此，发球通常被认为是最重要的网球击球技术。（图 10-2-8）

1. 握　拍

作为初学者可用东方式正手握拍。大陆式握拍、东方式正手和半东方式反手握拍适用于有一定水平的初学者。

2. 站　位

双脚齐肩宽，在端线后侧身站立，右脚与底线基本上平行。左脚正对右网柱（与端线夹角为 45°），手腕和手臂放松握拍于身体前，左手握球并在拍颈处托住拍，两脚尖的连线对着目标。

3. 向后引拍和抛球

两手臂一同向下和向上运动，球从伸展的左手中向上垂直抛出，位置在身体前面和左脚上部，握拍手掌在向后拉拍时朝下，重心平稳地向前脚移动，抛球的高度应能满足击球手臂的充分伸展，并使击球感到舒适。

4. 击球点

抛球后，身体开始向左前转动，球拍在身后做环绕动作，并最后向前挥动击球。运动员必须尽力伸展身体，在最高点击球，击球点应在身体右前方，击球时，身体的转动和重心的相应转移，以达到右鞋底正对后挡网为准，从球拍的颈部到左脚后跟成一直线。

5. 随挥动作

球拍挥动成弧形，并在身体左侧结束，重心完全落在前脚上，右脚指向后挡网。

图 10-2-8

（四）接发球

接发球技术是网球技术中最难掌握、最重要的技术之一。接发球者在一定程度上必须接受发球员的支配，必须瞬间精准、迅速、到位地把"判断"和"回击"这两个环节一气呵成，必须在夹缝中为自己争取到生存的机会。尽管如此，破发也不能光指望对方失误或在其他情况下偶尔的失误送分给自己，球员必须有主动破坏对方防线、阻止对方攻势的意识和办法。

（五）截　击

截击是在对方回球落地之前就将其打回对方的场地的击球，通常是在判断对方回球方向的基础上，自己移动到接近球网的位置进行的回球，一般朝向对方很难触及的方向。截击在双打中非常重要，有着制胜的关键作用。截击时要求球拍小幅度后摆，球拍头和双眼同来球保持在同一水平上，在体前击球。（图 10-2-9）

图 10-2-9

（六）高压球

运动员用头顶高压球来反击落地后的挑高球。它与发球动作相似，但后摆准备动作要比发球小。高压球要比发球难打，因为判断挑高球要比自己抛球难得多，但基本的击球方法非常相似，其动作要点为侧身转体并用短促的垫步向后退，同时侧身，持拍手上举至头部向后引拍，重心在两脚前脚掌上，后腿弯曲，随时准备扣杀。准备击球时，非持拍手上举指向来球的方向，击球与发球时击球一样，击球点在右眼前上方。近网高压球击球点可偏前，便于下扣动作的完成，远网后场高压的击球点可稍后些，击球动作向前下方挥击，以防击球下网。击球后的跟进动作尽量像发球那样完整，起跳高压时要保持身体平衡。（图 10-2-10）

图 10-2-10

第三节　网球基本战术

战术必须建立在熟练和正确地掌握一定数量和质量的技术动作的前提下，通过球员在比赛实践中，伺机在一定的时间和空间条件下，合理地、灵活地组合运用才能构成。技术是战术的基础，是组成战术所必不可少的基本要素。先进的技术必然促进战术的发展和变化。而战术的不断变化和发展，同样也反过来促进原有技术的更新与发展。技战术之间存在着相互联系、互为影响、共同发展的辩证关系。

一、单打战术

（一）上网型

积极创造一切机会和条件上网后，在空中截击来球，利用速度与落点变化造成对方还击的困难，甚至失误。网前技术的使用率男子在 40% 以上，女子在 35% 以上。这种打法积极主动，富有攻击性，但略带冒险性。果断是这种打法所必须具备的意志品质。上网型打法的常用战术如下：

1. **发球上网**

利用快速有力和落点多变的发球，迫使对方接发球难以主动发力，然后快速移步上网。

2. **随球上网**

对打中，利用一板低而深的回球，使对方难以发力，然后快速移步上网。

3. 接发球上网

在判断准确、及时的基础上，接发球即击出快深球或将球击向空当，使对方失去主动，然后迅速上网。

（二）底线型

基本上保持在底线抽球（包括削球），利用球的速度、力量、落点和旋转变化出现机会时，偶尔上网。网前技术的使用率男子在 25% 以下，女子在 20% 以下，此打法过去偏于保守，较被动。近年来，在上网打法的影响下，产生了一种攻击性的底线打法，运用凶狠的底线双手抽球，使对方难以截击。此打法要求：积极快速，能攻善守；正、反拍无明显差异，掌握上旋抽击，能连续进攻，具备强有力的破网反击能力；能运用强烈的上旋高球，在快速对抗中有"搏"一板的技术；兼备处理小球和网前的能力；体力好，步法快。

（三）综合型

底线和上网两种打法的综合运用。网前技术的使用率男子为 25% ～ 40%，女子为 20% ～ 35%，这种打法的技术特点和要求是积极快速、以攻为主；正、反拍都能打出加力的上旋抽球，有连续进攻能力；能拉开对方；威力大、落点好、破网反击能力强。

二、双打战术

（一）发球战术

1. 发球站位

发球者站在底线后面的中线与边线之间的一半处，比单打站位稍靠近边线，因为另一边有同伴防守，同时可使发出的斜线球角度更大。

2. 第一发球

大力、凶狠、准确，掌握上网主动权。常用大力上旋球发对方反手区，压制其进攻力量和回击角度，也可用大力平击发球，迫使对方回出高球，以便上网扣杀。

3. 同伴站位

在离网 2 ～ 3 米，离边线 3 米左右处，把守半边场区，伺机截击或打高压球。

（二）接发球战术

1. 接发球站位

站在对方可能把球发到分角线的中点上。

2. 回击方法

平击、切削、旋转三种交替运用，使对方捉摸不定。球要过网低、角度斜、落点深。压制对方上网，利用时机自己上网。

3. 同伴站位

站在发球线附近，比发球者站得稍后一些，随时注意场上变化。

（三）网前比赛战术

当四人均上网时，短兵相接，要求反应灵敏、动作迅速、有较高的技术水平。

1. 站 位

上网位置在离网 2～3 米处，两人各站半场中间稍靠中线位置。这样的站位便于进退和防"中间球"。

2. 同伴之间配合的原则

来球在两人之间，由正拍击球者回击；球在两人之间，又是斜线球时，由距离近的运动员迎击；挑高球在两人之间，由正拍击球者进行高压；对方接发球回击过来的是中场球，由上网运动员争取截击，发球运动员随时准备补漏；情况复杂时，通过呼叫"我的""你的"互相照应；上网运动员左右移动时，底线同伴要移动补位。

3. 灵活机动地变化战术

比赛中还要分析彼我情况，制订战术，以己之长攻彼之短，灵活机动地变化战术，出奇制胜。

（四）底线比赛战术

双打应争取机会上网，一旦被压在底线，只能考虑防守，伺机反攻或诱使对方失误。可用挑高球回击短而低的球，或打平直线球快速穿过对方中央场区，或运用侧旋直线球打对方两侧。

第四节 网球竞赛规则简介与欣赏

一、规则简介

（一）站位和发球的选择

在准备活动开始前，通过抛硬币的方式决定比赛的第一局站位和发球/接发球权。抛硬币获胜的运动员/队可以选择：

（1）在比赛的第一局中选择发球或接发球，在这种情况下，对手选择站位；

（2）选择比赛的第一局站位，在这种情况下，对手选择发球或接发球；

（3）要求对手作出以上任意一种选择。

（二）发 球

（1）发球前的规定。发球员在发球前应先站在端线后、中点和边线的假定延长线之间的区域里，用手将球向空中任何方向抛起。在球接触地面以前，用球拍击球（仅能用一只手的运动员，可用球拍将球抛起）。球拍与球接触时，就算完成球的发送。

（2）发球时的规定。发球员在整个发球动作中，不得通过行走或跑动改变原来站立的位置，两脚只准站在规定位置，不得触及其他区域。发球的方式可以是上手，也可以是下手，但必须保证将球一次触拍完成发球动作。

（3）发球员的位置。每局开始，先从右区端线后发球，得或失1分后，应换到左区发球。发出的球应从网上越过，落到对角的对方前场发球区内，或其周围的线上。

（4）发球失误。未击中球；发出的球落在对方发球区外，如球出线或触网，都称之为失误，发球员需再次发球。若发球两次失误，称为"双误"，失1分。落在边界线上的球为界内球。

（5）发球无效。发球触网，但球仍落在了对方发球区内；接球员未做好接球的准备，均为发球无效，应重新发球。

（6）交换发球。每人发一局，依次交换发球权。

（三）双打规则

（1）发球。每盘第一局开始时，由发球方决定由何人先发球，对方则在第二局开始时，决定由何人首先发球。第三局由第一局发球方的另一球员发球，第四局由第二局发球方的另一球员发球，以下各局按此顺序发球。发球顺序发生错误时应立即纠正，但原比分有效。

（2）接发球。先接球的一方，应在第一局开始时，决定何人先接球，并在这盘单数局，继续先接发球。对方同样应在第二局开始时，决定何人接发球，并在这盘双数局继续先接发球。他们的同伴应在每分结束后轮流接发球。接球的位置发生错误时，到该局结束，再改回原来的接球位置。

（3）发球以后，接发球回过网时，即第一回合结束后，就可以由两人中的任何一个人回击球。

（四）交换场地与休息

每到单数局即1、3、5、7等局结束后，双方要交换场地，且有90秒的休息时间，如2-1、3-2……每盘第一局结束后只交换场地不休息；每盘结束后若为偶数局，则不交换场地；若为奇数局交换场地。休息与换场地同时进行。决胜局的比赛中双方比分之和为6的倍数时要互换场地，但不休息。每盘结束（无论是单数局或双数局）均有2分钟的休息时间。

（五）计分方法

网球比赛有三盘两胜制和五盘三胜制。计分单位是分、局、盘，每局采用0、15、30、40的计分方法。一方先胜4分即胜了这一局。如果比分是40∶40，一方必须再连胜2分才算胜了这一局。比赛双方先胜6局为胜一盘，如果各胜5局，一方必须再连胜2局才能结束这一盘。平局决胜制（俗称"抢七"局），即当局数打到6∶6时，只再打1局决定胜负。在这局中，先赢得7分者为胜方，如果打成平分，一方仍须连续领先2分才算胜了这一局。

1. **得 1 分**

（1）对方连续两次发球失误或脚误时。

（2）发球没有着地前，对方用球拍击球，或球触及了其身体及穿戴的衣物时。

（3）对方在球第二次落地前未能还击过网时。

（4）对方还击球触及场区界线以外的地面、固定物或其他物件时。

（5）在比赛中，对方故意用球拍托带或接住球，或故意用球拍触球超过一次时。

（6）"活球"期间对方的身体、球拍（不论是否握在手中）或穿戴的其他物件触及球网、网柱、单打支柱、绳或钢丝绳、中心带、网边白布或对方场区以内的场地地面。

（7）对方还击尚未过网的空中球（过网击球）。

（8）对方抛拍击球时。

2. **胜一局**

运动员每胜一球得 1 分称为 15，先胜 4 分者胜一局。但遇双方各得 3 分时，则为"平分"。"平分"后，一方先得 1 分时，为"占先"，占先后再得 1 分，才算胜一局。

3. **胜一盘**

一方先胜 6 局为胜一盘，但遇双方各胜 5 局时，一方必须净胜 2 局才算胜一盘。

4. **决胜局**

当局数为 6 平时，进行决胜局制，一方先得 7 分为胜该局及该盘，若分数为 6 平时，一方必须净胜 2 分。

二、欣 赏

（一）看 点

网球运动被看成是高雅的运动，它处处注重美感，从场地的设施到器材的使用，以及比赛环境的布置和运动员服装的设计，都很讲究美。

1. **观赏发球**

发球分为上旋球、下旋球、侧旋球、前冲以及大力发球等。优秀的选手在发球上都具有自己的绝招，如前世界名将桑普拉斯和伊万尼塞维奇的发球，又刁、又准、又狠，常常让对手难以招架。

2. **观赏战术**

网球战术，具有"快、狠、准、变"的特点。运动员在场上既能满场飞奔，又能凌空跳跃击球、斜飞鱼跃救球，或者缩前吊后、斜线大力抽打等。正是这些前后左右、真真假假的变化，使比赛精彩激烈、扣人心弦。

3. **观赏动作**

网球运动员在场上的动作更富美感。爱好网球的艺术家们认为，网球运动的许多动作与舞蹈是相通的，例如，网坛名将博格，双手握拍反手抽打底线球时，就表现出东欧民间舞蹈的韵味；网坛女杰辛吉斯快速网前击球和奔跑接球的身姿，仿佛再现了天鹅湖中的白天鹅兴高采烈地扑向王子的舞姿。总之，一场高水平的网球比赛，除了运动员精湛的技艺之外，再加上富于美感的舞蹈韵味，会使观众如痴如醉，精神上得到极大的满足。

（二）礼 仪

（1）当球滚入邻场而邻场的球员正在练习之中，此时若贸然入场捡球显然是非常不礼貌，也是很不安全的，可以稍微等一下，待其结束击球后再快步入场捡球或请其帮忙将球拣出。

（2）当球场有球员在进行比赛时，其他人不可以进入比赛场区内捡球，并且也要尽量避免在球员视线范围内随意走动，否则不仅不礼貌而且还会被认为是"意外阻碍"而影响比赛的正常进行。如果一定要穿越球场，可先站在一边观看，等球成"死球"后再快步通过。

（3）练球时，当击球出界或是下网，应该向对方说声"对不起"。

（4）发球前，要先看一看对方是否已经做好了接球的准备。

（5）练球时，应主动承担起为对方司线的责任，告诉对方他打过来的球是"in""out"还是压线球。

（6）球拍是球员最亲密的伙伴，不能拿它当坐垫或是拿它当出气筒乱扔、乱拍。

（7）进入球场不允许穿硬底鞋、皮鞋和钉鞋等有损球场表面的鞋。

（8）裁判员与球员之间有时会因界内、界外球的问题发生分歧，这时球员应尽量保持情绪稳定。

（9）观看比赛时，应尽量避免携带能发出鸣叫声音的物品或关掉其声音；在"活球"期间最好不要随意交谈、吃东西、喝彩或鼓掌等。

（10）球员参加比赛时，在赛前练球热身的过程中应把对方视为与己同等的运动者并有义务为对方的练习提供帮助。

第五节　网球装备选择

一、运动服装和鞋

（一）服 装

网球运动对服装有着特殊的要求，这些要求来自传统习俗，也来自对优美形象的追崇。网球运动发展至今，到了近代，男运动员的白色长裤变成了短裤，女运动员的传统裙子也逐渐变成了今日的网球短裙。当下网球服装随着商业化特征日益明显，但对服装上的广告数量和尺寸大小也有明确的规定，现代网球服装所使用的材料和设计都十分考究，既利于保持运动者凉爽舒适，又要保护其不受紫外线的伤害。

（二）鞋

科技的发展和进步使当前网球鞋的设计越来越合理、科学，具备了各种可以帮助提高奔跑和击球技术的性能。根据场地的不同，对网球鞋的鞋型、鞋底材质、鞋底纹路的选择也有不同设计。

根据网球运动者需求的不同，在拍弦的材料、拍弦的磅数、吸汗带、减震器、网球包、网球帽、网球的选择上也有着很大的区别，网球运动者可根据自己的需求特点来选择适合自己的网球装备。

二、运动器材

（一）球　拍

网球规则规定球拍的长度包括拍柄不能超过 73.7 厘米。拍框的总宽度不能超过 31.7 厘米。击球平面的总长度不能超过 39.4 厘米，总宽度不能超过 29.2 厘米。大家在选择适合自己的网球拍时，可以通过球拍的重量、硬度、拍面大小、拍柄大小来进行选择。球拍越重攻击性就越强，但是对自身的力量要求也越高，所以不要盲目地选择过重的球拍，这样不但发挥不了球拍的性能而且容易造成运动损伤。硬度高的球拍对自身力量要求也越高，击出去的球旋转得更多，攻击性也较强。硬度低的球拍弹性也越好，打出去的球前冲速度也越快。大拍面的球拍比较适合初学者，因为大拍面甜区较大，比较容易击中球，但是击球力量不如小拍面的球拍集中，攻击性也会有所减弱。拍柄的大小依自己手掌的大小来选择，只要自己握起来感觉舒服就可以了。

（二）球

网球一般为白色或黄色。球的重量为 56～59.4 克，球的直径为 6.35～6.67 厘米。球的弹性为：在 254 厘米的高度自由落下到水平、坚硬且开阔的地面，反弹高度为 135～147 厘米。

第十一章　手球运动

本章提要

现代手球运动在 20 世纪初曾作为游戏流行于欧洲，经过改进成为男女皆宜的运动。手球运动场地别致，技术动作也别具一格。经常从事手球运动训练的人，肌肉的力量、速度、耐力和柔韧性等能得到全面的发展和提高，心肺功能也会得到改善。由于手球比赛的场面十分精彩、富于表演性，因此吸引了广大群众的积极参与。在手球比赛对抗中，由于双方间的碰撞和牵拉会在很大程度上对关节、韧带和肌肉等软组织造成损伤，所以要求运动员要正确掌握各项运动技能，提高自我保护的意识，加强肌肉力量的训练。

第一节　手球运动概述

一、起源与发展

手球是综合橄榄球和足球的特点而发展起来的一种运动项目。现代手球运动在 20 世纪初曾作为游戏流行于欧洲。1917 年，德国柏林体育教员 M·海泽尔为女孩子设计了与现代手球相似的集体游戏。1919 年后，柏林另一体育教员 K·舍伦茨又进一步把它改进成为男女皆宜的运动，他制定的比赛规则也开始被一些国家采用。1936 年第 11 届奥运会上，手球被列为正式比赛项目，后因手球竞赛规则不健全而被取消。20 世纪 60 年代，在室内进行比赛的 7 人制手球发展迅速，逐渐取代了 11 人制手球比赛。从 1972 年第 20 届奥运会开始，7 人制男子手球再次被列为正式比赛项目。从 1976 年第 21 届奥运会起，女子 7 人制手球也被列为奥运会正式比赛项目。世界手球运动由国际手球联合会负责管理。国际手球联合会于 1946 年成立于丹麦哥本哈根，总部设在瑞士巴塞尔。

在中国，手球运动早在 20 世纪 30 年代初就出现了，中国留德学生吴征被认为是中国现代手球运动的奠基人。1979 年 9 月 17 日，中国手球协会成立。 1980 年 8 月 15 日，中国手协成为国际手联的正式会员。1982 年，中国队夺得 1982 年新德里亚运会男子手球冠军。中国女子手球队在 1984 年洛杉矶奥运会上获得铜牌；2010 年，中国女子手球队第一次夺得亚运会冠军，这是中国女子手球队迄今在世界大赛上获得的首枚金牌，并且打破了韩国人在手球项目上长达 20 年的"垄断"。

二、特点与功能

（一）特　点

1. 对抗性和激烈性

手球是一项允许身体直接接触的运动项目。在比赛中，球员可以用自己的身体阻挡对方的移动路线，封挡对方的传球路线和射门角度。因此，手球赛场上经常会出现双方队员身体合理碰撞、连续抢断球和多次封挡球的精彩纷呈的对抗场面。

2. 连续性和快速性

手球比赛中一些不同于其他球类的特殊规定促使比赛高速进行，比如比赛中的换人，比赛不停，只要遵守"先上后下"和"在本方换人区进行"的原则，替补队员可随时上场比赛，减少了不必要的停顿。这就大大减少了比赛的中断，可以让双方队员在连续和快速的条件下展开激烈的争夺。这是对运动员体能、技术、意志的更大考验，更提高了比赛的观赏性。

3. 全面性和高效性

手球运动的技术动作多样，由多种奔跑、跳跃、射门动作构成，要求运动员技术全面。因此，手球运动可以促进运动员速度、力量、耐力、灵敏、柔韧等身体素质的全面发展，还可以培养运动员吃苦耐劳和顽强拼搏的意志品质。

（二）功　能

1. 发展、提高人的全面身体素质

经常从事手球运动训练实践的人，其肌肉的力量、速度、耐力和柔韧性等身体素质能得到全面的发展和提高。

2. 培养集体主义思想和团队作战精神

手球比赛时，除守门员在球门区内镇守球门外，双方的 6 名场上队员为完成攻防任务展开激烈的对抗，球门区附近更是争夺最为激烈的地带。根据手球运动的技术和规则特点，只靠个人的能力完成攻防任务是难以实现的，必须全队（包括守门员）密切配合、齐心协力，在配合的基础上，充分地发挥个人的特长与作用，以达到战胜对方的目的。

3. 改善心肺功能和提高中枢神经系统支配各器官的能力

手球运动的技术动作由各种各样的跑、跳、投等基本技能所组成。它要求运动员在训练和比赛中跑得快、跳得高、跳得远，射门和传球有力量，因此能促进速度、力量、耐力、灵

敏和柔韧等身体素质的全面发展。经常参加手球运动，人体的心肺功能会得到改善。

4. 促进交流，增进友谊，使身心得到健康的发展

通过手球运动的训练和比赛，运动者可以相互交流经验、切磋球技，达到相互学习、共同提高、增进友谊、建立良好的人际关系的目的。

第二节　手球基本技术

一、基本移动技术

（一）基本站立姿势

两脚平行或前后开立，两脚间距离与肩同宽（或略宽），脚跟微微提起，两膝微屈，重心落在两脚之间，上体稍前倾，略微含胸收腹，两臂微屈置于体侧或腹前，两眼目视前方。（图 11-2-1）

图 11-2-1

（二）起　动

基本站立姿势是起动的准备姿势。起动时，以后脚或异侧脚掌短促有力蹬地，同时上体迅速前倾或侧转，向跑动方向移动重心，手臂协调摆动，两脚连续交替蹬地，充分利用蹬地的反作用力在最短的距离内把速度发挥出来。（图 11-2-2）

图 11-2-2

（三）急　停

跨步急停，先向前跨出一大步，用全脚掌抵住地面，迅速屈膝以降低重心，同时身体稍后仰，减缓向前冲力，然后连贯地跨出第二步，重心转移至后腿。脚着地时，脚尖稍向内转，用前脚掌内侧蹬地，两膝弯曲，身体侧转，上体微前倾，重心落在两脚之间，两臂自然张开，协助维持身体平衡。

（四）侧身跑

跑动时，头部和上体自然地向有球方向扭转，两臂弯曲自然摆动，两手随时准备接球。上体转肩侧身跑时，脚尖要朝向跑动方向，并看球跑动。做到既能保持跑速，又能注意观察场上的情况。（图 11-2-3）

图 11-2-3

（五）跳步急停

跳步急停在移动中，采用单脚或双脚起跳（离地不高），上体稍后仰，两脚同时平行（略比肩宽）落地。落地时，两膝弯曲，用全脚掌着地，保持身体平衡。（图 11-2-4）

图 11-2-4

二、传接球技术

（一）持球动作方法

1. 双手持球

两手手指自然张开，两拇指相对成八字形或为交叉式，用指根以上部位接触球体的两侧，

须握紧球时，两手手指最后一个指关节一起用力握球。（图 11-2-5）

图 11-2-5

2. 单手持球

五指要自然张开，用指根以上部位接触球，并用五指的最后一个指关节的合力将球牢固地握住。（图 11-2-6）

图 11-2-6

（二）传球技术

1. 单手肩上传球

传球时，两脚前后开立，稍宽于肩，膝微屈，上体侧对或斜对传球方向。右手持球由左手护送引至肩上，前臂与上臂及上臂与躯干形成两个 90° 的夹角。传球出手时，右脚蹬地的同时转体带动上臂、前臂迅速挥甩，手腕屈腕前扣，最后通过食指、中指、无名指的弹拨下压动作将球传出。（图 11-2-7）

图 11-2-7

2. 单手体侧传球

两脚开立，两膝微屈，球置于体侧，持球手的臂肘稍低于球。传球时，右脚向右跨步的同时将球移至身体右侧。出球一刹那，持球手的拇指朝下（右手虎口朝下），屈腕，手心朝向右侧。出球时，前臂向右侧挥甩摆动，用手腕、手指的力量将球传出。（图 11-2-8）

3. 单手胸前（推）传球

持球于胸、腹前，传球时，手腕稍屈，手心朝向传球方向，前臂迅速伸臂挥甩，屈腕，食指、中指、无名指用力弹拨球，将球平直地向前或两侧传出。（图 11-2-9）

图 11-2-8

图 11-2-9

（三）接球技术

双手接球：做好准备姿势，两眼注视来球，两臂伸出迎球，手腕稍上翻，两拇指相对成八字形，其他手指向前上方自然张开，手掌成勺形，两手掌合成一个比球体稍大的半球形。用两手的指根以上部位接触球，两拇指要正对来球的球心。当手指触球时，用力握住球，两臂顺势屈臂后引以缓冲来球的力量，并衔接下一个动作。（图 11-2-10）

图 11-2-10

三、基本运球技术

（一）原地运球

五指自然分开，掌心朝下并空出，用指根以上部位控制球体。运球时，以肘关节为轴，前臂下摆、上抬，手指、手腕用力按拍球。（图 11-2-11）

图 11-2-11

（二）行进间运球

一般是采用直线运球的方法，主要运用于个人快速推进中。运球手法与原地运球相似，只是手部接触球的部位是球的中后上方，球的落点是体侧前方。按拍球的力量和速度取决于跑动的速度，跑动速度快，则需要急速、快节奏按拍球，球的落地点也较远。（图 11-2-12）

图 11-2-12

四、基本支撑射门技术

（一）单手肩上射门

持球于体侧或肩上，上体直立，左肩侧对球门，两脚前后开立，右脚脚尖与左脚脚跟在一条线上，两脚间的距离稍宽于肩，两膝微屈，重心置于后脚，右肘稍高于肩，前臂与上臂夹角保持在 90°。射门发力时，右脚积极配合支撑地面，左脚短促有力蹬地，以向左转髋、转体、收腹、重心前移带动手臂向前下方猛烈挥甩，屈腕，食指、中指、无名指做扣压拨球的动作，并将身体力量集中作用于球体，使球加速离手掷向球门。（图 11-2-13）

图 11-2-13

（二）跑动射门

持球向前跑动，右脚着地支撑的同时，向右转体侧对球门并将球引至肩上。射门发力时，左脚前伸随摆，并转体、收腹带动手臂挥甩将球掷出。

五、基本跳起射门技术

（一）单脚向上跳起射门

在移动中，右脚跨出接球落地后，上左脚跨一步起跳。动作开始时，起跳前重心下降，左脚尖侧对球门，上体稍前倾，左肩侧对球门，左脚用力蹬地向上方跳起，右脚弯曲摆动上抬，提腰展体。在起跳的同时，右手持球由下向后上方画弧引至头上，手腕后屈，身体腾空至最高点，利用短暂停顿观察守门员后，以急促向左转体收腹带动前臂短促伸臂挥甩，屈腕，用食指、中指、无名指的指尖用力拨压球，将球平直地向前、两侧或地面反弹掷出。（图 11-2-14）

图 11-2-14

（二）单脚跳起体侧射门

在移动中，右脚跨出接球落地后，可以左脚向前上方跨步起跳。动作开始时，起跳前重心下降，上体稍前倾，左肩侧对球门，左脚用力蹬地向前上方跳起，右腿弯曲摆动上抬，提腰展体。在起跳的同时，右手持球引至身体右侧，球与右肩持平，手腕后屈，身体腾空至最高点，利用短暂停顿观察守门员后，以急促向左转体带动前臂沿水平方向伸臂挥甩，屈腕，用食指、中指、无名指指尖用力拨压球的动作，将球平直地向前掷出。落地时，起跳脚先着地，然后摆动脚落地。（图 11-2-15）

图 11-2-15

六、基本防守移动技术

（一）横滑步

两脚平行站立，向左侧滑步时，左脚向左迈出的同时，右脚蹬地滑动，跟随左脚移动，并保持屈膝降低重心的姿势。上体微前倾，两臂张开，抬头注视对手。滑步时，注意保持身体平衡，重心不要上下起伏，两脚不要交叉，重心要始终保持在两脚之间。（图 11-2-16）

图 11-2-16

（二）前滑步

两脚前后站立，向前滑步时，后脚掌内侧向后蹬地，前脚向前跨出一步，着地的同时后脚紧随着向前滑动，保持两脚前后开立姿势。注意屈膝，降低重心。（图 11-2-17）

图 11-2-17

（三）后滑步

两脚前后站立，向后滑步时，前脚掌内侧向前蹬地，后脚向后跨出一步，着地的同时后脚紧随着向后滑动，保持两脚前后开立姿势。注意屈膝，降低重心。

（四）顶　贴

顶贴防守时，脚分前后斜步站立，并向斜前方上步，堵截对手投掷臂方向移动的路线，上体与对手保持平行对峙，两脚包住对手的起跳脚，用躯干抢先堵截对手的起跳方向和突破移动路线，两臂弯曲置于体前。逼近对手（左手持球队员）时，立即用左臂顶住持球者的右肩，同时紧压住持球者的投掷臂，并伺机拨打球。（图 11-2-18）

图 11-2-18

（五）封　球

封球的基本站立姿势中应保持稍高的重心。眼紧盯球，两脚包住进攻者的支撑脚（或起跳脚），躯干对正进攻者的投掷臂，两臂向上伸展，掌心朝前对准来球，用前臂、指根以下及掌心接触球，手指自然张开，紧张用力，当手接触到球时手腕做扣压动作。如对手跳起射门，则应伴随起跳封球。（图 11-2-19）

图 11-2-19

七、突破技术

（一）上一步接球同侧持球突破

右脚跨出，空中接球，左脚落地支撑（第一步）；左脚掌内侧蹬碾地，右脚向右侧斜前方跨出一大步（第二步），上体右转，球置于体侧或肩上；左脚紧接着向前跨步（第三步），侧身，探肩，起跳射门。（图 11-2-20）

图 11-2-20

（二）上一步接球交叉步异侧突破

右脚跨出，空中接球，左脚落地支撑（第一步）；右脚掌内侧蹬碾地，向左侧斜前方做前交叉跨步（第二步），上体左转，右肩前探，球置于左侧；左脚紧接着向前跨步（第三步），向右转身，探肩，起跳射门。（图 11-2-21）

图 11-2-21

（三）跳步接球后做同侧持球突破

右脚跨出，空中接球，做双脚落地支撑（第一步）；左脚掌内侧蹬碾地，右脚向右侧斜前方跨步（第二步），上体右转，球置于体侧（肩上）；左脚紧接着向前跨步（第三步），侧身，探肩，起跳射门。（图 11-2-22）

图 11-2-22

八、守门员技术

守门员技术是指守门员为了夺回控制球权或阻止对手射门行动而采取的策略、技巧和行动方法。守门员是全队防守的最后一道防线，是全队防守的关键队员。守门员成功地挡球，不仅能获得球权，还能获得发球到快攻的机会。

第三节　手球基本战术

一、进攻战术基础配合

进攻战术基础配合包括传切配合和交叉换位配合。

（一）传切配合

传切配合（图 11-3-1）分直切、斜切、横切等。

【动作要领】进攻队员将球传出后以变向、变速跑结合身体假动作摆脱对手，快速切向球门区，接同伴及时回传来的球进行进攻。

【要点】配合时间隔拉开，不但能使防守队员之间失去相互支援的可能，而且能扩大切入与传球的空当。

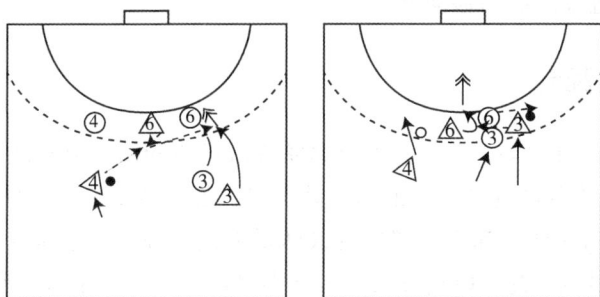

图 11-3-1

（二）交叉换位配合

在手球比赛中，交叉换位配合（图 11-3-2）应用最多。交叉换位就是靠近的两名队员向防线做交叉跑动互换位置，借以摆脱防守获得突破攻击的机会。

【动作要领】交叉换位时要对对方防线有冲击力，迫使防守一方不停地调整防守位置，使对方在防守上产生错觉或移动不及。交叉换位时，第一个人斜线移动时要有突破攻击动作，以便带动对手跟防，拉空位置，给同伴创造攻击机会。无球队员在交叉换位时要随时准备接球进攻。交叉换位配合最好采用托抛球或甩传球的传球方法。

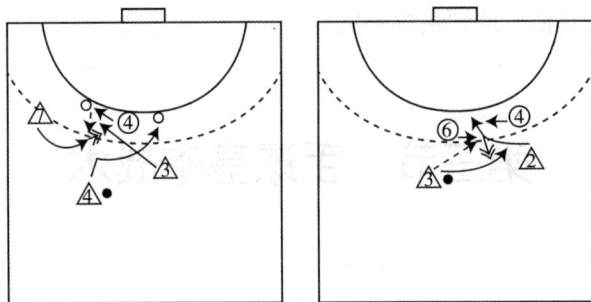

图 11-3-2

二、防守战术

防守战术有交叉防守配合、关门夹击配合和补漏协防配合。防守基础战术运用得如何，主要取决于个人防守能力和协调防守的意识。

（一）交叉防守配合

交叉防守配合（图 11-3-3）是指防守队员之间相互交换自己防守对象的一种配合方法。

【要点】注意观察进攻队员的行动，换防时要主动积极、果断、相互呼应、动作一致。调控自己的位置，堵住进攻队员的移动路线。

（二）关门夹击配合

关门夹击配合（图 11-3-4）是临近的两名防守队员协同防守突破队员的一种配合方法。

【动作要领】当进攻队员突破对位的防守队员时，邻近突破一侧的防守队员必须迅速滑步向同伴靠拢，像两扇门一样关起来，堵住突破队员的前进路线。协同配合的两名防守队员的腿部要靠近，肩部要尽量靠拢，以免突破队员从中挤过，关门时手臂不要有附加动作。

【要点】配合要协调默契，动作要快速及时。关堵时，两臂抬起或举起以防对方射门。

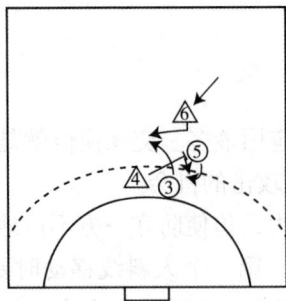
图 11-3-3

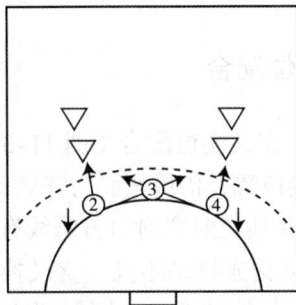
图 11-3-4

（三）补漏协防配合

当某防守队员出击盯防持球的进攻队员而被对手突破时，靠后的邻近防守队员就应积极

补位防守，以弥补本方的防线缺口。（图 11-3-5）

【动作要领】当对方持球队员已突破同伴时，邻近的防守队员要积极补防，动作要迅速、果断。补防时，其他防守队员要注意观察突破队员的分球意图，并及时抢占有利位置。

【要点】补防动作要快，以先堵内线再封外线，先堵中间再防两边的原则相互协调作战，形成默契。

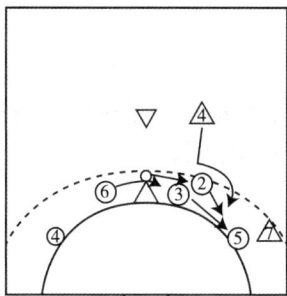

图 11-3-5

三、攻防阵形

手球比赛中攻防转换快，每个队在进攻、防守时应根据本队特点采用不同的进攻、防守阵形。目前，阵地战是手球比赛中的主要攻防方式。

防守阵形中有"6-0"阵形、"5-1"阵形、"4-2"阵形；同样进攻阵形也包含有"6-0"阵形、"5-1"阵形、"4-2"阵形。阵地进攻的原则是快速传球转移，积极交叉换位，迫使对方防守移动造成间隙，以切入射门。总之，进攻阵形要根据本队特点、战术需要和防守队的特点进行针对性安排，避实击虚，攻其弱点。

第四节 手球竞赛规则简介与欣赏

一、规则简介

（一）比赛通则

1. 比赛方法

一队 7 人上场比赛（至少 5 人上场才能比赛），场上必须自始至终有 1 名守门员；一般替补队员为 7 人，但依比赛主办方的最终规程而定。16 岁和 16 岁以上球队的比赛时间均为两个 30 分钟，中场休息通常为 10 分钟。

2. 得 分

利用合理的动作将球射入对方的球门中，并在裁判员判定鸣哨后，视为得 1 分。

3. 进行方式

在比赛开始前，由裁判员利用硬币（或其他可以判定的物体）组织双方队长进行挑边，首先猜中的队可以选择优先进攻或防守，后者则可以挑选哪块场地开始比赛。

4. 暂　停

比赛中每支球队有 3 次请求暂停的机会，暂停时间为 1 分钟；在比赛的最后 5 分钟时，只能有 1 次暂停的机会。

5. 换　人

球队可以在不通知裁判员和记录台的情况下随时进行换人，但必须在本方场区的换人区换人，且必须遵守"先下后上"的基本原则。

（二）违　例

违例即违犯规则。罚则是将球判给对方队员在临近发生违例的地点掷任意球。

（1）带球走步：当持活球时，迈腿走过三步以上或在做分球动作之前动作不连贯，即可视为带球走步。

（2）非法运球：运球结束后，除非失去控球权后又重新控制球，否则不得再次运球，若再次运球则为非法运球。

（3）持球 3 秒违例：在外界没有给予很大压力的情况下，持球队员在原地持球超过 3 秒时（球不出手），视为 3 秒违例。

（4）越区进攻违例：球门区是守门员活动的区域（在 4 米限制线后），无论是防守队员还是进攻队员都不可随意踩踏。如果进攻队员利用球门区内的区域进行移动，则视为越区进攻违例。

（5）带球撞人违例：持球队员进攻时，持球突破对手防线，利用不合理动作将防守队员撞倒，则视为带球撞人违例。

（6）消极比赛：进攻队在组织进攻时，总是在外线传接球，迟迟没有发动进攻的意图，裁判员可视双方的具体情况给予消极比赛处理。

（三）犯　规

犯规是对规则的违犯，含有对对方队员的非法身体接触和（或）违反体育道德的举止。对违犯者视具体情况给予口头警告、黄牌警告、罚下场 2 分钟、红牌罚出场等处罚。

（1）侵人犯规：在侧面或后面进行推、拉、抱的肢体接触，视犯规的严重性给予处罚（严重者可以直接红牌罚出场）。

（2）违反体育道德的犯规：根据裁判员的判断，队员在比赛中蓄意对持球或不持球的对方队员造成的侵人犯规，为违反体育道德的犯规。

（3）取消比赛资格的犯规：队员由于动作恶劣或对人造成的伤害，应判为取消比赛资格的犯规。

二、欣 赏

（一）看 点

手球运动是一项快速、连续、激烈的对抗性球类集体项目。手球比赛中，进攻队员之间的传接球花样繁多，多样、准确的射门动作更是令人赏心悦目。各种各样的鱼跃、倒地和滚翻射门技术，在手球比赛中屡见不鲜。防守队员的封挡球、堵截进攻，以及守门员神勇的扑球救险使比赛精彩纷呈。

（二）礼 仪

在观看比赛时，观众一般要提前入场并就座，这是对运动员、教练员、裁判员最起码的尊重；举止要文明，着装应得体；不要出现侮辱性的语言或向场内乱扔杂物；要注意适当控制自己的情绪，不要失控。

在比赛进行中，观众应服从组织安排，尽量不要站起来或来回走动，也不要大声谈笑、嬉戏；要为运动员打出精彩的球而欢呼喝彩，但不要因运动员一时的失误而起哄，要能同时欣赏双方运动员的精彩表现。在运动员罚球时，观众最好保持安静，不要打扰运动员的情绪，罚球后再喝彩鼓掌。

比赛结束后，退场应有序，应礼让老弱妇幼先走，不要拥挤，始终做文明观众。

第五节 手球装备选择

一、运动服装和鞋

手球运动服装要合体、宽松。短袖运动衫的材质上，尽量选择吸汗排湿的材料。运动短裤的材质没有运动衫那么讲究，但也有一定的特点，目前比较流行的是弹性材料的短裤。球鞋，要防滑耐磨，注重减震性能和对脚的保护性。

二、运动器材

手球比赛用球须得到国际手联的正式批准并印有认可标志。国际手联标志为彩色，高3.5厘米，印有OFFICIAL BALL（正式用球）字样。字样要使用拉丁字母，字体高1厘米。

奥运会男子手球采用3号球，周长58～60厘米，重425～475克；女子手球采用2号球，周长54～56厘米，重325～400克。

第十二章　健　美

本章提要

　　健美是一项以增进健康、发展肌肉、增强体力、美化形体和陶冶情操为目的的运动项目。它可以根据人体的结构和生理特点，通过徒手和利用各种器械，采用专门的动作方式和方法进行肌肉负荷锻炼，达到增长肌肉、提高力量的目的，塑造出健、力、美的体形，同时能提高心血管系统、呼吸系统和消化系统等各内脏器官的功能。

第一节　健美概述

一、起源与发展

　　古希腊时期，人们通过提举重物来锻炼身体，并由此获得强壮健美的体形，这些运动健将的健美形象，被艺术家们通过雕塑的形式留存至今。

　　19 世纪晚期，德国人尤金·山道首创通过各种姿态来展示人体美，开设体育学校，创立健美班，宣传健美运动，向世界各地的健美爱好者传授健美训练方法，为现代健美运动的发展奠定了基础。因此，他被公认为"国际健美运动的创始人"和"世界上第一位健美运动员"。

　　20 世纪 20 年代，现代健美运动由欧美传入中国并逐渐发展起来。赵竹光是我国现代健美运动的开拓者之一，他创立了我国最早的健美组织"沪江大学健美会"。由此，沪江大学成为中国健美运动的启蒙地，并为中国健美运动培养了大量的先驱者。

二、特点与功能

（一）特 点

1.体育与美育融为一体

一般的体育活动主要是为了增进健康，增强体质，而健美运动则不完全相同，这项运动要求了"健"和"美"。因此，在练习中不应单纯地追求把某些局部肌肉练得大一些，而应该注意整体的匀称、协调、优美；不仅要注意体形、体态的仪表美，而且要自觉陶冶自己美好的情操，提高思想修养，注意语言美、行为美、心灵美，真正把体育和美育，外在美和内在美更好地融合在一起。

2.能最有效地发展肌肉

健美锻练的主要目的之一是发达身体各部位肌肉，健美比赛也以全身肌肉发达程度为评分依据之一。为此，健美锻炼中应经常采用多种多样的动作、方法，进行反复多次的负重练习，每次练习的次数几乎都要接近或达到极限，给肌肉强烈的刺激，从而促进新陈代谢，加强超量恢复，使全身各部位的肌肉得到最大限度的发展。

3.设备简单，易于开展

健美一般通过杠铃、哑铃、固定器械等组合方式练习，也可以采取自重练习，还可运用一些自制的器械及某些生活中常见的物品进行锻炼。总的来说，健美对设备器材要求比较简单，对场地的要求则更低，只要有几平方米的地方就可以进行练习。

4.练习方式灵活多样

健美的锻炼动作多种多样，可根据需要自由调节重量、次数、组数，自由调节运动量。健美能够充分满足男女老少以及不同健康状况的人的不同需要，因而受到广大群众的喜爱。

（二）功 能

经常参加健美锻炼，不仅能够促使运动者血液循环加速，提高人体心脏的功能，使呼吸肌增强，肺活量增大，肺的功能得到提高，还能改善大脑的供血状况，消除疲劳，让人头脑清醒，思维更加敏捷，有效地增强人的体质，同时还能促进人体全面协调的发展；经常参加锻炼，能使人体的力量、柔韧、速度和耐力等素质得到提高，为参加其他体育活动打下良好的基础；长期坚持锻炼，能使人的体能、体形和体态都得到较大改善。

第二节   人体主要肌肉的锻炼方法

针对人体不同部位的健美运动，其方法均有所不同。

一、腿部肌群

两腿是人体的基座，平时承担着整个身体的重量，如果两腿无力，将会给日常生活和工作带来不便，更谈不上健美。人的衰老从腿开始，两腿无力，行走活动减少，会导致心肺功能下降，所以应重视腿部肌群的锻炼。

（一）股四头肌、臀大肌

1. 负重深蹲
在做动作的过程中，应始终抬头、挺胸、紧腰，使杠铃垂直升降，意念集中在股四头肌、臀大肌上。（图 12-2-1）

2. 跨 举
下蹲和起立时，腰背要挺直，两臂伸直，不得屈臂和耸肩。起立时应完全靠腿部力量。屈膝下蹲时，不可突然下蹲，应以股四头肌、臀大肌的力量控制杠铃缓缓下降，意念集中在股四头肌、臀大肌上。（图 12-2-2）

图 12-2-1   图 12-2-2

（二）股二头肌

1. 俯卧腿弯举
做俯卧腿弯举时，腹部要始终紧贴凳面，臀部不能撅起。意念集中在股二头肌上。（图 12-2-3）

2. 立姿腿弯举
动作不可太快，待股二头肌极力收缩后，稍停，再缓缓放下。意念始终集中在股二头

肌上。（图 12-2-4）

图 12-2-3   图 12-2-4

（三）小腿肌群

1. 立姿提踵

做动作时，要保持重心稳定，下降时，脚跟要低于垫物面。意念集中在小腿肌群上。（图 12-2-5）

2. 坐姿提踵

在做动作的过程中，杠铃横杠的位置要正对脚跟，脚跟下降时，要低于垫物面。意念集中在小腿肌群上。（图 12-2-6）

图 12-2-5   图 12-2-6

二、胸部肌群

胸部肌群包括位于胸前的胸大肌、位于胸廓上部前外侧胸大肌深层的胸小肌和位于胸廓外侧面的前锯肌。在锻炼胸肌时，需要采用不同的动作从不同的角度对胸肌进行不同的刺激，才能将胸部肌肉练得既发达又有线条。

（一）杠铃平卧推举

要求上推路线要垂直。意念集中在胸大肌上。（图 12-2-7）

（二）仰卧飞鸟

要求肩、肘、腕始终在同一垂面内。意念集中在胸大肌和三角肌前束上。（图 12-2-8）

图 12-2-7　　　　　　　　　　　　　　　　图 12-2-8

三、背部肌群

背部肌群主要由上背部斜方肌、中背部背阔肌和下背部骶棘肌三个部分组成。强壮发达的背部肌肉，使上体呈 V 字形，并能使腰背挺直，塑造良好的体形。

（一）直立耸肩

在做动作的过程中，两臂不得上提杠铃，臂部和两手仅起固定杠铃的作用。耸肩时，不得弯腰、弯背。意念始终集中在斜方肌上。（图 12-2-9）

（二）单杠引体向上

在做动作的过程中，身体不能摆动，向上拉时不能用蹬腿力量，拉得越高越好。意念始终集中在背阔肌上。（图 12-2-10）

图 12-2-9　　　　　　　　　　　　　　　　图 12-2-10

四、肩部三角肌

肩部是否健美，主要看三角肌发达与否。三角肌位于肩部皮下，呈三角形，底向上，尖向下，从前后外侧包裹着肩关节，它的最前部和最后部的肌纤维呈梭形，而中部肌纤维呈多羽状，这种结构使三角肌具有较大力量。

（一）颈前推举

要求上体保持正直，不得借助腰、腿力量。意念集中在三角肌前束上。（图 12-2-11）

（二）颈后推举

要求两肘始终保持外展，杠铃垂直向上推。意念集中在三角肌后束上。（图 12-2-12）

图 12-2-11   图 12-2-12

五、臂部肌群

臂部肌群分上臂肌和前臂肌。上臂肌主要是肱肌、肱二头肌和肱三头肌，前臂肌主要是旋前圆肌、屈手肌、伸手肌和手肌。

（一）上臂肌群

1. 杠铃弯举
屈臂时，上体切忌前后摆动。意念集中在肱肌、肱二头肌上。（图 12-2-13）

2. 反握引体向上
在上拉过程中不得借助腰、腹的振摆来做动作。意念集中在肱二头肌上。（图 12-2-14）

图 12-2-13   图 12-2-14

（二）前臂肌群

反握腕弯举，手腕向上弯曲时，要尽量收缩前臂肌。意念集中在前臂屈肌群上。（图 12-2-15）

图 12-2-15

六、腹部肌群

腹部肌群由腹直肌、腹外斜肌和腹内斜肌构成。

（一）单杠悬垂举腿

做动作时不得借助身体摆动的助力。意念集中在下腹部。（图 12-2-16）

（二）仰卧起坐

上体前屈时，动作要慢，不得后仰助力。意念集中在腹直肌上。（图 12-2-17）

图 12-2-16

图 12-2-17

第三节　健美竞赛规则简介与欣赏

一、规则简介

（一）健美竞赛组别

1.男子成年组（21 周岁以上）

（1）羽量级：体重 60 公斤以下（含 60 公斤）。

（2）雏量级：体重 60.01～65 公斤。

（3）轻量级：体重 65.01～70 公斤。

（4）次中量级：体重 70.01～75 公斤。

（5）轻中量级：体重 75.01～80 公斤。

（6）中量级：体重 80.01～85 公斤。

（7）轻重量级：体重 85.01～90 公斤。

（8）重量级：体重 90 公斤以上。

2.女子成年组（21 周岁以上）

（1）羽量级：体重 46 公斤以下（含 46 公斤）。

（2）雏量级：体重 46.01～49 公斤。

（3）轻量级：体重 49.01～52 公斤。

（4）次中量级：体重 52.01～55 公斤。

（5）中量级：体重 55.01～58 公斤。

（6）重量级：体重 58 公斤以上。

3.男子青年组（21 周岁以下）

（1）轻量级：体重 65 公斤以下（含 65 公斤）。

（2）中量级：体重 65.01～70 公斤。

（3）次中量级：体重 70.01～75 公斤。

（4）重量级：体重 75 公斤以上。

4.女子青年组（21 周岁以下）

（1）轻量级：体重 49 公斤以下（含 49 公斤）。

（2）中量级：体重 49.01～52 公斤。

（3）重量级：体重 52 公斤以上。

5.男子元老组（45 周岁以上）

（1）A组：45～50 周岁。

（2）B组：50 周岁以上。

6.女子元老组（35 周岁以上）

（1）A组：35～40 周岁。

（2）B组：40 周岁以上。

（二）评分依据

1.男子个人竞赛评分依据

（1）肌肉：身体各部分肌肉发达、结实、饱满，肌肉分离度高，线条感强。

（2）匀称：身体各部分比例协调，骨骼发育良好，肌肉发展均衡。

（3）造型：动作规范、协调，重点突出，富有美感。

（4）肤色：皮肤光洁，色泽自然。

2.女子个人竞赛评分依据

（1）匀称：身体各部分比例协调，骨骼发育良好，肌肉发展均衡。

（2）肌肉：身体各部分肌肉发达、肌肉分离度高，线条感强，富有女性特征。

（3）造型：动作规范、协调，重点突出，富有美感。

（4）外表：容貌端庄，肤色光洁、色泽和谐。

（三）称　重

称量体重是在赛前一天进行。称体重时，运动员必须穿比赛服，女运动员须有性别证明，以接受裁判组检查。称体重后，须交自选动作录音带。

（四）比赛时间

男子个人为60秒；女子个人为90秒；男女混合双人为120秒；集体造型为60秒；女子双人为90秒。

二、欣　赏

（一）看　点

一场健美比赛，是展示运动员完美体形的过程，也是人体艺术美的表演舞台。在比赛中，观众和裁判员不仅要欣赏健美运动员的肌肉、体形、线条等，还要对健美运动员展示完美体格的各种艺术造型进行评判。

评分标准：比赛分为规定动作和自选动作两部分。评分标准依次是：肌肉、平衡、匀称、线条和造型。

规定动作：要求根据规定的技术动作规格，充分展现重点部位的肌肉，并显示其他各部位的肌肉群。

男子自选动作：能运用控制肌肉的能力，展示肌肉块；整套动作的过渡、衔接合理，并以艺术造型的表演技能来配合音乐节奏，体现出完美的表演水平。

女子自选动作：能运用控制肌肉的能力，展示各部位肌肉块，并以艺术造型的表演技能，运用体操、芭蕾和舞蹈的手势和步法配合音乐旋律，使整套动作的过渡、衔接和音乐节奏协调一致，体现出完美的表演技能。

（二）礼　仪

（1）观看健美比赛时，要遵守公共道德，自觉维护秩序，注意言行举止。

（2）尊重运动员：不得在比赛中进行违背体育运动精神的行为，如起哄、乱叫、向舞台扔东西、鼓倒掌、喝倒彩等；拍照尽量不要使用闪光灯，以免影响运动员的比赛。

（3）尊重裁判员：在比赛中，如果对裁判员的判罚有异议，应按照正规程序向相关工作人员提出，不应该谩骂、起哄甚至围攻裁判员。

（4）尊重观众：在比赛的精彩关头，不要因一时激动而从座位上站起来，挡住后面的观众；会场内不许吸烟，不要把果皮、纸屑随地乱扔。

第四节　健美装备选择

一、运动服装和鞋

（一）服　装

穿着舒适、有弹力、透气排汗效果佳的服装进行训练。

（1）运动T恤、运动裤：舒适性强，运动不受束缚，排汗透气。

（2）紧身衣、紧身裤：贴服感强，弹性好，排汗透气，稳定支撑，减少运动中身体共振，减小肢体摩擦。

（二）运动鞋

不同的运动选择不同功能的运动鞋。

（1）跑步鞋：有氧运动（如：跑步、椭圆机）时选用，重量轻，透气性强，穿着舒适，减震效果好。

（2）举重鞋：下肢训练（如：深蹲、箭步蹲等）时选用，稳定性强，包裹性好。

二、运动护具

进行大重量、稳定性要求高的训练动作时，有选择性地使用训练护具，保证训练过程安全、高效。

（1）健身手套：减少器械对手掌的摩擦，避免疼痛；增大接触器械的摩擦，防滑。

（2）护腕：加强腕关节稳定性，避免受伤。

（3）护肩：提高肩关节稳定性，避免受伤。

（4）护膝：稳定膝关节，防止关节损伤。

（5）健身腰带：在深蹲、硬拉等大重量训练时，增强核心稳定性，保护脊椎，防止受伤。

（6）助力带：硬拉、负重引体向上等大重量练习时，分担前臂负荷，使目标肌肉得到更大刺激。

三、其他装备

（1）运动水壶：运动中及时补充水分，防止机体脱水。

（2）运动毛巾：及时擦干汗液，保持身体干爽，营造卫生、健康的训练环境。

第十三章　健美操

本章提要

　　健美操作为一项新型的体育运动项目，是对学生进行全面素质教育的重要的形式、手段和内容之一。通过进行健美操不仅可以育体、育德、育智、育美，而且可以促进完成素质教育中培养学生"思想素质、文化素质、审美素质、劳动素质"等其他方面的任务，实现健美操的健身、健心、健智、健美目的。

第一节　健美操概述

一、起源与发展

　　健美操是在音乐的伴奏下，运用各种不同类型的操化方法，融体操、舞蹈、音乐为一体的身体锻炼形式，既是健身美体、陶冶情操的大众健身方式，又是竞技运动的一个项目。古希腊人对人体美的崇尚举世闻名，他们认为，在世界万物之中，只有人体的健美才是最匀称、最和谐、最庄重、最有生气和最完美的。他们提出了"体操锻炼身体，音乐陶冶精神"的主张。古希腊人喜爱采用跑、跳跃、投掷、柔软体操和健美舞蹈等各种体育项目进行人体美的锻炼。这些形式的锻炼，既是现代体操的雏形，也是现代健美操的起源。

　　早在19世纪，欧洲一些国家开始出现了以身体活动和音乐伴奏相结合的韵律体操，并开办培养音乐体操教师的学校，将音乐体操作为体育教育的手段逐步传播。20世纪80年代初，美、英、法等欧洲国家的健美操得到很快推广，学校的体育教学大纲也将它列入其中。英国在1956年就建立了大不列颠健美操协会，该协会通过举办健美操教师训练班，向学员讲授解剖学、人体造型学、教学法以及大量的体操和舞蹈动作，为健美操的广泛发展奠定了基础。

现代健美操实际上是美国太空总署医生库帕博士为宇航员设计的体能训练项目。1969年，杰姬·索伦森综合了体操和现代舞创编了健美操。这种操带有娱乐性，简单易学，深受人们欢迎，在美国迅速兴起，掀起热潮。从1985年开始，健美操发展到了竞技性阶段。后来，健美操在世界范围内开始流行，包括徒手健美操、韵律健美操、健身操、爵士健美操、迪斯科健美操等，形式多种多样。

20世纪80年代初，健美操传入我国。1992年，中国健美操协会在北京成立，标志着我国的健美操运动进入一个崭新的发展阶段。2008年，在第10届世界健美操锦标赛中，中国健美操国家队获得了1金、1银、1铜的好成绩。2018年，在第18届健美操锦标赛中，中国健美操国家队获得了1金、3银、1铜的优异成绩。

二、特点与功能

（一）特　点

1.本能性

健美操是建立在美学等科学理论指导下的人体运动方式，讲究造型美，要求动作美观大方，准确到位。它讲求有效地训练身体各个部位的训练姿势，使人体匀称和谐地发展，培养健美体形和风度，塑造健美的自我。健美操是表现美的人体运动，美是健美操给人特有的感受。健美操既注意外在美的锻炼，又强调内在美的培养，较为明显地反映了健身、健心、健美的自然性整体效应。人体运动是受主观意识指挥的一种精神作用的外在表现，所以人体又能在运动中体现出思想、意志、道德、情操、情感、作风、气质等内在美。现代科学证明，人体是身心辩证的统一体，人体动态所表现出的力与美既是外在美，又是内在美，构成健美操的自然美。

2.力度性

健美操以力量性为主的徒手动作为基础，它所表现的力是力量、力度、弹力、活力的综合。健美操动作要求的力度和力量性很强，不论是短促的肌肉力量、延续力量，还是瞬间的控制力量都展现出了较高的力度感。健美操的力量性与体操相比较，少些呆板、机械，趋于自由、自然；与舞蹈相比较，少些抒情、柔软，而趋于欢快、有力。健美操所形成的动作力量性风格，可充分表现出人体健的风采、美的神韵、力的坚韧。健美操的力量性最能发挥人的个性，具有强烈的表现力、感染力和吸引力，这是它的生命力之所在。

3.节奏性

健美操是在节奏鲜明、欢快奔放的现代乐曲伴奏下进行的身体练习。音乐是人创造的特有的表达手段，它可以用短暂的时间，在激励人的情绪上发挥出巨大的力量。运动者会因受音乐节奏的感染而情不自禁地进入一种运动状态之中，随着振奋人心的节律，将上百个动作一气呵成地完成，并且始终保持精神饱满、情绪激昂。

健美操所有的动作均在一定的节奏下进行，它将人体动作经过有节奏的组织和规范，使人摆脱自然状态，使动作节奏化。健美操锻炼时的节奏感是通过身体运动表达的，节奏性运动使健美操能充分地表现出人体运动的艺术美。

4.创新性

由于人体结构复杂，动作多变，人的情绪丰富，性格迥异，因此决定了健美操动作的丰富性。健美操不仅保留了徒手体操中各种类型的基本动作，而且从相关的运动项目和艺术门类中吸收了诸多动作，经过加工、提炼、操化，使之成为具有健美操风格的动作。健美操的每节操很少是单关节的局部运动，大多为多关节的同步运动。它不仅可使身体各关节的活动次数变化，而且可以变换运动组合形式，形成丰富多彩的动作。总之，人体运动是创编健美操取之不尽的源泉。

（二）功 能

经常参加健美操的锻炼，可提高关节的灵活性，使肌肉的力量增强，韧带、肌腱等结缔组织的柔韧性提高，使心肺系统的耐力水平提高，有利于改善和提高人的协调能力。

长期进行健美操锻炼能消除多余的脂肪，有利于肌肉、骨骼、关节的匀称与和谐发展；有利于改善不良的身体姿势，塑造优美的体态；有利于缓解人的精神压力，增强人的社会交往能力。

健美操不仅具有良好的健身效果，同时，还具有娱乐的功能，可使人在锻炼中得到一种精神上的享受，满足人们的心理需要。

三、分 类

（一）健身健美操

健身健美操也称大众健美操，是集健身、娱乐为一体的群众性普及性健身运动，不同年龄的人都可以参加。通过锻炼身体，可增强体质，促进身体的全面发展，提高工作能力。同时，也可在掌握健身基本方法的过程和欢快娱乐的操舞中调节身心、陶冶情操。从成套编排和动作设计来看，健身健美操的动作简单、活泼、流畅，讲究针对性和实效性，节奏感强，节奏速度适中，每10秒在20拍左右。健身健美操是在有氧的条件下进行的练习，它的练习时间较长，运动强度适中，并按照一定的顺序来锻炼身体的各个部位，对健身强体、减少脂肪有明显作用。

（二）竞技健美操

竞技健美操是根据竞赛规则与规程的要求组编的一套具有较高艺术性、以比赛取得优异成绩为目的的竞技健美操。竞技健美操只进行自编动作的比赛，自编动作必须符合规则要求。每套动作有规定的时间要求，成套动作根据基本规定动作、特色难度动作、完成情况、现场表演、体型、成套动作时间等因素进行评分。目前，我国大型竞技性健美操比赛有全国健美操锦标赛、全国大学生健美操锦标赛、冠军赛、精英赛等。

（三）表演健美操

表演健美操的主要目的是在表演中展示自己的价值和魅力，在观赏中陶冶情操、净化心灵，促进健美操活动的广泛开展，满足人们表现自我的需要。

第二节　健美操基本技术

大众健美操
（三级）

一、基本手型

基本手型如图 13-2-1 所示。

并　掌　　　　　　开　掌　　　　　　花　掌　　　　　　立　掌　　　　　　拳

图 13-2-1

二、基本步法

基本步法是健美操练习的重要组成部分。健美操的基本步法是根据人体运动时对地面的冲力大小而划分的，包括低冲击力步法、高冲击力步法和无冲击力步法三大类。

（一）低冲击力步法

低冲击力步法包括四类：踏步、点地、迈步、跳步。

1. 踏步类

踏步的主要基本步法有踏步（图 13-2-2）、走步（图 13-2-3）、一字步（图 13-2-4）、V字步（图 13-2-5）和漫步（图 13-2-6）等。

图 13-2-2　　　　　　图 13-2-3　　　　　　　　　图 13-2-4

图 13-2-5　　　　　　　　　　　　　　　　图 13-2-6

2. 点地类

点地的基本步法主要有脚跟点地、脚尖向前或向侧点地。（图 13-2-7）

3. 迈步类

迈步的基本步法主要有并步、迈步屈腿、迈步吸腿、迈步踢腿和交叉步。（图 13-2-8 至图 13-2-11）

图 13-2-7　　　　　　　　　图 13-2-8　　　　　　　　　图 13-2-9

图 13-2-10　　　　　　　　　　　　　　图 13-2-11

4. 抬腿类

抬腿的基本步法主要有吸腿、踢腿、弹踢和后屈腿等。（图 13-2-12）

吸　腿　　　　　　　　　　踢　腿

图 13-2-12

弹　踢　　　　　　　　　　后屈腿

图 13-2-12（续）

（二）高冲击力步法

高冲击力步法包括四类：迈步起跳、双脚起跳、单脚起跳、后踢腿跑。

（1）迈步起跳的基本步法有：并步跳、迈步吸腿跳和迈步后屈腿跳。（图 13-2-13）

并步跳　　　　　　　　　　迈步吸腿跳　　　　　　　　迈步后屈腿跳

图 13-2-13

（2）双脚起跳的基本步法有：并立纵跳、开合跳和弓步跳等。（图 13-2-14）

并立纵跳　　　　　　　　　　　　　　开合跳

弓步跳

图 13-2-14

（3）单脚起跳的基本步法有：钟摆跳和踢腿跳。（图 13-2-15、图 13-2-16）

（4）后踢腿跑。（图 13-2-17）

钟摆跳　　　　　　　　　　　踢腿跳　　　　　　后踢腿跑

图 13-2-15　　　　　　　　　　图 13-2-16　　　　图 13-2-17

（三）无冲击力步法

无冲击力步法是指双脚不离开地面的动作。它包括：双膝弹动、半蹲、弓步和提踵。（图 13-2-18）

双膝弹动　　　　　半　蹲　　　　　　　弓　步　　　　　　提　踵

图 13-2-18

第三节　健美操竞赛规则简介与欣赏

一、规则简介

健美操的竞赛活动分为健身健美操的比赛和竞技健美操的比赛。两种比赛都有各自的评分规则和评分方法。

健身健美操比赛以"锻炼身体、推动群众性运动及提高社会参与性"为目的，因此，不需要特定的竞赛规则，技术要求较低，比赛操作简单，一般省、市和基层单位均可组织比赛。国家体育总局和中国大学生体育协会都分别制定过健身健美操的规则。在比赛中，健身健美操的满分通常是 20 分，其中艺术编排分 10 分，动作完成分 10 分，有 8 名裁判员分别对艺术编排和动作完成情况进行评判。

竞技健美操比赛以"夺标和提高技术水平"为目的，因此，比赛要求参赛者必须具备一定的身体素质和专项技术水平，参赛人数和年龄受到一定的限制，并严格执行竞赛规则。竞技性健美操比赛的主要形式有：锦标赛、冠军赛、邀请赛、运动员等级赛等。根据国际体操联合会《2017—2020年竞技健美操规则》的精神，结合我国近年来竞技比赛的实际，现将竞技健美操比赛的规则作以下简单介绍。

（一）比赛场地

竞技健美操赛台高80～140厘米，后面有背景遮挡，赛台不得小于14米×14米。竞赛地板必须是12米×12米，并清楚地标出10米×10米的成年组各项目比赛场地（在年龄组某些项目比赛中使用7米×7米）。标记带是场地的一部分。

（二）比赛项目与比赛时间

1. 比赛项目
（1）男子单人操、女子单人操、混合双人操、三人操（性别不限）和集体五人操。
（2）比赛组别：由具体赛事的竞赛规程决定。
（3）更换运动员：如有特殊情况需更换运动员时，需持有效证明，经组委会批准方可。
2. 比赛时间
计时由第一个可听到的声音开始（不包括提示音），到最后一个可听到的声音结束。
竞技健美操的成套动作时间为1分20秒，有加减5秒的宽容度。

（三）裁判组成

高级裁判组由健美操委员会指定3名成员组成。正规系列赛的裁判组由14人组成：其中艺术裁判员4人、完成裁判员4人、难度裁判员2人、视线裁判员2人、计时裁判员1人、裁判长1人。

（四）评　分

艺术分最高分为10分，由艺术裁判员根据音乐和乐感、操化内容、主体内容、空间运用和表现的艺术性五项进行评价。10分的艺术分按照以上5项均分，每项2分。

完成分是从10分起评，由完成裁判员根据技术技巧及合拍与一致性给予评判，对每个错误给予减分。

难度分由难度裁判员使用FIG官方速记符号记录全部成套动作的难度动作，数出难度动作的数量。按照加分的方法评分，从0分起评。

最后得分为从总分（艺术分、完成分与难度分相加为总分）中减去难度裁判员、视线裁判员与裁判长减分。

二、欣 赏

健美操是在音乐的伴奏下，通过完成不同类型的动作来展示健康、力量和美的艺术性运动项目。比赛中，运动员、音乐、成套动作的艺术性与创造性，以及动作的完成情况是人们欣赏健美操的重要内容。对于竞技健美操来说，还需要有特定的难度动作，这是竞技健美操区别于健身健美操的重要标志，也是竞技健美操追求"更快、更高、更强"的魅力所在。

（一）人体美

对于健美操比赛来说，审美对象是运动的人。赛场上运动员匀称的体形、健康的肤色和得体的服装，以及展示健美操力量、灵巧、平衡和柔韧等素质的能力和引起观众共鸣的感染力，无一不体现了人体的美，这是欣赏健美操比赛最重要的因素。

（二）音 乐

音乐是健美操的灵魂，是健美操艺术性创造的动力。独特而完整的音乐可以使动作富有生命力，能渲染气氛和调动观众的情绪，使比赛产生强烈的艺术冲击力。

（三）艺术性与创造性

艺术性与创造性是指成套动作。音乐的选择要有新意，动作与音乐要相吻合，运动员的表现要与动作、音乐的风格相一致；难度动作要敢于创新；成套动作的编排要新颖、美观，风格要独特，素材要多样化；动作的连接要合理、巧妙；队形变换要自然、清晰、流畅，并且要充分利用场地；运动员配合要默契，相互间要有交流。

（四）动作的完成情况

一套完整的健美操动作，除了需要有表演者、音乐、艺术性及创造性等因素外，成套动作的完成情况是给观赏者留下美好印象的又一重要因素。完成情况包括身体姿势正确，技术规范，动作有力而富有弹性；完成动作准确到位；集体动作整齐划一，动作幅度大小一致。

（五）难度动作

竞技健美操中的难度动作是区别于健身健美操的重要标志。竞技健美操中的难度动作共包括四类，即动力性力量动作、静力性力量动作、跳与跃类动作、平衡和柔韧类动作。

第四节 健美操装备选择

一、服 装

（1）女运动员必须身着一件带有肉色或者透明裤袜的比赛服或者连体衣（连体衣从颈部到脚踝是一体的），允许有亮片。紧身衣前后领口的开口必须得体，比赛服必须完全遮住臀纹线。女装的两袖（1个或2个均可）可有或可无，长袖袖口止于手腕处。袖子可以使用透明材料。

（2）男运动员必须着一件长款紧身比赛服或短裤配以合体上衣或配以适当装饰物的紧身连体裤（如腰带等）。服装前后都不能有开口。袖口处不得在肩胛骨下有开口（无袖）。不允许有任何亮片。3/4的裤长、长体操裤（紧身服+裤子）、一件套连体服等都是允许的。

（3）比赛服上禁止佩戴松散或多余的装饰；比赛时，不允许穿破损的衣服且不得露出内衣或打底衣；比赛服不允许使用透明材料制作，女款比赛服的袖子除外；不允许穿有描绘战争、暴力、宗教信仰为主题的比赛服；服装要符合健美操运动特质。

二、鞋

参赛运动员必须穿着让所有裁判员都能清晰辨认的白色健美操鞋和运动袜。

第十四章　体育舞蹈

本章提要

体育舞蹈是竞技体育与艺术表演相结合的舞蹈，是以身体动作为舞蹈的基本内容，双人或集体配合，既有娱乐健身作用，又有竞技表演的体育运动项目，具有规范性、艺术观赏性和体育性等特点。近年来，体育舞蹈在中国各高校得到了很快的发展、普及，并深受广大学生的欢迎。

第一节　体育舞蹈概述

一、起源与发展

1924 年，英国皇家舞蹈教师协会对当时社交舞的一部分进行整理，将七种舞的舞姿、舞步和跳法加以系统化、规范化，从此人们将规范化的华尔兹、探戈、维也纳华尔兹、狐步、快步、伦巴和布鲁斯称为"国际标准交谊舞"。第二次世界大战后，英国皇家舞蹈教师协会又将一些拉丁舞进行了整理和规范，并将它们纳入了国际标准交谊舞范畴，列入正式比赛项目。至此，国际标准交谊舞包含了十个舞种。

国际标准交谊舞的诞生，改变了社交舞的自娱性质，引起了社会各阶层的极大兴趣。它的典雅风格和优美舞姿征服了世界舞坛，掀起了半个多世纪的世界国际标准交谊舞热潮。1964 年，国际标准交谊舞又增加了新的表演和比赛项目——团体舞。从此摩登舞、拉丁舞、团体舞，被称为"现代国际标准交谊舞"，每年都有不同地区、各种级别、不同规模的多种赛事。其中，最有影响的是每年在英国黑池和德国斯图加特举办的体育舞蹈大赛，犹如体育舞蹈的"奥运会"和"奥斯卡评选"，引起体育舞蹈选手和爱好者的格外关注。1995 年 4 月，国际奥委会给予国际标准交谊舞以准承认资格，列为表演项目，称为体育舞蹈。

二、特点与功能

（一）特 点

体育舞蹈是由属于文艺范畴的舞蹈演变而来的体育项目，它兼有文艺和体育的特点，是介于文艺和体育之间的边缘项目，是以竞赛为目的，具有自娱性和表演观赏性的竞技舞蹈。它具有以下三个特点。

1. 规范性

规范性表现在技术上就是对步法、方位、角度的精确要求，它是历经百年历史锤炼、几代人的加工而逐渐形成的。

2. 艺术观赏性

体育舞蹈融音乐、舞蹈、服装于一体，通过优美的体态、动人的舞姿等肢体语言展现人的气质和风度，极具欣赏价值，被认为是一种"真正的艺术"。

3. 体育性

体育性一方面体现在竞技性上，另一方面表现在锻炼价值上。作为体育锻炼的手段，体育舞蹈在生理和心理方面对人体有许多有益的影响。

（二）功 能

（1）健美体形。经常参加体育舞蹈锻炼，可以对人的形体进行"生物学"改造，使体形符合一定的健美标准；还可以减肥瘦身，保持健美的体形和良好的体态。

（2）健身。长期进行体育舞蹈锻炼，能使人的心肌发达，有效提高心肺机能。

（3）健心。经常参加体育舞蹈锻炼，能调整身心，促进人际交往，消除情绪障碍，以取得心态平衡，保持乐观的心情，促进心理健康。

三、分 类

体育舞蹈按舞蹈的风格和技术结构，分为摩登舞和拉丁舞两个项群。按竞赛项目可分成三类，即摩登舞、拉丁舞和团体舞。摩登舞包括华尔兹、探戈、狐步舞、快步舞和维也纳华尔兹。拉丁舞包括桑巴、恰恰恰、伦巴、斗牛舞和牛仔舞。

第二节 体育舞蹈基本技术

一、华尔兹

华尔兹庄重典雅，舞姿秀美潇洒，舞步起伏流畅，舞曲优美、抒情。其通过膝、踝、跟掌趾的动作，结合身体的升降、倾斜、摆荡，带动舞步移动，使舞步起伏连绵，舞姿华丽典雅。

（一）握抱姿势

摩登舞起舞时，准备姿势大多数为合对舞姿。

【要点】挺胸、收腹、紧腰、立腰、夹臀，女伴的胸部向外打开多些，自然挺拔，肩下沉，臂肘有外撑感。在整个跳舞的过程中保持这种姿势。（图 14-2-1）

图 14-2-1

（二）基本舞步

【准备姿势】合对舞姿。

1. 左足换并步

左足换并步如图 14-2-2 所示。

第一拍　男：左脚前进一步。女：右脚后退一步。

第二拍　男：右脚横步稍前。女：左脚横步稍后。

第三拍　男：左脚向右脚并步。女：右脚向左脚并步。

2. 右足换并步

右足换并步如图 14-2-3 所示。

第一拍　男：右脚前进一步。女：左脚后退一步。

第二拍　男：左脚横步稍前。女：右脚横步稍后。

第三拍　男：右脚向左脚并步。女：左脚向右脚并步。

【要点】运步时，要掌握跟掌趾的滚动，两脚交替过程中脚内侧应相擦而过，移动时两大腿靠近，重心平稳。

图 14-2-2

图 14-2-3

3. 左转步

左转步如图 14-2-4 所示。

【准备姿势】合对舞姿。

第一拍　男：左脚前进一步。女右脚后退一步。

第二拍　男：左转身 1/8 周，右脚同时横步。女：左转身 1/8 周，左脚同时横步。

第三拍　男：左脚向右脚并步，继续左转 1/8 周。女：右脚向左脚并步，继续左转 1/8 周。

第四拍　男：右脚后退一步，右脚左转 1/8 周。女：左脚前进一步，左脚左转 1/8 周。

第五拍　男：左转 1/8 周，左脚横步。女：左脚向右脚并步，左转 1/8 周。

第六拍　男：右脚向左脚并步，左转 1/8 周。女：左脚向右脚并步，左转 1/8 周。

4. 右转步

与左转步方向相反，第一拍男伴右脚前进，女伴左脚后退。

【要点】转动时，身体保持平衡，男女舞伴双臂与身体的架形相对稳固。

5. 佛　步

佛步如图 14-2-5 所示。

【准备姿势】合对舞姿。

第一拍　男：左脚前进。女：右脚后退。

第二拍　男：右脚向右侧横步稍前。女：左脚向左侧横步稍后。

第三拍　男：左脚在侧行位置交叉于右脚后。女：右脚在侧行位置交叉于左脚后。

图 14-2-4

图 14-2-5

（三）练习方式

1. 基本元素练习

（1）身体的升降练习。

由直立开始，下蹲和提踵，上拔、挺胸、立腰。体会膝、踝的屈伸和身体升降的稳定性。

（2）左右横移步。

左脚向左横步，重心左移，大腿合拢收右腿，右脚尖轻擦地收并左脚，并力达最高点。

右横移步与左横移步方向相反。体会重心从最低向侧渐移直至上升至最高的动作移动过程。

（3）前进后退走步。

前进走步，当移动向前时，身体应先移动。出腿脚脚跟先落地。

后退移步与前进走步方向相反。

2. 基本步练习

（1）单人练习：单独进行分解练习，掌握后跟随音乐进行练习。

（2）双人练习：舞伴之间互相支撑找好各自的重心，配合默契，与音乐和谐。男伴注意引导。

3. 初级套路组合练习

左脚换并步 123—右转步 123—右转步 456—右脚并换步 123—左转步 123—左转步 456。

二、恰恰恰

恰恰恰起源于南美洲。恰恰恰在音乐上热情奔放，舞步上利落花哨，风格上诙谐俏皮。每小节走 5 步，即"2，2，4&1"。旋律轻松愉快。

（一）握持姿势

1. 闭　式
闭式如图 14-2-6 所示。

男女舞伴相对而立，两臂拥抱，双脚分开与肩同宽。收腹挺胸，上身前倾。

2. 开　式
开式如图 14-2-7 所示。

男女舞伴相对而立，对视，任意脚为重心，但两人重心脚相反，一手相握，另一手侧平举。

图 14-2-6　　　　图 14-2-7

（二）基本舞步

1. 锁　步
锁步如图 14-2-8 所示。

（1）前进锁步。

【准备姿势】两脚前后开立，左脚和重心在前。

2 拍：右脚向前一步，重心前移。

&拍：左脚跟进，膝盖贴住右腿腘窝。

3 拍：右脚继续前进一步，重心前移。

4 拍：左脚向前一步，重心移至前脚掌。

&拍：右脚跟进，膝盖贴住左腿腘窝。

1 拍：左脚继续向前一步，重心前移。

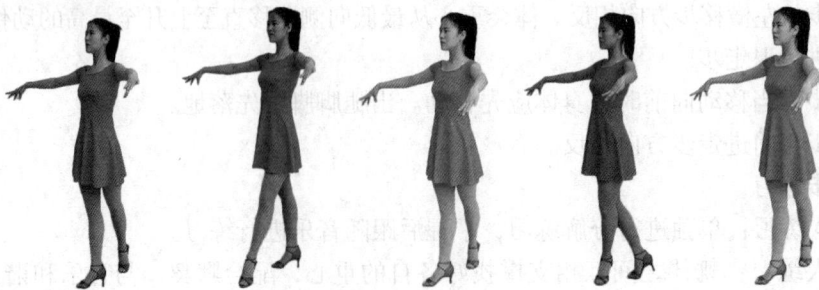

图 14-2-8

（2）后退锁步（与前进锁步相反）。

【准备姿势】两脚前后开立，左脚和重心在后。

2 拍：右脚向后一步，重心后移。

&拍：左脚向后跟进，左腿腘窝贴住右腿膝盖。

3 拍：右脚继续向后一步，重心后移。

4 拍：左脚向后一步，重心后移。

&拍：右腿向后跟进，右腿腘窝贴住左腿膝盖。

1 拍：左脚继续向后一步，重心后移。

2. 左右横并步

左右横并步如图 14-2-9 所示。

（1）左横并步。

【准备姿势】左脚侧点的开式舞姿。

2 拍：左脚向前，脚尖外转。

3 拍：还原重心于右腿。

4 拍：左脚刷经右脚向左侧一步。

&拍：右脚向左脚并合。

1 拍：左脚向左横跨一步的同时重心移至左腿，右脚尖点地。

（2）右横并步（接左横并步）。

2 拍：右脚后退。

3 拍：重心还原于左脚。

4&1：向右的恰恰追步（右左右）。

图 14-2-9

3. 纽约步

纽约步如图 14-2-10 所示。

【准备姿势】男伴左脚侧点的开式舞姿。

2 拍 男：左脚向右前迈步，右转 1/4 周成并肩位，左手拉女伴右手前平举，右臂侧平举，重心左移。女：右脚向左前迈步，左转 1/4 周成并肩位，右手拉男伴左手前平举，左臂侧平举，重心右移。

3 拍 男：右脚在原地，重心移至右脚。女：左脚在原地，重心移至左脚。

4&1 拍 男：左脚向左的横并步，身体左转 1/4 周，双手与女伴双手相握在体前。女：右脚向右的横并步，身体右转 1/4 周，双手与女伴双手相握在体前。

第二小节，男女伴的动作互换。

图 14-2-10

4. 定点转

定点转如图 14-2-11 所示。

【准备姿势】右脚侧点的分式舞姿。

2 拍　男：右脚向左前迈步，身体左转 1/4 周成并肩位，右手拉女伴手向右伸臂，重心移至右脚。女：左脚向右前迈步，身体右转 1/4 周成并肩位，左掌心与男伴右掌相贴，重心移至左脚。

3 拍　男：以右脚为轴，左转 1/2 周，重心前移落在左脚上。女：以左脚为轴，右转 1/2 周，重心前移落在右脚上。

4&1 拍　男：右脚前进，身体左转 1/4 周，重心移至右脚，向右横并步。双手与女伴双手相握在体前。女：左脚前进，身体右转 1/4 周，重心移至左脚，向左横并步。

图 14-2-11

（三）练习方式

1. 基本元素练习

（1）站立姿势练习：并立和点地立，要领是立颈收颌，沉肩收腹，肩胛骨内收，中腰拔起，臀部夹紧，大腿内收，头、肩、髋在同一垂直面上。重心落在支撑脚全脚掌上。

（2）身体动作训练：两腿左右开立，在重心前后左右移动下，做以身体带动胯部的 8 字练习。

2. 基本步练习

（1）单人练习。

（2）合舞练习。

三、牛仔舞

牛仔舞起源于美国，原是美国西部牛仔跳的踢踏舞。其特点是舞步敏捷、跳跃，舞姿轻松、热情、欢快。旋律欢快，强烈跳跃。要求脚掌踏地，腰和胯部做钟摆式摆动。

（一）准备姿势

准备姿势有闭式、开式、并肩式等，牛仔舞的闭式和开式与恰恰恰的开式舞姿相同。

（二）基本舞步

1. 左右合并步

3&4 拍：第一步，左脚脚掌向左移一小步；第二步，右脚并向左脚；第三步，左脚向左，重心在左脚（这 3 步叫向左的追步）。

5&6 拍：第一步，右脚脚掌向右移一小步；第二步，左脚并向右脚；第三步，右脚向右，重心在右脚（这 3 步叫向右的追步）。

2. 六拍基本步

【准备姿势】闭式舞姿，男伴重心在右，女伴重心在左。

1 拍　男：左脚向后。女：右脚向后。

2 拍　男：重心回右脚。女：重心回左脚。

3&4 拍　男：向左追步。女：向右追步。

5&6 拍　男：向右追步。女：向左追步。

3. 右至左换位

【准备姿势】开始采用闭式舞姿，结束时采用开式舞姿。

1 拍　男：左脚向后。女：右脚向后。

2 拍　男：重心回右脚。女：重心回左脚。

3&4 拍　男：向左追步，左手牵女伴手上举。女：向右追步，左转 1/4 周。

5&6 拍　男：向前追步。女：臀下右转 3/8 周，向左后追步。

4. 左至右换位

【准备姿势】开式舞姿。

1 拍　男：左脚向后。女：右脚向前。

2 拍　男：重心回右脚。女：重心回左脚，开始左转。

3&4 拍　男：原地追步，左手上举女伴右手。女：臀下左转 3/4 周，向右追步。

5&6 拍　男：向前追步。女：向左后追步。

【要点】在做左臂、右臂下转时，舞伴相互侧身而过，不要对面相冲，女伴的转身动作要快速完成。

5. 走　步

【准备姿势】开式舞姿。

1 拍　男：左脚向右前，右转 1/4 周和女伴成侧行位。女：右脚向左前，左转 1/4 周成侧行位。

2 拍　男：右脚向左前，左转 1/4 周和女伴成闭式位。女：左脚向右前，右转 1/4 周成闭式位。

3 拍　男：左脚向右前，右转 1/4 周和女伴成侧行位。女：右脚向左前，左转 1/4 周成侧行位。

4 拍　男：右脚向左前，左转 1/4 周和女伴成闭式位。女：左脚向右前，右转 1/4 周成闭式位。

【要点】双脚换位，转体要迅速、有节奏感。

6. 背后换手

【准备姿势】开式舞姿。

1 拍　男：左脚向后。女：右脚向后。

2 拍　男：重心回右脚。女：重心回左脚。

3&4 拍　男：向前追步，开始左转，用右手在身前从左手中接过女伴的右手。女：向前右转追步。

5&6 拍　男：继续左转 1/2 周，用左手从背后接过女伴的右手，做向右后的追步。女：继续右转，向左后追步。

7. 美式疾转

【准备姿势】开式舞姿。

1 拍　男：左脚向后。女，右脚向后。

2 拍　男：重心回右脚。女：重心回左脚。

3&4 拍　男：原地追步，右手掌心和女伴右手相抵。女：向前追步。

5&6 拍　男：原地追步。女：用右手掌推男伴，向左后的追步。

【要点】男女舞伴在右掌相抵时同时用力，女伴借力快速旋转 1 周。

（三）组合练习

六拍基本步—右至左换位—左至右换位—连接步—绕转步—侧行走步—右至左换向步—美式旋转步两次—左至右换向步—背后换手步—左至右换向步。

第三节　体育舞蹈竞赛规则简介与欣赏

一、规则简介

对体育舞蹈规则的介绍，有利于学生在熟悉项目、了解运动特点的基础上，更好地欣赏体育舞蹈，在欣赏体育舞蹈竞技性、艺术性的基础上，更深入地去领略该项运动的魅力。

（一）比赛场地

赛场的地面应当平整、光滑。比赛场地长 23 米，宽 15 米，标准舞及拉丁舞中的桑巴、斗牛舞按逆时针方向运行，交换舞程线时应过中心线。

（二）裁判组组成

裁判组通常设裁判长 1 名，裁判员若干名。场上裁判员人数必须为单数。全国性、国际性大赛设裁判员 7～11 名。裁判员姓名用英文字母 A、B、C、D…… 代表，在裁判员评分夹上表示出来。

（三）评判要素

评判主要涉及以下 6 大要素。其中，前 3 项主要指选手的技艺品质，后 3 项是选手的艺术魅力。在第一次、第二次预赛中，裁判员着重于前 3 条要素的评判；在半决赛时，着重于后 3 条要素的评判；在决赛中，则全面地评价选手各项要素的完成情况。

（1）基本技术：裁判员主要从足部动作、身体姿态、动作的平衡稳定和移动几个方面进行评判。

（2）音乐表现力：裁判员可从选手对音乐节奏和风格的理解及动作的表现力上对选手表现进行打分。

（3）舞蹈风格：从各种不同舞种之间的风格和韵味上的细微差别，以及个人不同的风格特点展现来进行评判。

（4）动作编排：可从动作的新颖性、流畅性，动作体现舞种基本风韵的情况，动作与音乐的配合程度，动作本身具有的技术难度性，以及编排的章法和场地利用情况等多方面因素来进行评判。

（5）临场表现：应从选手在赛场上的应变能力，竞技状态的表现情况和临场自我控制发挥能力等方面进行打分。

（6）赛场效果：可从舞者的风度、气质、仪表及出入场时的总体形象等方面进行打分。

（四）对选手的规定

选手不应在同类舞场中交换舞伴；应准时入场，违者按弃权论处；编组后不能随意改变组别；摩登舞比赛必须男女交手跳舞，拉丁舞比赛中不许做托举上肩、跪腿等动作。

（五）计分规则

体育舞蹈的计分方法以顺位法为依据，即决赛时裁判员给选手评判的名次通过顺位排列的方法计算单项和全能名次。

1. 单项舞顺位规则

（1）在各位次上领先获得过半数裁判员判定的选手便获得该顺位的名次。

（2）在同一顺位上有两对以上选手获过半数判定，则按数值的多少决定名次，多者名次列前。

（3）在同一顺位上出现相等数时，则将顺位数相加，用括号表示，积数少者名次列前。

（4）在第一顺位上所有选手未获过半数判定，则降下位计算，直至出现过半数判定为止。

2. 全能顺位规则

（1）将总分顺位表的单项名次数相加，按合计数的大小排列选手名次，数小的名次列前。

（2）如果名次合计数相等，则看获得的顺位次数多少，多的名次列前。

（3）如果合计数、顺位数都相等，则看顺位积数多少，少的名次列前。

（4）如果合计数、顺位数、顺位积数都相等，则须将相等者的各单项名次顺位全部列出，重新计算。如又相等，则可加赛或用其他方法解决。

二、欣　赏

体育舞蹈融艺术、体育、音乐、舞蹈于一体，被人们称为"健"与"美"相结合的典范。作为一种艺术形式，它有独特的观赏性，强烈的艺术感染力使它在众多的体育项目中立足。作为一项体育运动，它又有极强的竞技性，使它有别于崇尚表演的舞蹈艺术。体育舞蹈项目本身形式繁杂，而且，各种舞蹈形式都有其独特、与众不同的地方，但体育舞蹈大体上可以从以下几个方面去欣赏：

（一）体形美

在比赛中，选手不仅技艺超群，而且都以其优美的形体外貌使裁判员和观众为之倾倒，优美的身体造型与音乐的协调配合能够极大地满足人们的审美心理要求。因此，在这样一个较量美的运动项目中，优美的身体形态也就成为夺取好成绩的必要条件。

（二）音乐美

音乐是体育舞蹈的重要组成部分，体育舞蹈一定要在音乐的伴奏下进行。音乐是一种表现艺术，它以声音来表达创造者和表演者的内心世界。因此，观看体育舞蹈比赛，要欣赏音乐与动作的有机结合，动作必须符合音乐的特点，巧妙地把技术动作、音乐的旋律、节奏以及个人风格和谐地组织起来。

（三）动作美

体育舞蹈比赛中，运动员利用自己的身体条件和表演风格，把具有各自特色的动作表演得那样娴熟，完成足够数量的精彩的难度动作组合，做到动中有静，静中有动，舒展流畅，连绵不断，使外表的动作与内在的情感融为一体，加上优美动听的音乐，令观众陶醉在美的艺术之中，充分得到美的享受。

在比赛过程中，男女舞伴的配合是否默契，步法是否娴熟，舞姿是否舒适、优美，整套动作是否连贯、流畅，动作与音乐结合是否完美，以及绚丽的服饰都是值得观赏的。

第四节　体育舞蹈装备选择

一、服装和仪容的基本要求

标准舞中，男选手穿燕尾服，头发不得超过衣领，女选手穿不过脚踝的长裙。拉丁舞服装应有拉美风格，男女选手服装必须搭配协调，男选手不得佩戴头饰，女选手穿露背短裙。

二、青年组、成年组、壮年组服装和仪容

（一）男选手比赛服装和仪容

（1）标准舞。穿黑色燕尾服、白衬衣，系领结或领带。

（2）拉丁舞。除肉色以外的任何颜色或混合花色。上装和下装可同色也可不同，不允许穿无袖衬衫和上装。

（3）男选手最好不留长发，如头发长，须系成马尾式。

（二）女选手比赛服装

（1）摩登舞。连衣裙不允许上下身两截分开，领口不可开得过低，胸部和腰线至内裤下沿部分不能使用透明材料，裙子开衩不能超过膝关节，可使用装饰。

（2）拉丁舞。臀部和胸部不得使用透明面料，内裤不得过短，内裤上沿不得低于臀部上沿，且站立时，裙子应完全遮住内裤。上衣为两片时，不得仅仅是胸罩。鞋无限制。

拉丁舞服装应具有拉丁风格，男女选手服装应搭配协调。

三、少年B组以下服装和仪容

（一）男选手比赛服装和仪容

（1）摩登舞。普通黑裤、黑袜子、普通黑色跳舞鞋、白色衬衣、佩戴领结。

（2）拉丁舞。普通黑裤或黑高腰裤，普通黑色跳舞鞋。

（3）男选手不允许化妆。

（4）男选手最好为短发，如为长发，须系成马尾式。

（二）女选手的比赛服饰和仪容

（1）摩登舞。简单样式的衣服，不可系任何装饰物，自选颜色百褶裙和搭配衬衣或单色连衣裙，紧身衣配裙子，平底跳舞鞋。

（2）拉丁舞。简单样式的衣服或弹性紧身完整的裙子，自选颜色百褶裙和衬衣，平底跳舞鞋。

（3）女选手可化淡妆，不戴假睫毛、假指甲、亮片，不使用橄榄油和指甲油。

（4）女选手不留复杂的发型，不戴假发、发饰，不染发。

第十五章　啦啦操

本章提要

啦啦操是起源于美国的一项时尚体育运动项目，目前已传到世界各地。啦啦操是以集体形式展开活动的，通过各种创造性、技巧复杂及层次多的动作，完成更多的空间转换及队形变换，体现的是一种朝气蓬勃、健康向上的精神。参与啦啦操既可以强身健体、减脂塑形，又可以愉悦身心、陶冶情操，培养个人的综合能力、提升领导能力。

第一节　啦啦操概述

一、起源与发展

啦啦操起源于美国，发展至今已经有100多年的历史。啦啦操最初是为橄榄球呐喊助威的活动，发展到现在成为世界范围内的一项体育运动。啦啦操运动的起源可以追溯到原始部落时期，在早期的部落社会中，人们通常会用欢呼和手舞足蹈的表演来激励外出者，并希望他们能够凯旋。

到了20世纪初，扩音器在啦啦操中的使用开始流行。1920年，啦啦操队员还使用了鼓和其他发声设施。随着橄榄球的流行，啦啦操也兴盛起来。20世纪20年代，女性开始积极参加啦啦操。20世纪30年代，中学和大学开始表演花球套路，使用纸质绒球表演啦啦操，至今仍然是最广泛、最被认可的啦啦操道具。20世纪70年代，啦啦操的发展也越来越快。除了为传统的橄榄球队和篮球队助威之外，啦啦队还开始为所有的学校体育运动服务。

1980年，统一的啦啦操标准建立，出于安全考虑，去除了许多危险的翻转和叠罗汉动作。20世纪90年代，出现了全明星队，队员从小就开始练习体操动作，训练的目的只是为了比赛。1995 年，世界啦啦队协会（WCA）成立。国际啦啦操联盟（ICF）于 2001 年举行了第 1 届国际啦啦队锦标赛，啦啦操正式成为世界性竞技运动。1998 年，国际啦啦操联盟成立。

2002 年，啦啦操被引入我国，它是一项充满阳光、时尚和团队精神的大众体育运动，在我国校园中受到了青少年的喜爱。2009 年，国家体育总局正式批准开展全国啦啦操联赛官方赛事。为普及推广这一运动，国家体育总局体操运动管理中心先后在全国近十个省市举行了大规模培训。从 2013 年起，中国啦啦操联赛开始实行 A 级赛区和 B 级赛区制。联赛之外，还有总决赛、锦标赛、冠军赛和中国公开赛择地举行。

二、特　点

（一）啦啦操的团队精神

啦啦操是以集体形式展开活动的。国际全明星啦啦操协会规定：参赛人员性别不限，参赛人数为 6 ～ 30 人。只有在人数上达到一定要求，才能编排出更多具有创造性、技巧复杂及层次更多的动作，完成更多的空间转换及队形变换，才能真正体现啦啦操的无限魅力。啦啦操在技能上，需要队员间的技术、经验交流，以达到技能的实施和配合的默契。啦啦操在托举、抛接、金字塔组合中彰显队员的团结协作精神，为了队伍的整体机能得到最大限度的发挥，强调成员之间相互激励、相互配合，以争取团队目标的实现。

（二）啦啦操的动感活力

啦啦操充分体现着一种朝气蓬勃、健康向上的精神，因此，啦啦操队员必须拥有青春的形象、健康的体魄和健美的体形。男运动员要有明显的肌肉线条，体形匀称；女运动员要具有肌肉曲线美，上下肢比例匀称，皮肤色泽光亮健康。所有的啦啦操队员要求五官端正、仪态端庄、青春靓丽，具有当代青少年的青春美和健康美。

（三）啦啦操的风格突出

技术特点是指啦啦操所特有的技术风格。啦啦操的技术特点不同于健美操和舞蹈，它更能体现在做所有肢体类动作的过程中通过短暂加速和定位制动所表现出的力度感，适当的慢动作是允许的，但只作为过渡动作出现。要求运用啦啦操基本手位、步法、跳跃并结合多种舞蹈元素、口号等，通过多种空间、方向、队形、节奏的变化展示啦啦操的项目特征。

（四）啦啦操的培养价值

啦啦操能培养个人的综合能力、提升领导能力。啦啦操队员在观众面前欢呼雀跃，激发观众的热情，赢得观众的尊敬并引导他们，成为团队的领导者和指挥者。可以说，啦啦操队员是天然的领导者和指挥家。美国学校里的啦啦操队员有 83% 在学校的组织中保持领导地位，成为学校主要的学生干部。在啦啦操发展的早期，啦啦操队员的职责是在赛场外带领人群呐喊。能够成为一名勇敢的啦啦操队员，是学生在大学生活中最有价值的经历之一。

三、分 类

根据当今世界和我国啦啦操的发展状况和未来的发展趋势，按照展示场所来划分，啦啦操可分为场地啦啦操和看台啦啦操；根据动作技术的类别，场地啦啦操分为技巧啦啦操、舞蹈啦啦操和赛间表演啦啦操；根据队员是否手持道具，看台啦啦操分为徒手看台啦啦操和道具看台啦啦操操。（图15-1-1）

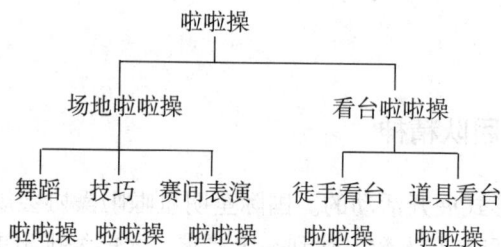

图 15-1-1 啦啦操运动的分类

第二节 啦啦操基本技术

一、上肢基本动作术语

啦啦操

（一）基本手型

基本手型如图 15-2-1 所示。

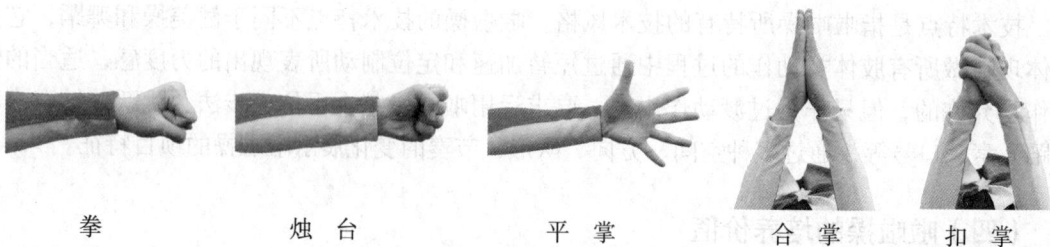

拳　　　　　烛台　　　　　平掌　　　　合掌　　扣掌

图 15-2-1

（二）基本手位

基本手位如图 15-2-2 所示。

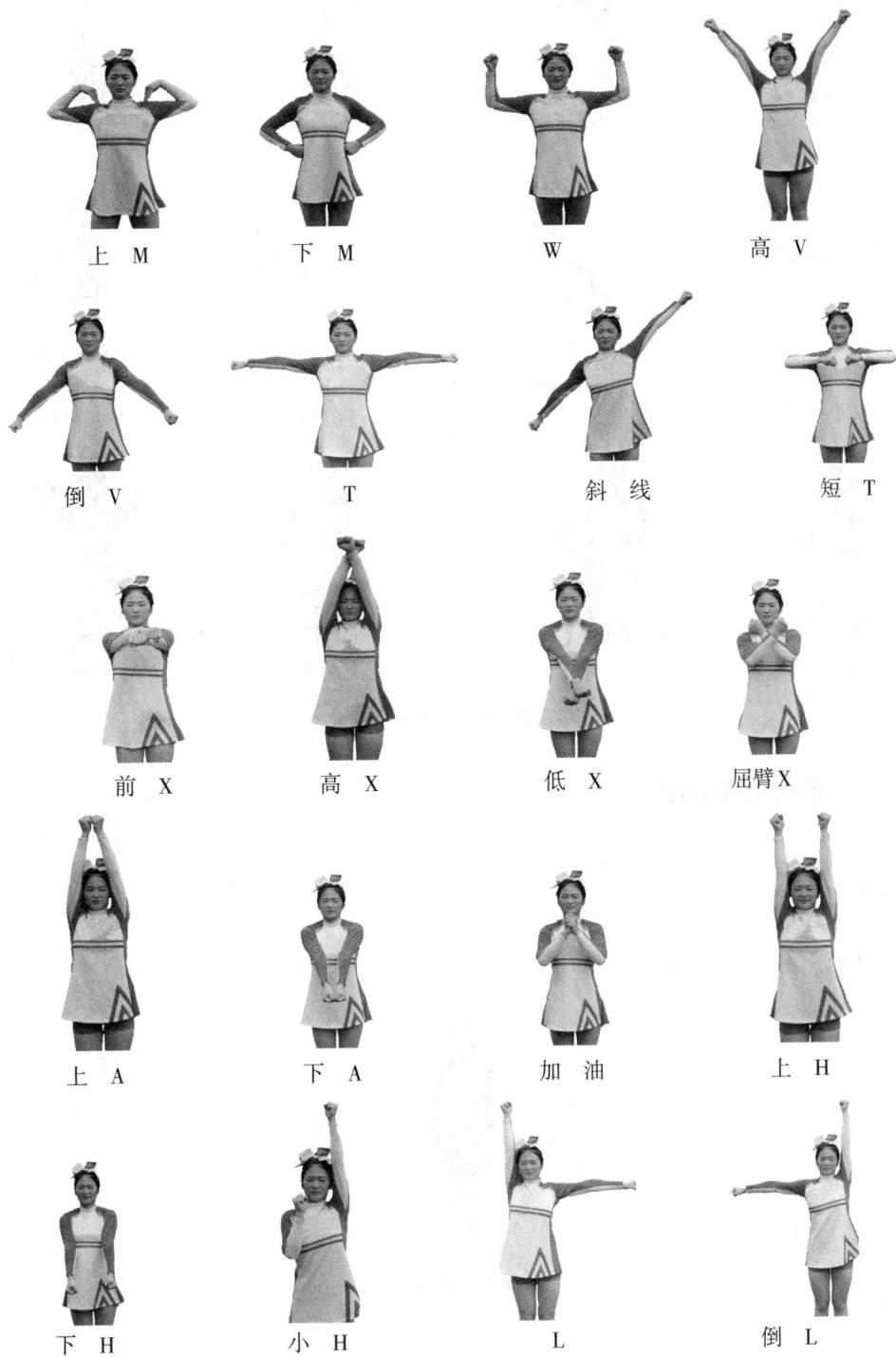

上 M	下 M	W	高 V

倒 V	T	斜 线	短 T

前 X	高 X	低 X	屈臂 X

上 A	下 A	加 油	上 H

下 H	小 H	L	倒 L

图 15-2-2

K

侧 K

R

弓 箭

小弓箭

高冲拳

侧下冲拳

斜下冲拳

斜上冲拳

短 剑

侧上冲拳

头后屈X

图 15-2-2（续）

二、下肢基本动作

（一）基本站姿

基本站姿如图 15-2-3 所示。

图 15-2-3

（二）下肢基本动作

下肢基本动作如图 15-2-4 所示。

分腿直立　　　　　　侧弓步　　　　　　半　蹲　　　　　　单腿跪地

图 15-2-4

第三节　啦啦操竞赛规则简介与欣赏

一、规则简介

（一）比赛场地和设备

啦啦操竞赛场地区域为 12.8 米 × 12.8 米，整块场地为不小于 14 米 × 14 米的啦啦操专业地垫，后有特定标志的背景板；比赛有专业的放音设备，由大会统一播放音乐；裁判席设在比赛场地的正前方。

（二）评分方法

采取公开示分的方法。成套动作满分为 100 分，裁判员的评分采用加分制与减分制；裁判员的评分去掉一个最高分和一个最低分，中间几个分数的平均分即为总分，其中动作编排 50 分，动作完成 50 分。

（三）成套动作时间

1. 技巧啦啦操

30 秒口号组合时间为 30 ～ 35 秒；集体技巧啦啦操成套时间为 2 分 15 秒～ 2 分 30 秒；双人、五人配合技巧成套动作时间为 60 ～ 65 秒。

2. 舞蹈啦啦操

成套时间为 2 分 15 秒~ 2 分 30 秒。

（四）比赛的开始和结束

（1）所有参赛队员比赛开始时必须在比赛区域内，同时身体的某一部分必须接触比赛场地。

（2）计时从音乐的第一个音符或队员的第一个动作开始；计时结束为音乐的最后一个音符或队员的最后一个动作结束。

（3）附加任何有组织的退场或在成套结束后附加的多余动作，都视为成套动作的一部分并将计算其时间。

（五）上场时间

运动队被叫到后 20 秒内必须上场，超过 20 秒未上场将予减分，超过 60 秒未上场将被取消比赛资格。

（六）比赛音乐

1. 成套动作音乐

可以使用一首或多首乐曲混合的音乐，可以加入特殊音效；音乐必须录制在CD上（一张盘只能录制一首音乐）并填写"CD登记卡"；自备 2 张比赛CD，一张比赛，一张备用，并且清楚地标明参赛单位、项目及参赛顺序。

2. 音乐音质

音乐的质量应达到专业化水准，确保清晰、稳定。

3. 音乐节奏

音乐节奏清晰明快、热情、奔放、动感，具有震撼力。

二、欣　赏

一个好的啦啦操表演作品需要通过观众细致的欣赏、分析才能发掘出作品的精彩之处。啦啦操表演作品赏析是属于审美范畴，通过观赏者对作品和舞者的分析，从中达到一种专业性知识和赏心悦目的体验。要从作品本身出发，评判作品内容和表现能力。在具体赏析过程中，应该注重作品的情节、肢体语言、表演技巧和人物比较等分析。

（一）作品情节

赏析作品，首先要知道演员在表达什么，要尽可能地跟随演员的情绪、表情、动作融入作品的情节。啦啦操表演作品的情节，是指在叙事性啦啦操表演中，人物的生活和时间的演变发展过程，它是由一系列能够显示人物与人物、人物与环境之间关系的具体事件过程组成的。情节是人物性格成长发展的历史。在叙事性作品中如果没有巧妙合理（既在情理之中，又在意料之外）的情节安排，人物性格就难以充分显示出来，但情节又不能胡编乱造，也不宜将一些和人物性格无关的情节强贴于人物身上，因此在作品赏析过程中，关注情节要看其合理性。

（二）肢体语言

啦啦操本质上是一种肢体艺术。表演者的身体作为啦啦操体育艺术的载体，承载着艺术表现与思想传达的作用。我们可以将艺术表现看作是作品中肢体语言的外部形态，而思想传达则是指依附于啦啦操肢体语言背后的内在含义。任何一个优秀的啦啦操表演作品中都应该包含这两种肢体语言，并且二者应相辅相成、缺一不可。

（三）表演技巧

欣赏作品首先要熟悉表演技巧，啦啦操表演具有特有的技巧动作、队形变换和永远不会改变的激励精神，只要熟悉这些元素，再结合每个作品独有的故事情节，便可赏析这部作品的表演技巧。

（四）人　物

人物是啦啦操表演作品的关键，如果没有好的人物形象，那么这个作品就失去了它所具有的艺术欣赏价值，因此啦啦操表演作品中人物形象的塑造是关键。人物的塑造可以通过服装、化妆、道具、动作、表情等方面来进行，通过服装、化妆、道具可以定位人物的身份，而动作表情的变化则可以表现情节的发展。

第四节　啦啦操装备选择

技巧啦啦操比赛时必须穿着软底运动鞋，不允许穿舞蹈鞋或体操鞋；不允许佩戴任何种类的珠宝首饰品，所有饰物必须摘下，不允许绑贴于任何表面（医用身份标签、手环除外）。舞蹈啦啦操比赛时必须穿鞋，允许穿舞蹈鞋；允许首饰作为服装的部分；所有比赛服应安全地覆盖身体部位，紧身裤内应穿适宜的三角裤、热裤，所有男性运动员的比赛服内须穿有紧身衣，可以是无袖。

第十六章　健身舞

　　健身舞是通过带有舞蹈特征的有节律的身体动作，将舞蹈和健身操动作有机地融合在一起，在相应的舞蹈音乐伴奏下，达到健身与娱乐的双重功效。健身舞具有独特性、优美性，长期练习不仅可使人的身体协调性、灵敏性、柔韧性、反应速度及控制能力、平衡能力等得到有效改善，还能塑造良好的体形，缓解压力，陶冶情操。

第一节　健身舞概述

一、定　义

　　健身舞一词最早出现在美国，它是通过带有舞蹈特征的有节律的身体动作，将舞蹈和健身操动作有机地融合在一起，在相应的舞蹈音乐伴奏下，运动者在翩翩起舞中达到健身与娱乐的双重功效。

　　健身舞属于有氧舞蹈范畴，由于练习中氧气供给充足，身体各器官和组织可获得大量的新鲜氧气，提高了各器官、各组织的机能水平。健身舞练习中较容易调整呼吸，运动量适中，老少皆宜，通过舒缓持续的健身舞练习，还可将身上多余的脂肪消耗掉，并可有效地改善人体的肌肉线条和体形结构，因此深受广大群众喜爱。

二、特点与功能

（一）特　点

健身舞是所有操舞类课程的基础。根据音乐的启发和韵律的逻辑，编排上利用高冲击步法、低冲击步法和无冲击步法交替科学使用，并随着方位、节奏等因素的变化，在结构上呈现出任意节拍的对称组合。另外，还可以根据个人喜好和特长融入各种舞蹈感觉，注入丰富的时尚元素，这意味着它同样重视获得快乐与其健身意义。在不断的步法连接、方向转换以及重心转移的过程中，达到提高心肺功能和燃脂的作用。

健身舞除了包含多种舞蹈元素，足够安全和足够有效也是其核心要素及其长盛不衰的关键，如对身体各个部位的不宜动作都有明确的界定：脚尖朝向的角度、下蹲的深度、两脚站位的宽度和头部前屈的幅度等；而动作编排的同一性和自然简单的差异性，可以分配更多的精力，在音乐中享受持续的快乐运动，进而获得显著的健身效果。

（二）功　能

（1）长期练习健身舞，可使人的身体协调性、灵敏性、柔韧性、反应速度及控制能力、平衡能力等方面均可得到有效改善。

（2）在练习健身舞的过程中，常常要求运动者保持挺胸抬头，收腹提臀，使身体形成一种直立、挺拔的姿态。在长时间保持这种姿态进行练习的同时，不光能有效地燃烧我们多余的脂肪，改善机能水平，还能塑造良好的体形。

（3）在各类风格不同的健身舞音乐中翩翩起舞，透过那动人的旋律，优美的舞姿，能有效地转移注意力，缓解压力，陶冶情操。健身舞里有许多的配合动作，也可促进人的群体合作意识，在这种配合当中，可消除郁闷和失落等不良情绪。

第二节　肚皮舞

一、起　源

肚皮舞是世界上最古老的舞蹈形式之一，是一种以腰腹动作为主、富有东方情调的独舞。肚皮舞起源于中东地区，表达有关大自然和人类繁衍的循环不息，用于庆祝妇女多育以及颂扬生命的神秘，这便可解释为什么肚皮舞是以腹部的摇摆为主要动作的缘由。肚皮舞练习要求光脚进行，为的是保持和大地接触，借助地面的刺激与大自然发生联系。这种舞蹈形式逐渐发展为一种民间艺术，并最终成为广泛流行于世界各国的一种独特的健身、娱乐和表演形式，是神秘的中东文化艺苑里的一朵奇葩。

在 3500 年前，埃及的古壁画中就有了类似今天所看到的肚皮舞雏形，但不同的地区，不同的国家，有不同的传说和故事。另一种传说认为肚皮舞是修身养性之舞，或是崇高的宫廷舞，一如西方的芭蕾舞。

二、特点与功能

（一）特　点

提到肚皮舞，可能让人联想到蒙着面纱的阿拉伯女郎，穿着镶满闪亮的金属片和铃铛的舞服，随着神秘轻快的阿拉伯音乐舞动着脖子、手指、手臂、腰、臀，婀娜多姿的舞姿，吸引着人们的目光。事实上肚皮舞也是十分健康向上、热力十足的舞蹈。它时而热情豪放，时而神秘媚惑，在中东地区，几乎男女老少在听到肚皮舞的音乐时，都会很自然地随着音乐扭腰摆臀，快乐地融入音乐和舞蹈的世界里。

肚皮舞是非常女性化的舞蹈。其特点是随着变化万千的快速节奏摆动腰腹部，使劲地扭动臂部、胸部、臀部等，这些动作成为肚皮舞的传统内容。肚皮舞需在平滑的地板上赤足舞蹈，配合音乐，快速地完成各种复杂的身体动作。肚皮舞快速的舞步，摇摆的舞姿，时而优雅，时而高傲，妩媚娇柔与飒爽英姿相辉映，令人目不暇接。

肚皮舞也可以在无伴奏下进行，但在浪漫的、独特的阿拉伯音乐伴奏下更具动感和魅力。常见的伴奏乐器有乌德琴、耐笛、地尔巴卡手鼓、扬琴山都尔等。其中打击乐器的手鼓最为重要，在舞者施展扭腰舞腹的动作时，鼓的加入有助于激发舞者的激情。肚皮舞有时也可结合其他道具，如刀、剑、面纱、蜡烛等。肚皮舞不受年龄和体形的限制，动作丰富多彩，简单易学，只要掌握了"抖胯"这一核心动作，便可随着音乐自由随意地舞动身体，收到健身的功效，这是肚皮舞和其他舞蹈的最大区别。

（二）功　能

肚皮舞侧重于锻炼腰、腹、臀等躯干部位，特别是对腹部肌群及背部肌群有极大的锻炼作用，对腿部和肩臂部肌群也有较大的锻炼价值。练习肚皮舞最大的好处在于提高肌肉弹性和灵活性，增强身体协调性与柔韧性，可有效地改善心肺机能、提高耐力。并且，当身体某些部位在进行快速、连续动作时，要求其他部位处于相对静止的状态，这便有效地锻炼了人体的平衡和控制能力。

肚皮舞是健身的良好手段，除了能改善肌肉之外，还能通过外部的肌肉运动按摩腹腔内脏，对子宫、卵巢等器官进行良好的刺激，促进盆腔血液循环，调节女性内分泌，对月经不调、痛经等妇科疾病有显著疗效。

很多运动者在接触过肚皮舞后，都会着迷上瘾，因为练习肚皮舞让她们拥有了和专业舞蹈演员一样灵活而线条优美的身躯。特别是在冬季，人体血液循环受外界影响容易导致肌肉僵硬，进行肚皮舞练习，可加速血液循环，激发机体活力，使肌肉变得柔软而富有弹性。通常女性在做器械运动或者其他有氧健身时，很难活动到骨盆、耻骨和腹腔，而肚皮舞不仅能使这些部位，还能使腿部、腹部、肩膀以及颈部等部位都能得到充分的活动，从而达到减脂塑形的目的。

总而言之，肚皮舞作为一种优美的身体艺术，通过对骨盆、臀部、胸部和手臂进行各种摆动、旋转，以及各种令人眼花缭乱的肢体动作，能塑造出优雅柔美的舞蹈姿态，充分表现出女性的阴柔之美。它不仅是一种运动，也为心灵与身体建立了一种精神纽带，是女性探索自身的舞蹈，是对身体的一种体验。

三、基本动作

（一）胸部画圆

【要领】胸部以下不动，以胸部带动上身顺时针或逆时针画一个圆圈。开始的时候可以先侧身，然后做分解动作，再慢慢连贯加速。（图16-2-1）

【节拍】顺时针4个8拍，逆时针4个8拍。

【功效】按摩胸线，增强上半身的灵活性。

图 16-2-1

（二）波浪手势

【要领】想象手臂如波浪一样摆动。以肩带动，然后是手肘、手腕、手掌放松，两手臂交替上下。可配合身体的摆动来进行。（图16-2-2）

【节拍】6个8拍。

【功效】灵活肩部，修饰手臂线条。

（三）侧面8字

图 16-2-2

【要领】用一只脚作为支撑点，另一只脚脚尖轻轻点地。用腰力将腹部抬起，再向后推，感觉自己正在用腰胯部位画一个8字。

【节拍】4个8拍。

【功效】消除后腰、侧腰多余的脂肪，线条收紧。

（四）胯部摇摆

【要领】前腹部收紧，膝关节稍弯，上半身放松。胯部左右小幅度摇摆。可根据难易程度来加快或者减慢摇摆的速度。

【节拍】8个8拍。

【功效】收紧前腹。

（五）胯部画圆

【要领】两脚放宽，膝关节稍屈，腹部收紧，上身放松。胯部可按顺时针或者逆时针方向以圆圈形摆动。

【节拍】顺时针4个8拍，逆时针4个8拍。

【功效】锻炼整个腰部，收紧腹部线条，增加膝关节与胯部的协调性。

（六）胯部画圆辅助式

【要领】配合胯部画圆的动作来做，即一边胯部画圆，一边下蹲，脚尖着地，脚跟提起，力量在左右膝关节上移动。

【节拍】4个8拍。

【功效】锻炼平衡性及膝关节、脚踝的力量；收紧大腿、小腿。

（七）侧面眼镜蛇

【要领】肩、手肘和手腕的运动同上，但手掌要压平，感觉在按压某个平面。两臂交替，配合身体的摆动。

【节拍】6个8拍。

【功效】增加关节的协调性。

（八）两侧转移

【要领】左脚作为支撑点，右脚跨步向前，脚尖点地，再收回，臀部摆动的同时向右移动。再换另一边。

【节拍】慢节奏两边各3个8拍，快节奏两边各5个8拍。

四、着装要求

（1）肚皮舞服装通常由三个部分组成：露脐小上装、镶闪亮金属片的臀部腰带、低腰裙或灯笼裤。另外还可以根据个人喜好配上相应的饰品。需要注意的是：全身的服装颜色一定要协调、有整体感。

（2）赤足，古埃及人相信赤足跳肚皮舞可以表达对女神的崇敬，这是一种文化情结。同时，跳舞时脱离鞋子的束缚，可以更深层次地打开心扉，通过舞蹈来连接身体和情感与大自然的接触。

第三节　健身踏板操

一、起　源

有氧踏板操1968年起源于美国，并很快风靡世界。踏板操作为一种健美操的形式，在国际上日益成为时尚的健身、减肥运动。之所以称为有氧踏板操，其原因主要是踏板操最根本的运动原理：把体能测试中的台阶练习与健美操的步法结合为组合动作，在特定的踏板上进行练习。

二、特点与功能

（一）特　点

有氧健身要求运动强度始终保持在中、低水平，而踏板操则可以通过调整踏板下的垫板高度，来调节运动强度。完成同样动作的情况下，踏板高度高则运动强度大，能量消耗也大，反之则小。这样，健身者就可以根据自身条件和锻炼目的选择不同高度的踏板。

增加运动强度的方法有三种：增加踏板的高度、加大手臂的摆动幅度、手和脚的配合练习。

1.安全性好

踏板练习通过提高重心高度，腿和臀部发力，对肌肉进行控制，达到保护关节和韧带的目的，减少运动中的损伤。对于关节冲击较大的跑跳练习，踏板练习也有减少，为锻炼者提供了安全的保证。

2.多动有趣

由于踏板的使用，动作内容大大增加，比如原来简单的踏、点可变成上下板；我们可以充分利用踏板的板面以及4个角来完成板上、板下的连接动作或单纯板上运动；还可以按需要将板摆成不同位置，如横板、竖板；甚至可以在条件允许的情况下同时利用两块或三块板进行练习。这样为踏板提供了一个立体的全方位的活动空间，使之变化多样而更有趣了。

（二）功　能

1.大量消耗能量，增强心肺功能

由于要克服重力作用，所以完成同样的动作时，踏板操练习比在平地上进行练习消耗的能量要多，同时运动负荷的合理增加也有利于心肺功能的提高。

2.对腿和臀部的塑形作用

在完成所有上、下踏板的动作中，主要用力的肌肉是大腿及臀部肌肉，它们要克服的阻

力为重力，而这个阻力相对最大力量要小很多。因此，踏板操属于长时间的小重量抗阻肌肉练习，能够起到消耗腿部、臀部多余脂肪，达到突出肌肉线条而又不增加肌肉围度的作用，有利于塑造健美的腿部和臀部。

3. 培养良好的方位感

由于踏板是一个立体物，有高度、长度、宽度，所以利用它进行练习时，就不能像在平地上一样随心所欲。比如离板太近或抬腿不够容易将踏板踢翻；离板太远又踏不上板；迈步过大或踩在踏板边缘容易摔倒等，这都需要运动者有良好的位置感觉，包括对自身位置及踏板位置的感觉。因此，进行踏板练习有利于培养运动者良好的方位感。

三、基本动作

（一）单脚依次点板

一脚点板一次。（图 16-3-1）

（二）基本步

两脚依次踏上板，再依次踏下板。（图 16-3-2）

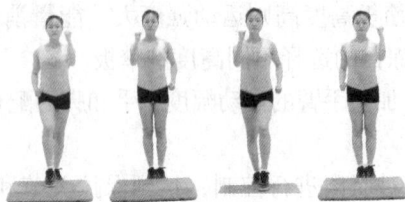 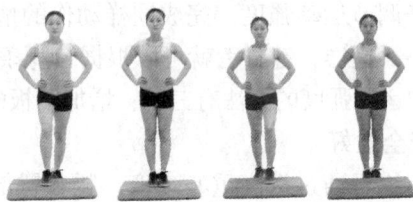

图 16-3-1　　　　　　　　　　　　　图 16-3-2

（三）V字步

上板后两脚分立，与下板后的站位点正好形成V字。（图 16-3-3）

（四）上板点和下板点

（1）正上点板、正下点板：一脚上板，另一脚点板，点板的脚下板，另一脚下板点地。（图 16-3-4）

（2）侧上点板、侧下点板：一脚侧上板，另一脚点板，点板的脚下板，另一脚点地。（图 16-3-5）

（3）正上点板、侧下点地：一脚上板，另一脚点板，点板的脚侧向下板，另一脚点地。（图 16-3-6）

（五）转身步

一脚斜前方上板，另一脚踏板同时转体45°，先上板的脚斜后方踏下板同时转体45°，另一脚踏下板。（图16-3-7）

（六）上板提膝

一脚上板，另一脚屈膝向上抬起，然后顺势依次踏下板。（图16-3-8）

图 16-3-3

图 16-3-4

图 16-3-5

图 16-3-6

图 16-3-7

图 16-3-8

（七）后屈腿

一脚上板，上身略前倾，另一脚单腿后屈，脚跟尽量往臀部靠拢，然后顺势依次踏下板。（图16-3-9）

（八）板上点地

（1）侧点地：一脚向侧在板下点地。（图16-3-10）
（2）后点地：一脚向后在板下点地。（图16-3-11）

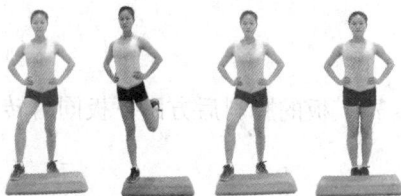
图 16-3-9

图 16-3-10

图 16-3-11

（九）上板踢腿

（1）前踢腿：一脚踏上板，另一腿向前踢腿，然后顺势下板。（图 16-3-12）
（2）侧踢腿：一脚踏上板，另一腿向侧踢，然后顺势下板。（图 16-3-13）
（3）后踢腿：一脚踏上板，另一腿向后踢腿，然后顺势下板。（图 16-3-14）

（十）横过板

一脚踏上板，另一脚踏上进行交换腿跳，先上板的脚踏下板，顺势另一脚踏下板。（图 16-3-15）

图 16-3-12

图 16-3-13

图 16-3-14

图 16-3-15

（十一）上板双侧下骑板

双脚依次侧踏上板，顺势依次两侧踏下板，两腿骑于板上，两脚依次踏上板，顺势依次另一侧踏下板。（图 16-3-16）

图 16-3-16

（十二）I 字步

两脚依次踏上板，一次开合跳，两脚依次踏下板，一次开合跳。（图 16-3-17）

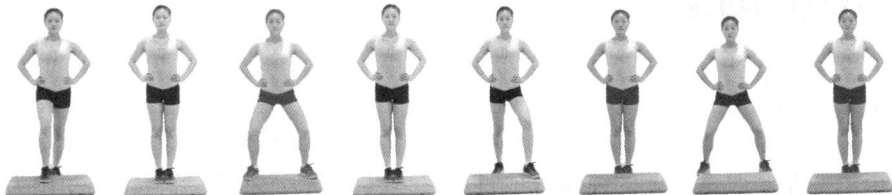

图 16-3-17

四、装备选择

（一）运动服装和鞋

要穿弹性好的衣服，成分以棉、莱卡为宜。应穿运动鞋，气垫式的更好，这样可以起到缓冲的作用。赤脚跳踏板操，易损伤脚踝。

（二）运动器材

练踏板操的踏板一般长 100 厘米，宽 35 厘米，高 8 厘米。踏板的高度也可以根据运动水平、踏板技术、膝关节的弯曲度而调节。

第四节　街　舞

一、起源与发展

街舞最早出现在 20 世纪 70 年代末美国的纽约和洛杉矶是街舞的两大发源地。街舞的英文名为 hip-hop。街舞从字面上来看，hip 是臀部，hop 是单脚跳，合起来意为轻摆臀部。街舞不是一种单一风格、纯粹的舞蹈，是多种舞蹈风格融合于一体、崇尚舞者个性特点的舞蹈。

进入 20 世纪 90 年代，作为一种体育文化活动，街舞已与体育健身相融合。新兴的街舞在原有的基础上又有了新的突破，这时的街舞更注重身体的协调性和韵律性，同时增加了身体的律动及手部的动作和花样的步法。它集中体现在动作的张弛自如、快慢有度、流畅中的停顿和有节奏的身体弹动。在美国，街舞音乐在主流娱乐界已占据了相当重要的位置；在中国，街舞也得到了广泛的开展，成了现代人展现自我的方式。近年来，随着街舞的逐渐发展和完善，这一运动形式已不受年龄的限制。通过跳街舞，人们张扬个性，释放自我，充分展示生命的活力和激情，体会从身体到精神的一种彻底的放松与释放，突出体现了街舞的"自由"这一精神文化实质。

二、特点与功能

（一）特　点

（1）街舞并非一般意义上的纯体育项目。它是以健身为核，以流行舞蹈动作为素材，体现时尚、活力，是带有欣赏性和娱乐性的新兴运动方式。

（2）街舞风格突出，富于变化。不同的街舞音乐风格所匹配的动作除了具有基本的随意、松弛的动作感觉外，也会有不同的动作表现形式，而且少有对称性动作，变化无常。

（3）街舞给运动者很大的发挥空间，创造性强。不同风格的音乐会带给舞者不同的灵感与发挥空间，运动者可根据自己的兴趣爱好对练习内容进行一些变化，以彰显个性。

（二）功　能

（1）街舞具有有氧运动的功效。街舞的动作虽然以流行舞蹈动作为素材，但它能够充分活动到身体的各个部位。在教学和练习过程中，运动持续不断，而且强度适中，可改善心肺功能，并能达到减肥的目的。

（2）街舞对协调能力具有挑战性。街舞包含的动作丰富，变化快速敏捷，而且多数动作都涉及小关节和小肌肉群，参与动作的身体部位多，节奏快慢起伏大，很多动作还会出现在音乐的弱拍上，因此，对改善人的协调性卓有成效。

（3）街舞的重要意义在于对心理的调节作用。由于街舞的训练多以群体练习的形式出现，再配以动感十足的音乐，这无疑能营造非常轻松、愉快的练习氛围。在快乐的练习中将所有的压力、自卑、郁闷尽抛脑后，有效地改善了那些对身体健康不利的不良心理状态。

三、基本动作

（一）霹雳舞

霹雳舞是以旋转为主，翻身为辅，以手部为主要支撑点，肢体在空中的翻腾、旋转为特色的技巧性街舞。尽管霹雳舞看起来包含许多复杂的动作，但是它们都是由基础的摇摆步、地板步衔接，加入复杂的技巧性动作或定招，使整个舞蹈向更广、更高的方向发展。霹雳舞大体上可以分为两种类型：用手、头、身体在地上旋转，称之为大地板；用肢体在地上踩出复杂变化的脚步动作，加上刁钻的倒立，称之为小地板，当然，跳舞的同时也可以随意去搭配你所想表现的动作。

1.K 踢

K踢，或叫作L踢。这一动作来自于坎波舞。单手撑地，双腿踢向头部上方，随着非支撑臂的位置和双腿的弯曲形态不同而有多种变形。双腿向两侧尽量分开，呈V字形。

2.手 转

舞者倒立且旋转，然后随着身体重量的移转，由一只手换到另一只手做动作，做到脚着地为止。

3.侧手转

侧手转与手转相似，只是肘部支撑于体侧，双腿并拢，上下叠放，身体侧立做圆周旋转。

4.蛙 跳

蛙跳是像青蛙一样身体下蹲向前跳，然后双手撑住地面，再接双腿的蛙跳。

5.蟋蟀跳

蟋蟀跳，也叫跳飞机。双手撑于体下，双肘抵住腹部，双脚离地，身体平行于地面，双手推动身体上下跳动着旋转。注意只能用手接触地面。这个动作可以连接地板步、托马斯、蠕虫和其他飘浮动作。

6.头 转

头转是以头支地的旋转动作。先以头顶地倒立，双手扶地，然后两腿分开做圆周摆动，带动身体旋转，双手离地。在旋转中，朝上的双腿可以摆出各种造型或做出各种动作。

7.托马斯全旋

分腿全旋（托马斯）是来自体操的旋转动作，在动力和平衡中，使双腿保持在空中，围绕身体前后旋转。

（二）机械舞

它起源于机械人的动作及形态，是利用肌肉的紧绷与放松来产生身体的震动与定格。其动作规格要求有突然的停顿，但不能太重，有一种将力量释放出来的"划过骤停"的感觉，动作要配合音乐的节拍点"卡住"，卡拍时肌肉瞬间收紧，在不卡拍时相对把肌肉放松，在肌肉紧张和放松之间把握好"度"。由于动作要求细腻，对基本功的要求特别高。

1.弗雷斯诺

身体斜向一侧，抬起该侧手臂震动，然后身体斜向另一侧，抬起该侧手臂震动，做手臂弗雷斯诺的同时，加入同侧腿部动作：猛烈地向后抽动该侧腿的膝盖，感觉像是在极力扩张肢体。平滑、交替地做此动作。（图16-4-1）

图16-4-1

2. 眼镜蛇舞

舞者用一只手做波浪的动作传到另一只手，然后再把它送回来，但是只用到肩膀。（图16-4-2）

图 16-4-2

3. 玩具人舞

模仿玩偶形态的动作。（图 16-4-3）

图 16-4-3

（三）新派街舞

新派街舞是极自由的舞蹈，没有固定的舞蹈体系，可以采用任何舞蹈元素，身体可以像心灵一样奔放不羁，它似乎就是一种对原始非洲舞蹈精神的回归。初学者可以从律动、波浪、滑步、转身学起。

1. 律　动

律动是街舞的基本动作形式，也是这种舞蹈风格的主要体现。律动表现为身体随音乐的起伏和摇摆，分为重拍向上和重拍向下两种，前者多用于新放克和豪斯舞蹈。（图16-4-4）

图 16-4-4

2.波　浪

身体做波浪式传动，令人感觉就像一股看不见的力量穿过舞者的整个身体，可以是两臂之间水平的波浪，也可以是从头到脚垂直的波浪，还有两腿之间、肩臂之间等众多身体部位的波浪，不同的波浪可以相互组合，自由发挥。波浪动作要流畅连贯，充满律动。（图 16-4-5）

图 16-4-5

3.转　动

用身体的各个部位均可以做转动。最基本的为脖子、肩部、胸部、胯部及腿部的旋转。转动可以是一种动作与动作之间连接的基础，也可以在新爵士中表现为性感的动作。（图 16-4-6）

图 16-4-6

四、装备选择

（一）着装和仪容

1.外　表

青春、健康、积极向上、整洁大方。

2.服　饰

选手应着街舞风格的服装，服装不得过分暴露，不得有文身，不得有反映暴力、色情、反动的内容，不得有不健康内容的图案、文字、饰物和道具，否则视具体情况扣分或取消参赛资格。

3.发　型

不得有过分怪异的发型。

（二）场地和器材

街舞比赛在 14 米 × 12 米范围内的木地板上进行，不设边界线。街舞就其产生而言，对于场地器材没有严格的要求，只要有一块平整的场地，热衷于此项运动的人便可忘我地投身其中。随着街舞技术动作的不断发展和革新，一些难度较大的动作对于场地就有了较高的要求，如做大风车就需要场地表面的光滑度较好。对于器材方面，现在使用较多的有头具、护腕、护膝等，在这方面要求舞者有超凡的想象力，只要是可利用的、对完成动作有帮助的都可以被使用。

第十七章　户外运动

本章提要

　　户外运动是一项在自然场地举行的一组集体项目群，多数带有探险性，有很大的挑战性和刺激性。目前，户外运动已成为当代大学生追求自我的运动新时尚。户外运动是一门新兴的体育运动，通过科学的教学和实践，学生可以全面了解户外运动知识，掌握户外生存技能，树立全新的学习和休闲观念。

第一节　攀　岩

一、攀岩概述

（一）起源与发展

　　最早的攀岩者是远古的人类，他们为了躲避猎食者或者是敌人，而在某个危急的时候奋力攀登，从而成就了攀岩这项运动。

　　而人类最早的攀登记录，是 1492 年法国国王查理三世命令蒙特利马尔上尉去攀登一座名为 Inaccessible 的石灰岩山，其高度为 304 米，当时他们就带着简单的钩子和梯子，凭着经验和技巧登顶成功。那座山后来被命名为 Mt.Aiguille，那次攀登成为历史上第一个有记录并使用装备的攀岩事件。然而之后长达几百年的时间里，历史上一直没有再留下人类新的攀登记录。

　　17 世纪中期，人们攀登高山的活动开始重新被记载下来。冰河地形以及雪山成为这些早期登山者主动迎接的挑战，他们的足迹遍布了阿尔卑斯山区。1850 年时，登山者已经发展出一些简单的攀登工具，以帮助他们通过岩壁和一些冰河地形。比如，有爪的鞋子和改良过的斧头和木斧，这些都是现在冰爪和冰斧的前身。

在阿尔卑斯山区，有另外一些人尝试不过多依赖工具，而是运用他们自己的身体来攀登高山。1878年，格奥尔·温克勒没使用任何工具成功首攀Vajolet Tower西面。虽然格奥尔·温克勒使用了钩子且鞋子也经过改良，但他仍算是开创了自由攀岩。

随着人们对攀岩运动的不断认识和研究，在20世纪80年代，有一位法国人发明了仿真人工岩壁，从而产生了人工岩壁的攀登运动。攀岩运动现在已经成为一项时尚的休闲运动，它现在已经拥有了自己的语言、装备和安全保护技术，其发展速度迅猛、趋势非常好。

（二）特点与功能

1.特　点

（1）挑战性。

攀岩运动作为一项极限运动，对人的身体、意志、心理和毅力都具有较高的挑战性。

（2）危险性。

攀岩运动是一项高难度的实用技术，由于受到自然环境、器材装备等的影响，具有一定的危险性，因此在攀爬中要严格按照要求进行攀登保护。

（3）场地与运动形式的特殊性。

攀岩运动场地和运动形式不同于其他传统体育运动项目。攀岩场地主要是由岩石构造成的悬崖、峭壁、裂缝、岩面、大圆石以及人工岩壁等，岩面大都具有一定的仰角和俯角，且岩壁的造型及岩点的形状千变万化，从而形成了攀岩运动形式的多样性、高空作业的非常规性和技术操作的复杂性等特点。

（4）创造性。

攀登线路大多在自然岩壁或人工岩壁上，其线路变化、支点的设置具有极强的可创造性。

2.功　能

（1）娱乐功能。

攀岩作为一项体育运动，具有体育本身独特的魅力，人们通过参加体育活动，可以体验其中的乐趣，放开心胸，享受自然，感受生命的活力。

（2）健身功能。

攀岩运动对人的身体素质的要求更为全面，需要集耐力、毅力、力量、柔韧、平衡、协调等于一身，能加强上肢、下肢的力量，提高整体躯干的平衡能力和关节的柔韧度。因此，在攀岩运动中，人们的综合运动能力能得到全面发展。

（3）教育功能。

攀岩运动需要勇攀高峰的勇气，需要征服自然的决心，更需要挑战自我的毅力，这是一个不断向困难发起挑战的运动，运动者能在运动过程中感受其中的各种滋味，有助于提高自我品质。

（4）特殊功能。

攀岩最早是作为一项军事训练项目而存在的，目前依然在军事、科学探险、救援逃生、野外生存等特殊领域发挥其特有的功能。

二、攀岩基本技术

（一）绳结技术

把利用打结使绳索之间、绳索与其他装备之间相互连接的方法称为结绳技术。在攀登过程中，绳子要与其他保护装备、固定点和绳子自身发生各种连接，以解决实际需要。绳结有各种不同的打法，各种打法有不同的用途，以下举例说明。

1.基本结

基本结又称单结、保护结。在绳头部位打此结，可防止绳结解脱。建议在结好其他结后，一定要结此结。（图 17-1-1）

（1）双 8 字结。

简单易学，拉紧后不易松开；不受力时，不容易松开。（图 17-1-2）

图 17-1-1　　　　　　　　图 17-1-2

（2）布林结。

布林结又称系船结。易结易解，但绳结也易松动。（图 17-1-3）

（3）蝴蝶结。

蝴蝶结又称中间结。结组时可用蝴蝶结直接套在中间队员的安全带上起保护作用。（图 17-1-4）

图 17-1-3　　　　　　　　　　　图 17-1-4

（4）双套结。

双套结又称丁香结，可用于固定，也可用于攀登和下降。（图 17-1-5）

2.连接安全带用结

（1）双 8 字结：同前。

（2）布林结：在顶绳攀登中可选择的连接方式。优点是方便快捷，缺点是不受力时容易松动。

图 17-1-5

3.绳子间的连接

（1）平结。

平结又称连接结、本结、陀螺结，用于粗细相同的绳索之间的连接。（图 17-1-6）

（2）8 字结。

8 字结用于粗细相同的绳索之间的连接。（图 17-1-7）

（3）渔人结。

渔人结适用于结两条质地、粗细相同的绳索或扁带。

（4）水结。

水结又称防脱结，用于连接扁带，此结易松，必须用力打紧并经常检查。（图 17-1-8）

图 17-1-6　　　　　　图 17-1-7　　　　　　图 17-1-8

（5）混合结。

混合结用于不同直径绳索之间的连接。（图 17-1-9）

（6）交织结。

交织结又称渔翁结、水手结、紧密结或天蚕结，用于直径相同的绳索之间的连接。（图 17-1-10）

图 17-1-9　　　　　　　　图 17-1-10

4.特殊用途的连接

（1）抓结。

抓结又称普鲁士结、移动结，用于行进、上升中的自我保护。抓结不受力时可沿主绳滑动，受力时在主绳上卡住不动。（图 17-1-11）

（2）意大利半扣。

意大利半扣用于沿主绳快速下降时的速度控制。意大利半扣主要用于8字环遗失的情况。（图 17-1-12）

图 17-1-11　　　　　　　　图 17-1-12

（二）攀岩技术

1.攀岩的手法

在攀登中用手的根本目的是使身体向上运动和贴近岩壁。岩壁上的支点形状很多，常见的也有几十种。攀岩者对这些支点的形状要熟悉，知道面对不同支点，手应抓握何处，如何使力。根据支点上凸出（凹陷）的位置和方向，用抠、捏、拉、攥、握、推等方法，但也不要拘泥，同一支点可以有多种抓握方法。如有一种支点是一个圆疙瘩上面有个小平台，一般情况是把手指搭在上面垂直下拉，但为了使身体贴近岩壁，完全可以整个捏住、平拉；又如需要双手抓同一支点时，前面的手可先放弃最佳抓握处，让给后面的手，以免换手的麻烦。抓握支点时，尤其是水平用力时，手臂位置要低，

抓握手法

利用向下的拉力加大水平摩擦力；要充分使用拇指的力量，尽量把拇指搭在支点上，对于常见的水平浅槽的支点，把拇指扭过来，使指肚一侧扣进平槽，或把拇指横搭在食指和中指指背上，都可增加很大的力量。休息地段要选择在没有仰角或仰角较小，且手上有较大支点处。休息时双脚踩稳支点，手臂拉直（手臂弯曲时很难得到休息），上体后仰，但腰部一定要向前顶出，使下身贴近岩壁，将身体的体量压到脚上，以减轻手臂负担，做活动手指、抖手的动作进行放松，并擦些镁粉，以免手打滑。

2.掌握重心

在攀登中，应明确地意识到自己重心的位置，灵活地控制重心的移动。移动重心的主要目的是在动作中减轻双手负荷，保持身体平衡。初学者在一开始学时，动作大都十分盲目，不知道体会动作，一心只想提升高度。其实初学者最好不要急于爬高，先做一段时间的平移练习，即水平地从岩壁一侧移到另一侧，体会重心、平衡、手脚的运用等基本技术。在最基本的三点固定中，单手换点时，一般把重心向对侧移动，使手在没离开原支点之前就已经没有负荷，可以轻松地出手。横向移动时，要使重心向下沉，使双手吊在支点上而不是费力地抠拉支点。

在一般情况下，应把双脚踩实，再伸手够下一个支点，而不要脚下虚踩，靠手的上拉使身体上移。一定要注意体会用腿的力量使重心上移，手只是在重心上移时维持平衡。

3.掌握侧拉

侧拉是一项很重要的技术动作，它能极大地节省上肢力量，使一些原本困难的支点可以轻易通过，尤其在过仰角地段时被大量采用。其基本技术要点是身体侧向岩壁，以身体对侧手脚接触岩壁，另一只腿伸直用来调节身体平衡，靠单腿力量把身体顶起，抓握上方支点。以左手抓握支点不动为例，此时身体朝左，右腿弯曲踩在支点上，左腿用来保持平衡，右腿蹬支点发力，右手伸出抓握上方支点。由于人的身体条件，膝盖是向前弯的，若面对岩壁，抬腿踩点时必然要把身体顶出来，而改为身体侧向岩壁就可以很好地解决这一问题，使身体更靠墙，把更多的身体重量转移到脚上，而且可利用全身的高度，达到更高的支点。

4.手脚同点

手脚同点是指当一些手点高度在腰部附近时，把同侧脚也踩到此点，身体向上向前压，把重心移到脚上，发力蹬起，手伸出抓握下一个支点，这期间另一只手用来保持平衡的一种技术动作。手脚同点需要的岩壁支点较少，且身体上升幅度大，做此动作时有以下几点需要注意：若支点较高，应使身体稍侧转，面向支点，腰胯贴墙向后坠，腾出空间抬腿，不要面向岩壁直接抬腿。脚踩实后，另一只脚和双手发力，把重心前送，压到前脚上，单腿发力顶起身体，同点手放开原支点，从侧面滑上，抓握下一个支点，另一只手固定不动调整身体平衡。手脚同点技术主要用在支点比较稀少的线路上。

5.注意节奏

攀岩讲究节奏，讲究动作的快慢和衔接。每个动作做完，身体都有一定的惯性。如果上一个动作正确到位，身体平衡就不成问题，便可以利用这一惯性直接冲击下一个支点，两个动作间不做停顿，此时会发现原来很困难的一些支点，不知不觉间就通过了。如果过分求稳，一个动作停顿一下，每个动作前都

要先移动重心、调节平衡，然后重新开始发力，必然导致体力消耗过大。动作要连贯但不能毛糙，各个细节要到位，上升时一定要由脚发力，不能用手拉和脚蹬。手主要用作保持平衡和把身体拉向岩壁。动作不要求太快，但要连贯，力求每个动作做实。一般做一两个连贯动作要稍稍停顿一下，调整重心，观察选择路线，困难地段快速通过，容易地段稳定、调整。连贯—停顿—连贯—停顿，间歇进行，做连贯动作时手脚和重心调整一定要到位，冲击到支点后要尽快恢复身体平衡。必要时选择好的地段稍事休息，放松双手。进行练习时可以把各个动作分解成几个步骤，细细体味各处细节，分析如何才能节省体力。这样做熟练了，实际攀登时就不用过多考虑，犹如条件反射般就能做出正确动作。

6.三点固定法

这也是基本的攀登方法，一次只移动一只手或一只脚，其他三点不动。

7.线路规划

一面岩壁安装着众多的支点，选择不同支点可以形成多条攀登线路。各人身体条件不同，也就有各自不同的最优路线。练习时可以先看别人的攀登路线，根据自己的身体条件选择一条最优路线，并锻炼自己的眼力，发现、规划新的线路。在正式比赛时，不能观看其他人的路线，必须自己规划，这就要对自己的身高、臂长、抬腿高度和手指力量等有较好的了解。在练习当中，一面岩壁，在已经能够登顶后，往往还有其他的利用价值。攀岩者可以通过规划不同的线路来增加难度，一般是自觉地限制自己，放弃一些支点，如放弃某几个大点，或故意绕开原线路上的某个关键点，或只使用岩壁一侧或中间的支点，或从一条线路过渡到另一条线路。

交叉手交叉脚技术

（三）保护技术

保护是攀岩运动得以安全进行的基本要素，是保护者运用攀岩绳索来制止攀登者坠落的一套系统，又称为保护系统。良好的保护可以安全地控制坠落者所产生的巨大力量，确保攀登者发生坠落时的安全，但保护者必须勤加练习保护技术才能熟练操作。

保护系统最简单的形式是用一条攀岩绳索来连接一个攀登者和一个保护者。该保护系统有三大要点：第一，是把控制攀岩者坠落的力量施予绳索的方法，即保护方法；第二，是良好的保护位置和姿势及牢靠的保护固定点；第三，是技术熟练的保护者。

1.保护技术在攀岩中的运用

攀岩保护系统是由攀登者和保护者各自连接在攀岩绳的一端组成的。当攀岩者向上攀爬时，保护者则连接到保护固定点上进行确保。固定点是牢靠地连接到地面的安全保护点，可以用岩石、树木等进行架设。当攀岩者突然发生坠落时，保护者能及时地在绳上施加控制坠落的力量以保护攀岩者的安全。

保护地点的选择要具备三个特点：一是架设保护固定点的良好地点；二是安全牢靠的地点；三是相对舒适的地点。

2.基本保护法

保护方法按照保护固定支点的相对位置可以分为上方保护法和下方保护法两种方式。

上方保护技术

（1）上方保护法。

上方保护法是指把保护固定点架设在攀登线路顶部即攀登者上方的保护方法，与之相对应的攀登方式为顶绳攀登。在攀登岩石峭壁或顶绳攀登时多采用上方保护法进行保护。在攀登者上攀的过程中，保护者要不断地收绳，使攀爬者胸前不留有多余的绳子，同时也不可把绳子收得过紧，以免影响攀爬动作。保护者一般要求两脚前后站立，身体的重心落在后脚上，前脚抵住一个突出物。在攀爬者发生意外时，两手迅速握紧绳索，下蹲，重心下降。上方保护对攀登者没有过多特殊的要求，并且在攀爬坠落时受到的冲击力量也较小、较安全。保护者要注意始终有一只手握住绳子的制动端。

操作程序为：① 攀登者与保护者各自做好准备（穿戴攀登、保护装备）。② 互相进行安全检查。③ 攀登者向保护者发出"开始"信号。④ 保护者向攀登者回答"可以开始"信号。⑤ 开始攀登与保护。⑥ 攀登者登顶后，发出"准备下降"的信号。⑦ 保护者发出"下降"的信号，并开始降下攀登者。⑧ 攀登者返回地面，并向保护者表示感谢。

注意事项：① 在攀登起步时，绳子应稍微收紧些，以防止攀登者一开始就发生脱落。② 要集中精力，密切关注攀爬者的行动，力求有一点预见性。③ 在任何时间都必须有一只手握住绳子的制动端。④ 要尽可能地选择最佳保护位置或姿势。⑤ 收绳时，双手要协调配合。⑥ 降下攀爬者时，要匀速缓慢。

（2）下方保护法。

下方保护法是指保护支点（固定点）位于攀登者下方的保护方式，与之相对应的攀登方式为先锋攀登。要求攀登者在攀爬过程中，不断把保护绳索扣入中间保护支点的钩环内（即快挂扣内）。当然，中间保护支点可以是预先设置好的，也可以是在攀爬过程中临时架设的。下方保护是先锋攀登唯一可行的安全保护方法，也是国际比赛中规定的保护方法。下方保护法要求保护者使绳索保持适当的松紧度，随着攀登者的上升迅速送绳，并且不能影响攀登者的攀爬和抽绳动作。在攀登者发生意外时，保护者要在攀登者冲坠到接近最低点、绳索将要被拉紧时，迅速跳起以缓冲攀登者下坠的力量，防止其腰部受伤。

【动作要领】① 尽量使保护者处在固定点与拉力方向所形成的直线上。② 制动手绝不可离开制动绳端。③ 给绳松紧适度，确保攀登者用绳顺畅。④ 在攀登者停止活动时，可以做出制动动作。

注意事项：① 攀登开始前，必须互相仔细检查。② 起步时保护者要站在攀爬者下方，张开双手保护，防止一开始就发生脱落。③ 保护者要集中精力，密切关注攀爬者的行动，力求有一定的预见性。④ 保护过程中，制动手始终握住绳子的制动端。⑤ 选择最佳的保护位置和姿势。⑥ 保护者双手协调配合，根据需要及时给绳、收绳，并保持绳子松紧适度、顺畅。⑦ 发生突然坠落时，要注意缓冲。⑧ 当攀登者处于或可能处于危险状态时，保护者要及时给予提醒。

三、攀岩竞赛规则

（一）比赛分类

现代攀岩比赛有速度赛和难度赛两种。最初我国的攀岩比赛以速度和高度来确定比赛成绩。例如，同一高度用时较少者则胜。为了尽早与国际登山协会接轨，使我国攀岩水平尽快提高，这两种攀岩比赛逐渐向国际化靠近。

（二）比赛难度

比赛的路线由专门的定线裁判员设计，路线的难易程度根据比赛水平的高低来定，可分为A、B、C三级，5是代表级别的系数，如5A、5B、5C。

（三）报到与隔离区

（1）所有具有资格参加该场比赛的选手必须在裁判长规定或大会印行或宣布的时间内报到并进入隔离区。

（2）只有以下指定人员允许进入隔离区：工作人员；主办会员联盟工作人员；具有该场参赛资格的选手；核准赛队的职员；其他经裁判长特别核准的人员。须注意动物不得进入隔离区。

（四）岩壁规格

（1）比赛必须在专为攀登比赛设计的人工攀登壁举行，其垂直高度至少为12米，宽度至少为3米，且足以设计长度至少为15米的路线。

（2）攀登壁的所有板面均能作为攀登使用。

（3）攀登不得使用板面的侧缘或上缘。

（4）如攀登路线必须在板面上划定边界，以与其他路线分开，此边线应连续且能被清晰辨识。

（5）攀登路线的起攀线必须清楚地标示。

（五）路线观察与练习

（1）路线观察期间，除非另有规定，各项目比赛已报到的选手在比赛开始前均有观察时间用来研究路线。赛队工作人员不得陪同选手进入观察区。所有在观察区的选手必须遵守隔离区的规定。

（2）观察时间由裁判长与国际前攀员磋商后决定，不得超过6分钟。

（3）选手在观察期间必须在指定的观察区，不得攀上板面或站在任何器材或桌椅之上。选手不得以任何方式与观察区外的人员联络，仅可向裁判长或分组裁判询问比赛的相关问题。

（4）在观察期间选手可以使用望远镜观察路线并以手抄方式绘图或笔记。其他观察或记录器材均不允许。选手可以触摸起攀点，但双脚不得离地。选手有责任充分了解所有关于比赛路线的规定与说明。

（5）选手除了在正式观察期间外不得取得任何路线的信息。

（6）观察结束后，选手应立即返回隔离区，任何不当延迟或违反裁判长或分组裁判指示的行为，将予"黄牌"警告，任何进一步的延迟将依据规定予以取消资格。

（7）路线练习：当比赛可事先进行路线练习时，裁判长在与国际前攀员磋商后，决定时间表、程序及选手练习时间的长度。

（六）成绩计算

比赛将难度赛、速度赛分开。难度赛主要是运动员必须在规定时间内完成攀登，如果不能完成则记录在规定时间内攀登的高度，如果在攀登过程中脱落，则以脱落时的高度为运动员的成绩，不计时间。速度赛则以时间为主，谁的速度快谁的成绩就好，但是，每次攀登必须登顶，否则成绩无效。

四、攀岩装备选择

（一）运动服装和鞋

1.运动服装
攀岩运动没有特定的服饰要求，普通运动服装即可。

2.运动鞋
在初级攀岩过程中，最重要的、必要的运动服装就是攀岩鞋。攀岩鞋是专门为攀岩运动设计制作的鞋子，一般用轻便、柔软、粘贴性强的橡胶为底——以方便攀岩运动员在岩壁上更好地使用蹬踏等技术动作；边缘的设计让脚可以踩稳很小的脚点；用橡胶包裹的踝部方便攀岩者可以在岩壁——尤其是负角度岩壁上用脚跟做出"勾"的动作。（图17-1-13）

图17-1-13

一般攀岩鞋的设计会将脚趾往拇趾的方向挤压，以便让力量集中到拇趾上，在岩壁上踩稳很小的脚点。攀岩爱好者为了可以更好地在岩壁上用力，往往会选择能紧紧包覆足部的鞋子，有些职业攀岩者甚至会选择比自己一贯尺码小很多的尺寸。因为人的足部形状不一，以紧紧包裹足部为设计目的的攀岩鞋，往往一个型号不能适应所有人的脚型。普通爱好者应该遵循让脚趾头稍微弯曲，但是丝毫不会产生痛感的标准，穿着太紧的鞋子会影响健康和表现。

（二）运动器材

攀岩运动是一项在高空进行的运动，所以在开展运动时需要有专门的装备进行保护。攀岩常用的技术装备有：主绳、安全带、保护器、主锁、头盔、扁带、快挂、镁粉和攀岩镁粉袋等。

1.主　绳

主绳如图 17-1-14 所示。

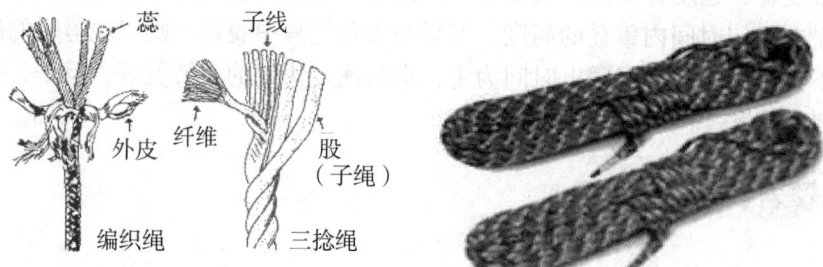

图 17-1-14

主绳是贯穿攀登者、保护点和保护器的结合线，是攀岩保护中不可或缺的生命线。主绳直径为 9～11 毫米，长度在 45 米以上，常用长度为：45 米、50 米、60 米、70 米，承受力在 1500 千克以上。内部是缠绕在一起的多股尼龙绳，外部包有绳皮起到固定和防磨的作用。辅助绳直径为 6～8 毫米，承受力在 800 千克左右。登山绳一般为尼龙制作，外有尼龙衣，有一定的弹性，两端分别与保护者和攀岩者相连。攀冰、登雪山时最好使用不吸水的干绳。只有通过 UIAA 或 CE 检测并带有其认证标志的主绳才可使用与攀登，不使用年限不明的主绳。

主绳使用中的注意事项：绝对避免在锐利的岩角上横向切割；不可踩踏或在地上拖拽，以防岩屑、细沙进入纤维造成内部磨损；避免接触油类、酒精、汽油、油漆和酸碱性化学药品；每次使用前后进行检查，定期淘汰；不用时存放于阴凉、干燥处。

2.安全带

安全带如图 17-1-15 所示。

安全带是穿在攀登者身上，承载因攀登者脱落或下降产生的重量和冲力的工具。安全带的腰带为主受力部分，其余腿带等则为了舒适、便利而设计。

穿安全带时一定要将腰带从腰带扣反穿回去，否则受力时有拉开的危险；反穿后的带头长度须在 10 厘米以上，短于 10 厘米则需换更大型号的。

攀登之前攀登者和保护者要互相检查安全带是否穿戴正确。只有腰带和保护环是承重的，其他部分不可承载人体重量；装备环的承重在 5 千克以下。

腰带、腿带上带有宽厚海绵垫的安全带，舒适但笨重，适用于室内攀登、攀岩定线工作；竞技攀登时需要轻巧型安全带；传统攀登或器械攀登时，要考虑装备环的数量和位置是否合适。

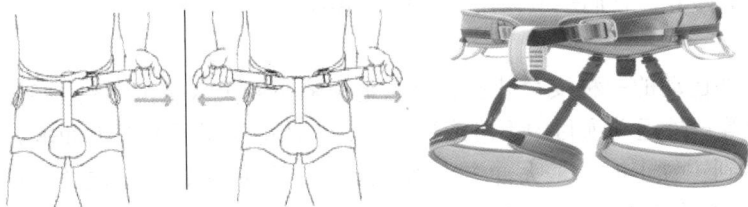

图 17-1-15

3.保护器

（1）8字环类保护器。（图 17-1-16）

8字环类保护器是最普遍的保护器下降器，它的特点是没有复杂的机械机关，在使用的时候不会出现机械性的故障。8字环的使用方法也相对简单，它本身是左右对称的封闭金属环，没有制动端和攀爬端之分，在装绳时只要按照通常的方法操作就可以了。其不同的造型是为了调节绳子的形变角度和改变摩擦力的大小而设计的，如C型和D型。

使用方面：8字环对所使用绳子的直径要求不是特别高，适用范围相对比较大。例如A型的8字环的大环适合直径8.3毫米以上的绳子，反过来，A型的小环就适合直径8.3毫米以下的绳子了。

（2）ATC类保护器。（图 17-1-17）

图 17-1-16

图 17-1-17

ATC是近年来除了8字环以外，使用最为广泛的一类保护器了。它本身相对机械性保护器的结构来说要简单许多，操作和8字环一样简单。但与8字环相比较最大的优点是绳索过锁后不容易发生卷曲缠绕。另外，ATC是靠制动端下压产生绳索形变而增大摩擦力的，因此ATC一般都分制动端和攀爬端。在装绳时要注意保护器上图例要求的绳索走向。

使用方面：ATC对所使用绳子的直径要求比8字环严格，一般为8.3～12毫米，如E/F/H型的。但如果ATC需要和直径小的绳索相匹配，那就要选择小直径的ATC了，例如，G和H，G的直径是7.5～8.2毫米，H的直径是8.1～11毫米。

（3）机械性制动类保护器。（图 17-1-18）

相对于8字环类保护器和ATC类保护器来说，机械性制动类保护器的操作要复杂得多。特别是安装绳上有非常严格的规定，一旦操作错误会直接发生致命的危险。

机械性制动类保护器在使用方面和8字环类、ATC类保护器相

图 17-1-18

比较也存在很大的差异。它们一般只用于下降（单绳）和顶绳保护（单绳）。

4. 主　锁

主锁作为户外运动的一种安全装备，有力地保障了相关人员的生命安全，其在攀岩、登山、探洞、速降等户外运动项目中不可或缺。因为人体能够承受的最大冲击力为 12 千牛，所以当冲击力传达到主锁上时，最大冲击力为 18 千牛，因此主锁的纵向关门拉力必须大于 18 千牛（1 千牛 ≈ 100 千克力）。（图 17-1-19）

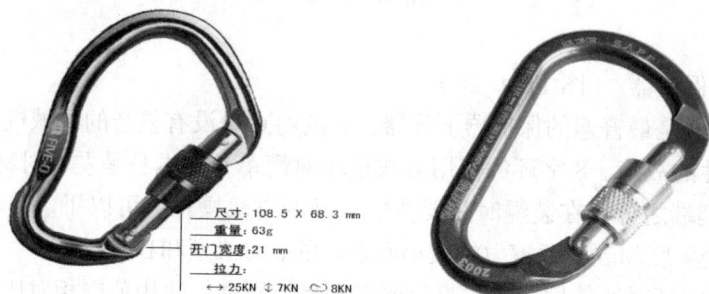

尺寸：108.5 × 68.3 mm
重量：63g
开门宽度：21 mm
拉力：
⟷ 25KN　8 7KN　8 8KN

图 17-1-19

当发生以下现象时，应及时更换主锁。

（1）当磨损处的凹槽超出主锁直径的 1/4 时。

（2）当主锁的锁门不能正常开关时。

（3）当锁门的螺丝扣不能正常关闭及扭开时。

（4）当主锁与化学药品接触后。

（5）当主锁自高处摔落到坚硬地面后。

（6）当主锁受到强烈冲击后。

（7）当不确定主锁是否能继续使用时，请咨询经销商。

5. 头　盔

在攀岩中，头盔能够有效防止落石以及非正常脱落姿态所带来的头部伤害。头盔要端正佩戴才能护住前额后脑及侧面。出现落石时千万不要仰头观望或以手抱头，无处可躲时则让头盔发生作用。（图 17-1-20）

图 17-1-20

6. 扁　带

在保护系统中作为软性连接，主要有机械缝制和手工打结两种。一般机械缝制的成型扁带可抗拉力达 22 千牛，而手工打结的扁带绳套则很难达到 20 千牛。（图 17-1-21）

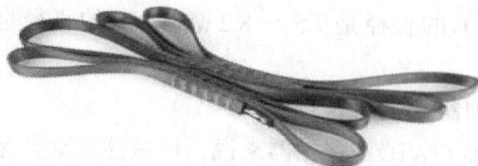

图 17-1-21

7. 快　挂

扁带的两端分别连接一个铁锁称为快挂，使用时一端扣入保护点，一端连接人体安全带或主绳。因为快挂两端的铁锁都不带丝扣，所以存在不慎打开或收力压开的危险，所以当只有一个快挂时，不能将快挂作为固定保护点使用。先锋攀登或传统攀登通常在路线中使用快挂作为临时保护点，此时主绳的扣入方式和快挂的开口方向就非常重要。其要求主绳从快挂与岩壁之间穿入，从外侧穿出，也就是说攀登者这一端的绳头在外侧；若路线存在横向走向，快挂扣入端的铁锁门要朝向路线走向的反方向，如路线是从左至右，则铁锁开口须朝左，这样可防止绳子压开铁锁门。（图 17-1-22）

图 17-1-22

8.镁粉和攀岩镁粉袋

镁粉的学名叫"碳酸镁"，是一种白色、无味的粉末，其作用是吸收手上的汗液，保持手掌的干燥，这有助于保证手与岩壁的摩擦力，使得攀登更加有效。镁粉可分为粉状镁粉、块状镁粉和液体镁粉。粉状镁粉比较普及，在体操、举重等运动项目中较为常用；块状镁粉是把粉状镁粉压缩成十厘米见方的小块，以便于储藏和运输，使用时可以将其掰成小块或粉末状；液体镁粉是由碳酸镁、酒精等物质混合而成，用的时候将液体镁粉挤在手上，均匀地涂满整个手掌，由于遇到空气后酒精会迅速挥发，所以镁粉便均匀地附着在整个手上，通常竞技攀岩选手在比赛前会使用这种镁粉。（图 17-1-23）

图 17-1-23

从前镁粉都是体操运动员专用的，随着攀岩运动的兴起，镁粉已经和攀岩鞋一样成了攀岩不可缺少的装备。攀岩者会把镁粉装在一个小袋子里，在攀爬的过程中不时粘取一些。装镁粉的小袋子叫作镁粉袋，可以买到，自己动手做也很方便，唯一需要注意的是制作的时候要注意袋子的大小，试着将一只手放到里面，如果刚好可以放进去，则袋子的大小就合适。

第二节　拓展训练

一、拓展训练概述

（一）起源与发展

拓展训练，英文为outward bound，又称外展训练，意思是一艘小船离开安全的港湾，开始勇敢的探险旅程。该项目起源于第二次世界大战期间的英国。当时盟军大西洋商务船队遭到德国纳粹潜艇的袭击，大部分水手在运输船被击沉后葬身海底，只有极少数人得以生还。但人们却发现，每一次灾难过后都会有一小部分人能够活下来。一些心理学家和军事专家对此进行的研究发现：当劫难来临时，决定决定一个人能否生存最关键的因素不仅是体能，更是心理素质。那些少数幸存者有着丰富的经验和阅历，在灾难来临时他们沉着冷静，怀着坚定必生的信念，团结一致，互相依赖，最终摆脱了葬身海底的命运。而大部分人被恐惧和沮丧击溃了心理防线，体力急剧下降，在无序和混乱中挣扎，最终死亡。在某些关键时刻，决定命运的不是体能，而是心理和思维。

目前，拓展训练已遍及世界许多国家和地区，总部设在英国的户外训练学校Outbound School，已在全球设立30多所分校，是世界各地拓展训练活动的中心，受训人员包括学生、家长、教师、企业人员和各级管理人员。

（二）特　点

1.强调协作性

培养团队精神是设计拓展训练的核心，因此设计项目时必须包含集体项目。以集体身体活动为形式设计的团队项目，要求项目的完成要依赖集体的团队协作。在拓展训练中，一个人的力量再强也不代表成功。在整个团队中，每个人都是必不可少的一部分，在这里1加1不等于2，而是更多，成员之间互相信任、互相激励、互相学习、互相帮助，在训练中，每个人都能充分体会到其中的乐趣，也可以清楚地看到自己的价值所在。

2.自我挑战和超越

拓展项目设计时要求提高学生的心理承受能力，提高他们对挫折的适应能力。通过创设一定的现实情境，让学生经受躯体磨难、心理冲击，加强意志、魄力和挫折排解力的训练，最终使学生能够经受住残酷的打击，使学生有这样一种体会：那么艰难的处境都挺过来了，世上还有什么困难不能战胜。

3.鼓励创新

拓展训练过程能够体现学生智慧的闪光点。通常在拓展训练中，都存在一个怎样完成任务才能做到最快、最好的问题，这就需要学生相互讨论、设计不同的解决方法。这样就给学生留下了解决这些问题的思考空间，有利于促使学生积极开动脑筋，以最佳的方式完成任务。创新是拓展训练中学生主体参与的一个重要体现。

为了更好地体现创新性原则，教师在设计拓展训练时，应该在规则允许的范围内尽可能多地留有完成任务的多种方法的选择余地，这样就能不断地开拓学生的想象力和创造力，提高他们的智力水平，这也是拓展训练的价值所在。

4.知识性、趣味性和多样性

拓展训练是一种集体育、教育、旅游、探险、娱乐、休闲等多种功能为一体的新型综合性项目，在项目设计中必须体现它的综合功能，而不是突出它在某一方面的单一性能，否则就会削弱它的内在意义，甚至动摇它的存在价值。所谓知识性，主要体现在它的体育和教育功能中；所谓趣味性，主要体现在它的旅游和娱乐功能中；所谓多样性，主要体现在它的探险和休闲功能中。

5.微型社会

拓展训练的项目设计要求有一定的规则，以提高学生遵守规则的能力。在这个基础上，项目设计要求培养学生健康的人际关系，培养一个互相信任、协作默契的团队，增强团队的稳定性和学生的归属感、事业心、向心力。

二、拓展训练项目介绍

（一）沟通项目

1.你是我的眼

（1）项目目标。

发展体能；培养学生的领导才能与语言表达能力；培养学生聆听与信任别人的能力。

（2）场地器材。

在操场内找一块长30米、宽20米的场地，利用实心球、海绵垫、小旗、锥桶等布置障碍；若干眼罩。

（3）人员要求。

全班学生。

（4）项目布置。

把全班学生分为两人一组，盲人（选择其中一人）在起点处戴上眼罩，一人在场外进行指挥，当盲人碰到障碍物时，必须停止前进，在原地等待5分钟后，再继续前进。两组同时进行，看谁先通过障碍到达终点线。

（5）注意事项。

① 场地布置时不要选择一些可能在进行中造成伤害的物品作为障碍物，注意障碍物的安全摆放。② 当障碍物被碰出原位置时，由不进行项目的学生主动恢复。③ 注意随时保护戴眼罩学生的安全。④ 项目设置时、可以灵活多变，如两个为盲人，一个为正常人。

（6）引导讨论。

① 当项目开始时，戴眼罩的人与指挥者分别有什么心理活动？如自信心、信任程度、对成功的渴望程度等；② 项目进行中，戴眼罩的人与指挥者要进行什么样的协调工作？③ 项目结束后，戴眼罩的人与指挥者分别有什么心理活动？

（7）项目分享。

① 语言表达能力是良好沟通的保证。② 对同伴负责就是对自己负责。③ 体会认真、细致与准确的重要性。④ 体会行动中同伴与自己的关系。

2.孤岛求生

（1）项目目标。

发展体能；培养学生主动沟通、信息共享的能力；培养学生认识个人成功与集体成功的互相依存关系。

（2）场地器材。

在操场内找一块平整的场地，挡板若干，2块木板，1个空的水桶，3个网球，跳绳若干，眼罩若干。

（3）人员要求。

全班学生。

（4）项目布置。

用挡板围成4个岛屿，分别是幸福岛、盲人岛、哑人岛、健全人岛。把全班学生分成3组，一组是盲人（戴眼罩），居住在盲人岛，岛上有3个网球，离岛两米处有一个空水桶，要求盲人在最短的时间内把1个球投到桶里面去，才能移动到幸福岛；一组是哑人（永远不能讲话），居住在哑人岛，岛上有2块木板，只有移动木板才可以到达幸福岛，但只要有落水者即被冲到盲人岛；一组是健全人（既能讲话又看得见），居住在健全人岛，没有任何器材，要求他们要连续完成500次跳绳，然后才能移动到幸福岛上，落水者即被冲到盲人岛，健全人可以指挥哑人和盲人。

（5）注意事项。

① 项目要严格按照规则进行。只有完成了自己的任务才能离开自己的岛屿去幸福岛，并且只能借助木板移动。② 提醒学生注意完成项目的时间。

（6）引导讨论。

① 面对复杂的情景与琐碎的事物，决策层是怎样完成自己的决策的？② 哑人和盲人是如何贯彻决策的？他们是如何与决策层进行协调的？

（7）项目分享。

① 盲人岛、哑人岛、健全人岛分别相当于一个团队的基层、中层和决策层，决策层常常会被琐碎的事物所烦扰，不能科学决策。② 主动双向沟通，中层对自己解决不了的问题应及时向决策层汇报。③ 基层要发挥能动性，共同参与项目进程。④ 分清主要目标与次要目标。⑤ 确立整体观念，打破不同集团利益的壁垒。⑥ 突破思维定式，充分利用规则。

（二）破冰项目

1.直呼其名

（1）项目目标。

发展体能；培养学生的语言能力；培养学生的注意力与聆听能力。

（2）场地器材。

在操场内找一平整的场地，准备网球或乒乓球若干。

（3）人员要求。

全班学生。

（4）项目布置。

把全班学生分为人数相等的两组，每组学生手拉手围成一个圆圈，把手放下。项目从圆圈中的某个学生开始，这个学生拿着1只网球，递给左边的同伴，然后大声喊出自己的名字。接球者同样向左边传球，喊出自己的名字，一直传下去，直至球回到这个学生手中。接着，改变项目规则，还是向左边同伴传球，要求接球同伴喊出传球人的名字，直至球传回到这个学生手中。然后把上述步骤再练习一遍，方向是向右边同伴传球。做完后打乱原来的顺序，重新组成圆圈，再加进一两只球进来，项目继续进行。

（5）注意事项。

传球时不能扔球，要把球递到同伴手中。

（6）引导讨论。

① 你记住几个人的名字？你忘了几个人的名字？② 在项目进行中，你的注意力集中了吗？③ 这个项目对你有什么启发？

（7）项目分享。

① 在信息传递中要记住对你有用的情节。② 在紧张的工作中保持镇静的心理可以收到较好的效果。

2.团队建设

（1）项目目标。

发展体能；促进学生相互了解，使团队快速"融冰"，形成热烈的团队氛围。

（2）场地器材。

在操场内找一空闲的场地。

（3）人员要求。

全班学生。

（4）项目布置。

把学生12～15人分成一组，每组学生进行自我介绍后，任命队长，起队名，设计队训、队歌与队徽，完成后各组进行展示。

（5）注意事项。

① 要求每组学生在一定的时间内完成任务。② 教师对学生互相了解的程度进行检查。

（6）引导讨论。

① 你认为自己的精神风貌展示出了没有？② 在你了解本组同伴时，你都记住了哪些人？

他们的什么特点使你印象深刻？③ 你介绍自己时有没有突出重点？听听别人对你的印象。如何引起别人对你的注意？

（7）项目分享。

① 针对不同的谈话对象，谈话的侧重点不同。② 表达时一定要注意对方的眼睛。③ 要让别人把话讲出来。

（三）团队合作项目

1.空中钻洞

（1）项目目标。

发展体能；培养学生团结一致、克服困难的精神。

（2）场地器材。

在操场内找有大树的场地，在大树离地约 2.5 米的空中利用树杈挂一个轮胎。

（3）人员要求。

全班学生。

（4）项目布置。

所有的学生都要通过轮胎的中心，即从轮胎的一边到另一边。

（5）注意事项。

① 保证过轮胎的学生的安全。② 轮胎的直径要以基本能通过人为佳，不能太大，也不能太小。③ 不能让过轮胎的学生直接吊在轮胎上。

（6）引导讨论。

① 在项目过程中，你体会到集体的合作了吗？说说你与集体的关系。② 在项目刚开始时，你感觉有难度吗？当第一个人通过后，你的想法如何？面对不同身体条件的同伴，你们是怎么处理的？

（7）项目分享。

① 感受集体合作的快乐。② 面对一项困难的任务时，有计划地进行组织，协调力量，争取更大的胜利。③ 每个人都可以在团队中发挥作用。

2.“鳄鱼”潭

（1）项目目标。

发展体能；培养学生团结一致、相互鼓励、克服困难的精神。

（2）场地器材。

在操场内找一平整的场地，画一个半径为 3 米的深潭。25 米长的绳子 1 根，箱子 1 个。

（3）人员要求。

全班学生。

（4）项目布置。

把全班学生分成两组，把箱子放在潭中央，每组利用 25 米长的绳子，从潭中央取出箱子，箱子里面有一把打开金库的钥匙。在行动中，由于潭内有“鳄鱼”，人触及潭面或落入潭中将被“鳄鱼”吃掉，不能继续参与项目。

（5）注意事项。

教师规定完成项目的时间。

（6）引导讨论。

① 方案是怎么制订的？为什么那样制订？② 你发表你的想法了吗？你的想法得到大家认可了吗？

（7）项目分享。

① 感受集体合作的快乐。② 面对一项困难的任务时，从策划、决策到实施是必需的过程。③ 要学会倾听别人的观点，以形成良好的决策氛围。

（四）个人挑战项目

1.救护伤员

（1）项目目标。

发展体能；感受在危急时刻，时间就是生命，激发学生奋不顾身的精神。

（2）场地器材。

操场内邻近看台楼梯的一块平整场地。

（3）人员要求。

全班学生。

（4）项目布置。

把全班学生分成人数相等的两组，一组作伤者，一组进行救护。在整个救护过程中，伤者不能碰到地面。将伤者尽快救护至看台上的安全地带。一组做完后，交换角色。计算每组完成项目所用的时间，以时间少者为胜。该项目也可以设计成其他比赛场地。

（5）注意事项。

① 项目开始前，教师做好情景动员。② 项目结束后，教师要举例说明该项目的现实意义。

（6）引导讨论。

① 你在筋疲力尽的时候有没有畏惧面前的任务？你的心理状态如何？② 在危急时刻，头脑冷静，最大限度地发挥个人作用。

（7）项目分享。

① 灾难面前，冷静会产生意想不到的效果。② 有时候沉默是金。

2.软网攀登

（1）项目目标。

发展体能，挑战个人心理极限。

（2）场地器材。

软网1架，保护绳2～3根，大海绵垫子2块。

（3）人员要求。

全班学生。

（4）项目布置。

由教师进行示范讲解，男生先做练习，然后女生做练习。

（5）注意事项。

做好安全保护工作，在网下放置 2 块大海绵垫子，全班学生在网下保护，同时鼓励翻越软网的同学。

（6）引导讨论。

① 当你还没有翻越软网时，你是如何看待其他学生翻越软网时的表现？② 你在翻越软网的一瞬间有没有恐惧感？你是如何克服的？③ 当你从软网上下来后，你又是如何看待同伴在网上的表现的？

（7）项目分享。

① 体会换位思考。② 思考如何战胜自己的心理怯懦，提高自己的心理极限。

三、拓展训练的风险防控

安全是拓展训练的生命线。在拓展训练的设计、组织过程中应强化安全第一的思想。由于拓展训练通常利用瀚海大川和高山峭壁来培养人与自然斗争的能力，培养人的自信心和团队合作能力，它们通常利用一些危险地势如高空项目来达到锤炼人生、提高能力的目的。因此，在项目设计时必须考虑项目的安全性原则，即使在平地上进行的一些拓展训练也要求场地、设施没有任何尖棱角和较硬的物体，不会因撞击、不会因摔跤而造成伤害等。同时拓展训练还要特别防止人为的伤害。因为有时在比赛过程中学生之间难免会发生一些矛盾、冲突，教师应及时进行观察，必要的时候进行指导，简要地说出正确的行为方式，让他们及时化解矛盾，继续学习，直至完成。在上课过程中必须遵循以下几点原则。

（一）备份原则

任何需要安全防护的地方及器械都有备份，确保万无一失。

（二）复查原则

所有的安全保护在准备完毕后都要再复查一遍，消除操作失误的可能性。

（三）监护原则

教师对项目进行中可能遇到的安全问题进行全程监护，将隐患消除在萌芽中。

（1）安全保障：完善的安全管理体系、随时随地的安全意识、国际认证的器材装备、严格规范的操作方法、多年积累的实战经验。

（2）安全管理三要素：消除物的不安全状态、杜绝人的不安全行为、控制环境的不安全因素。

由于一部分拓展训练的课程要求学生在空中完成攀登、跳跃、行进、下降等动作，为了确保学生安全，还应该确认校方或学生本人是否已经购买人身意外保险。

第三节 定向越野

一、定向越野概述

（一）起源与发展

19 世纪末 20 世纪初，欧洲北部斯堪的纳维亚半岛广阔而崎岖不平的土地上覆盖着一望无际的森林，散布着无数的湖泊，城镇、村庄稀疏散落，人们的交通主要是依靠那些隐现在林中湖畔的弯弯曲曲的小路。在这样的地理环境中生活，想穿越茫茫林海是十分困难的。正因为如此，那些最为经常在斯堪的纳维亚半岛山林中行动的人们——军人，便成了开展定向越野的先驱。

1897 年 10 月 31 日，第一次面向民众的定向越野比赛在挪威举行（仅有 8 人参加），其后在挪威还举行了一些小规模的比赛。到了 20 世纪初，定向越野在挪威销声匿迹，但却在瑞典得到逐步重视。1919 年 3 月 25 日，在斯德哥尔摩南部的林中举行了一次影响深远的定向比赛（有 217 人参加）。它的组织模式与规格标志着定向越野成为一个独立的体育项目，结束了它在长期的探索阶段。因此，时任瑞典斯德哥尔摩体育联合会主席的吉兰特便被人们视作现代"定向运动之父"。由于这个比赛适应的人群广泛，既能提高人们在野外判定方向的能力，又能促进人们使用地图的能力，培养和锻炼人的勇敢顽强精神，场地与器材的花费也不多，并且娱乐性与实用性兼备，因此人们对它的兴趣就如星火燎原一样传播开了。

为使定向越野在全世界得到更好、更健康的发展，1961 年 5 月，十几个国家的定向运动积极分子在丹麦首都哥本哈根成立了国际定向运动联合会，科学地划分、确定了全世界统一的正式定向运动项目、主要赛事、主要比赛项目、比赛规则与技术规范。

（二）特点与功能

1. 特　点

定向运动的特点因运动者的不同具有一定的层次性。定向运动作为一项传统的军事训练科目，表现出团队性、限时性、负重性等特点；定向运动作为一项群众性体育活动，具有广泛性、健身性、娱乐休闲性等特点；定向运动作为一项新兴的竞技体育项目，表现出专业性、综合性、竞争性等特点。

2. 功　能

（1）定向越野可根据不同性别、不同年龄编组，赛程可远可近，难度可大可小，因此是一项男女老少皆宜的群众性体育运动项目。

（2）定向越野具有浓厚的趣味性、娱乐性。参赛者根据地图标明的运动方向，对照地图与实地，选择运动路线，寻找检查点，所以比单纯的赛跑更能提高参赛者的兴趣，整个运动具有旅游特点。

（3）定向越野与其他比赛一样，具有激烈的竞争性。它不仅是体力方面的竞争，更是智力和技巧方面的竞争。

（4）定向越野还具有一定的知识性和军事意义，对于普及全民识图和用图的知识，加强国防建设大有好处。在青少年群体中开展这一项目，对于调节其学习、工作情绪，增强体质，丰富地理知识，尤其对于培养其自我生存能力，启发智力有独特的好处。

二、定向越野基本技术

（一）识图及用图技能

在定向越野中，必须首先标定地图，即保持地图的方位与实际地形的方位一致，这就是给地图定向，它是定向越野中最重要的技能。定向地图应边走边对照，随时确定自己在地图上的位置，做到"人在路上走，心在图中移"。

1.概略标定地图

在定向越野中，地图的方位是上北下南左西右东。只要使地图的上方与现地的北方同向，地图即被标定。

2.指北针标定地图

指北针是定向越野中最重要的仪器，它是找到正确方向最有用的工具，也是定向越野中可使用的合法工具。指北针的红色指针永远指向北。

使用指北针给地图定向的方法如下：

（1）将地图与指北针都水平放置；

（2）佩戴的指北针水平放置不动，转动地图直到地图上的指北线与指北针红色的指针平行，此时地图即被定向。具体方法如下：

① 把指北针套在左手拇指并水平放置在地图上，接着将指北针上右侧的蓝色箭头从自己所在的位置指向你要行进的位置；

② 水平转动指北针和地图（你的身体也随着转动），直到指北针上红色的指针与地图上表示南北线的北箭头同方向；

③ 此时指北针上蓝色箭头所指的方向就是你要行进的正确方向。

3.利用直长地物标定地图

利用直长地物（如道路、土垣、沟渠、高压线等）标定地图，首先应在图上找到这段直长地物，概略标定地图后，使地图上的直长地物符号与现地直长地物方向一致，地图即已标定。

4.利用明显地形点标定地图

在明显地形点上使用地图时，可确定站立点在图上的位置。方法是选择一个地图上与现地都有的远方明显地形点作为目标点，并转动地图，使地图上的站立点至目标的连线与现地的站立点至目标的连线相重合，地图即已标定。

5.确定站立点

标定地图后，就应立即确定站立点在图上的位置，这是在现地使用地图的关键。具体方法有直接确定法、目估法和交会法等。

（1）直接确定法。

当自己所站的位置在明显地形点上时，只要从地图上找出该地形点，站立点即可确定。现地可称得上明显地形点的地物包括房屋、塔、桥梁、围栏和输电线等；可称得上明显地形点的地貌包括山地、谷地、洼地、鞍部、冲沟、陡崖、山脊和陡坡等。

（2）目估法。

利用明显地形点，采用大致估计的方法确定站立点在地图上的位置。

（3）交会法。

常用的方法有90°法、截线法和后方交会法。

① 90°法：当待测点位于线状地形（如道路、沟渠、山背线、谷地和陡坡交换线等）上时，如果在与运动方向相垂直的方向上能够找到一个明显地形点，则线状地形符号与垂直方向线的交会点即为站立点。

② 截线法：当待测点位于线状地形上，但在与其运动方向相垂直的方向上没有明显地形点时，可以采用此法。其步骤如下：在线状地形的侧方选择一个图上与现地都有的明显地形点，利用指北针的直长边缘切于图上明显地形点的定位点上，然后转动指北针，使其直长边照准该地形点，沿指北针的直长边向后画方向线，该方向线与线状地形符号的交点，就是站立点在图上的位置。

③ 后方交会法：当待测点上无线状地形可利用，而且地图与现地都有两个以上的明显地形点时可采用此法。运用此方法时，通常要求地形较开阔，视野良好。其步骤如下：在图上找到选定的方位物之后，标定地图；然后按照截线法的步骤分别向各个方位物瞄准并画方向线，图上方向线的交点就是站立点。

（二）选择路线的技能

什么是最佳行进路线？简单来说是最安全、省时间、省体力，且便于发挥自己的运动技能及体能优势的路线。路线选择应遵循的原则如下：

（1）有路不越野原则。这样运动员容易确定站立点，且路面易奔跑，更能增强运动员的信心。

（2）走高不走低原则。也就是从上到下法，这样运动员站得高、看得远，有利于确定站立点和保持行进速度。

（3）提前绕行法原则。在定向比赛中，运动员必须超前读图，提前思考，明确下一个目标点，通观全局，提前选择好最佳的迂回运动线路。

（三）保持正确行进方向的技能

选择最佳路线后，运动员必须采取相应的方法，才能确保正确的行进方向，安全到达目的地。常见的方法有记忆法、拇指压法、"扶手"法、简化法等。

1.记忆法

采用此法一般是按线路行进的顺序，分段记住路线的方向、距离、要经过的地形点、周围的参照（辅助）物。运用记忆法时，运动员应做到"人在地上跑，心在图中移"。这样可以减少读图时间，提高运动成绩。

2.拇指压法

在定向越野中运动员常把拿图手的拇指想象为自己（即缩小到地图中的自己），当运动员向前运动时，其拇指也在地图上做相应的移动，这种方法称为拇指压法。拇指压法可以随时帮助运动员确定自己在地图中的位置。

3."扶手"法

在定向越野中，"扶手"是指运动员把现地中的线形、地形，如各种道路、溪流、输电线、地类界等地貌比喻为人们上下楼梯时的安全扶手，作为行进的"引导"。利用这种方法运动员能较为容易和安全地到达目的地，也使运动员增强了比赛的信心。

4.简化法

运动员在读图时要学会如何概括地形和简化地图。尤其是在一些零碎而杂乱的区域时，更要注意概括该区域的地形结构，突出主要的地形特征，从而把复杂的地图在脑海中描绘成一幅简化了的地图。

（四）正确寻找检查点的技能

运动员到达检查点附近后，如何正确捕捉目标点是十分关键的。掌握以下方法能有助于迅速捕捉目标点。

1.偏向法

如果运动员要穿越一块没有明显特征的地带而要寻找一个交叉口、一条路的尽头或面状地物的侧顶点时，不能正对着这一目标点直接去找，而是采用稍微偏离目标点方向瞄准的方法，然后再顺着找到目标点。（图 17-3-1）

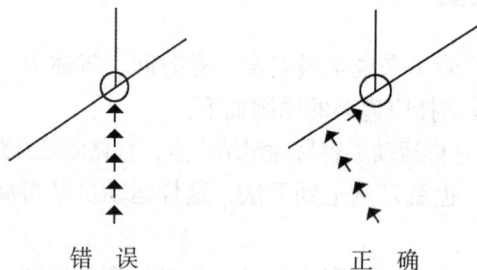

错误　　　　　　　正确

图 17-3-1

2."放大法"

"放大法"要求运动员在寻找检查点时尽可能地扩大视野，并从目标点附近大的、明显的地形点找起，然后再找检查点。如果目标点所在地较小，运动员只是看很小的一点地形，是很难找到它的。（图 17-3-2）

3.借点法

如果检查点周围有高大的、明显的地形点或地物时，可采用借点法。运动员在行进之前，必须先将地图中的目标点（如地形或地物）辨认清楚，在行进中先找到这些目标点，然后再利用它来判断检查点的具体位置。（图 17-3-3）

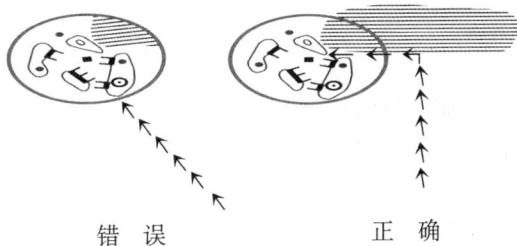

错　误　　　　正　确

图 17-3-2

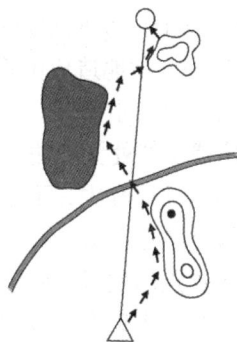

图 17-3-3

三、定向越野竞赛规则简介与欣赏

（一）规则简介

1.犯　规

有下列行为之一者即为犯规，应取消比赛资格：

（1）有意妨碍他人比赛（包括犯有同一性质的其他任何不良言行）者；

（2）蓄意损坏点标、点签和其他比赛设施者；

（3）比赛中搭乘交通工具行进者；

（4）未通过全部检查点，而又伪造点签图案者。

2.违　例

有下列行为之一者被视为违例，应给予警告。裁判员将根据违例的性质和程度，采取从降低成绩直至取消比赛资格的处罚：

（1）在出发区越位（提前）取图和抢先出发者；

（2）接受别人的帮助，如指路、寻找点标、使用点签者；

（3）为别人提供帮助，如指路、寻找点标、使用点签者；

（4）为从对手的技术中获利，故意在比赛中与对手同路或跟进者；

（5）故意不按比赛规定顺序行进者；

（6）不按规定位置佩戴号码布者；

（7）有其他违反比赛规则行为者。

3.成绩无效

有下述情况之一者，比赛成绩将被判为无效：

（1）有证据表明在比赛前勘察过路线者；

（2）未通过全部检查点，即检查卡片上点签图案不全者；

（3）点签图案模糊不清，确实无法辨认者；

（4）在检查卡片上不按规定位置使用点签者；

（5）在比赛结束（指终点关闭）前不交回检查卡片者；

（6）超过比赛规定的终点关闭时间（检查点一般也在同一时间撤收）而尚未返回会场者（如确系迷失方向，应向附近任意一条大路或原检查点位置靠拢，等候工作人员的处置）；

（7）有意无意地造成国家或他人的重大经济损失和破坏自然风景者，由此带来的一切后果，责任由肇事者承担。

4.特殊情况的处置办法

在定向运动比赛中，下述特殊的情况是可能出现的：

（1）检查点被无关人员拿走或遭自然破坏；

（2）检查点的位置与图上的位置不符；

（3）比赛中出现个人或团体的成绩完全相等。

对于这类问题，通常应在比赛前的准备阶段由筹备组长领导各委员仔细研究，确定处置办法，形成文字，由技术委员在制订比赛规程时列入。如果这些问题出现在比赛的过程中，则应由裁判长决定处置办法。当某个小组成员对裁判长的决定有异议时，应经比赛领导小组组长同意，召集全体成员，以举手表决的方式另行选择处置办法，但必须获得3/4以上的票数通过。对于在比赛后提交到领导小组的诉讼，原则上也应按此办法处理。

（二）欣　赏

随着定向越野的发展，尤其是百米定向（或叫"微型定向"）的出现，极大地解决了定向越野传播的局限性和观赏性难题。目前，主要从两个方面对定向越野比赛进行欣赏：

1.比赛的地图、实地地形欣赏

一场定向越野比赛能否成功举办，能否最大限度地体现和发挥运动员定向越野竞技水平与能力，与实地比赛地形的选择有关，与定向地图的制作有关，与比赛路线的设置有关，与场地裁判员现场的执裁有关。一场成功的定向越野比赛，对于运动员来说是一次真正的美的体验，他们在比赛中，尽情地穿梭于丛林野外，尽情地投入体能与智能的较量和挑战当中。好的比赛地形，好的比赛地图，好的路线设置将给运动员、裁判员和教练员带来定向越野美的享受与刺激。

2.比赛项目欣赏

定向越野比赛，是运动员体力、智力、心理素质、反应和果断的决断能力、判断能力的较量，是力与美的结合，是人与自然的结合。运动员在美丽的比赛场地的奔跑、穿梭，本身就是一个美的过程，就是一次自我欣赏的过程。

（1）个人项目。

欣赏运动员的技术发挥，欣赏运动员对地形的认知能力，欣赏运动员在比赛场地的奔跑、停顿、徘徊，欣赏运动员的自信、执着。个人项目中最适合欣赏的是百米定向赛，它的出现极大地推动了定向越野对外的推广与传播。在百米定向赛中，运动员所有的比赛场景、裁判员大部分的执裁过程都可以得到极大的展示，观众、媒体可以从各自需要的角度出发，去欣赏定向越野开展的全部过程。部分百米定向比赛，赛事组织者为了增加比赛的观赏性，在比赛现场还添加了音乐效果，运动员在高昂、激进的音乐声中奔跑、竞技，给观众以美的享受。

（2）团队项目。

欣赏运动员的团队协作与互助，欣赏运动员的分点的果断、接力赛的期盼，欣赏运动员在终点的兴奋、激动与焦虑，欣赏临近终点时运动员你追我赶的激烈场面。

四、定向越野装备选择

（一）运动服装和鞋

多选择便于奔跑，轻盈、舒适、透气的服装，在脚踝和小腿部分有收紧系统的裤装或者绑带。在鞋子的选择上，以具有防滑、透气、防水等功能的户外跑鞋为宜。

（二）运动器材

1.指北针

辨别正确方向最有用的工具是指北针，它是定向越野中可以使用的合法工具。目前，国际上的定向越野比赛常使用由透明有机玻璃材料制造的指北针。

2.定向地图

地图是定向运动最重要的器材，它的质量好坏直接关系到比赛过程是否安全、结果是否公正。因此，国际定向联合会专门为定向运动比赛制定了《国际定向运动图制图规范2007》，规定比例尺通常为 1 ： 15000 或 1 ： 10000，等高距为 5 米。

3.号码布

运动员在比赛中所使用的号码布通常不超过 24 厘米 × 20 厘米，号码的数字高度不小于 12 厘米，且数字清晰，字体端正。正式的比赛要求运动员的号码布必须佩戴于胸前和背后两处。

4.点标旗

点标旗标志由三面标志旗组成。每面标志旗的尺寸是 30 厘米 × 30 厘米，从对角线分开，左上为白色，右下为橙红色。点标旗通常要编上代码（国际上曾使用数字作为代码，现已规定用英文字母作为代码），目的是方便运动员在比赛中根据点标旗上的代码来判断自己是否找到了正确的检查点。点标旗的悬挂方法有两种，即桩式和无桩式，点标旗悬挂的高度一般是从其上方计算，距离地面 80 ～ 120 厘米。

5.打卡器

打卡器是证明运动员通过比赛各个检查点的凭据。运动员必须在到达每一个检查点时，使用打卡器在检查卡片上打卡或使用电子打卡系统打卡，以证实自己到达此检查点。常用的人工打卡器为钳式，也可使用印章或色笔。

6.检查卡片

检查卡片用于判定运动员的比赛成绩，通常用厚纸片制成，分为主卡和副卡两部分。其中主卡由运动员在比赛中携带，并按顺序把到访的每个检查点打卡图案打印在卡片的空格中，回终点时交给裁判员验证。副卡在出发前交工作人员留底和公布比赛成绩时使用。

第四节　极限飞盘

一、极限飞盘概述

（一）起源与发展

1968年，美国新泽西州梅伯伍德地区的哥伦比亚高中的学生会成员乔尔·希尔弗和校报发明与介绍了极限飞盘运动。最初，他们把它称作飞盘橄榄球，每场比赛可以上场20～30名队员，可以持盘跑以及摔抱等。但随着运动的发展，希尔弗等人对规则进行了改变，并制定了新的防守规则，比赛变成了7人制。此时的极限飞盘运动强调的是休闲娱乐，参与的人员也非专业运动员，无性别限制，更重要的是，运动员在比赛中不允许任何身体接触，并进行自我裁判，但当时并没有提出"极限飞盘的精神"一说。这就是极限飞盘运动的雏形。

1970年，哥伦比亚高中和麦尔布恩高中进行了世界上第一次校际间的极限飞盘比赛。1971年，新泽西州的五所高中成立了极限飞盘队会，其中就包括哥伦比亚高中和麦尔布恩高中。1972年，新泽西州的两所高校进行了第一次大学间的极限飞盘比赛。随着极限飞盘运动的发展，耶鲁大学在1975年举办了第1届由8所高校组成的美国大学极限飞盘巡回赛。同年夏天，罗斯波尔举行的第2届世界飞盘冠军赛正式将极限飞盘运动列为比赛项目，这是极限飞盘运动得到世人认可的标志。

随着时间的推移，飞盘运动也得以在世界各国迅速发展起来。瑞士在1974年成立了欧洲第一个飞盘协会；而日本也在1975年成立了亚洲第一个飞盘社团；1976年，澳大利亚也成立了大洋洲第一个飞盘协会。在这期间，飞盘运动的发展尤以欧洲最为迅速，1977年，比利时和奥地利相继成立了飞盘协会，而随后，芬兰和丹麦也在1978年相继成立了飞盘协会和飞盘运动协会。飞盘运动在迅速发展的同时，极限飞盘运动也飞快地发展壮大起来。美国于1979年成立了极限飞盘运动员协会，这是第一个认可极限飞盘运动的国家政府组织；1980年，法国巴黎举办了第1届欧洲极限飞盘冠军赛，芬兰、英国和瑞典队分获冠军、亚军和季军。

1984年，世界飞盘联合会的成立推动了极限飞盘运动的发展，其于1986年在英国的科尔切斯特举办了第1届世界极限飞盘冠军赛。两年后，又在德国的科隆举办了第1届世界极限飞盘俱乐部冠军赛。尔后，极限飞盘运动在30多个国家和地区以惊人的速度发展起来。2001年是极限飞盘运动发展具有里程碑意义的一年，日本举办的第6届世界运动会正式将极限飞盘运动列为世界运动会的比赛项目，这标志着极限飞盘运动正式步入国际体坛的舞台。

2022年8月6日，首届中国飞盘联赛（陕西·西安站）在西安开赛，标志着我国的极限飞盘运动进入新阶段。

（二）特点与功能

1.特 点

（1）简单易学。

极限飞盘作为一种户外休闲运动方式，具有简单易学的特点。它需要的运动装备非常少并且比较便宜，此外，它结合了儿童从体育课学来的可以很容易应用于这项运动的技能。正是低廉的成本和简单的技能转换，使极限飞盘成为学生乐于学习的运动项目。

（2）具有趣味性和挑战性。

作为一项相对新颖的运动项目，极限飞盘从1968年开始迅速地流行起来。究其原因就是其趣味性很强，飞盘各种独特的飞行轨迹意味着不会有两种相同的投掷方式，投掷者可以有无限的选择。同时，极限飞盘运动综合了各种不同运动的元素，有类似足球的快速跑动、篮球的轴转和传递，还有曲棍器的跑位等，这些给运动者带来了更多层次的挑战。

（3）一项真正的运动。

极限飞盘是一项真正的运动，它有着官方的规则、联盟和各年龄层的竞赛。极限飞盘要求运动者具备非凡的健康、耐力与技巧，有能够理解飞盘物理特性和比赛战略的智力，还要有对队友的诚实与信任的品格。

2.功 能

（1）强身健体。

极限飞盘结合了跑、接和投掷的运动技能，比赛中运动者除了要有攻防技术外，还必须具备非凡的速度和持久的耐力。长期参与这项运动，能强身健体，提高身体素质。

（2）塑造人格。

极限飞盘是一项追求公平、公正的团体竞技运动，其更强调运动员精神和人格的培养。极限飞盘运动在任何级别的比赛中都没有裁判员，所有规则都由场上参赛者执行，参赛者都要自觉与诚实，注意遵守规则。这种独特的进行自我裁判的项目，需要极限飞盘的精神，即让所有参赛者知道如何在比赛中进行自我裁判和互相尊重。

（3）培养团体精神。

极限飞盘是一项集体参与的运动，需要参赛队员的协作和配合。它不仅是一项体育运动，而且是一种文化交流方式。与其他运动相比极限飞盘的团体比较小，运动者能感觉到他们是关系亲密的家庭的一部分，同时这项运动另一个独特之处是，极限飞盘精神孕育出在队友之间以及队伍之间与生俱来的友好氛围。

二、极限飞盘基本技术

（一）飞盘的各个部分

一个飞盘包括以下几个部分：

（1）顶部：飞盘的圆顶部分。

（2）底部：飞盘的底部。

（3）飞行环：飞盘顶部的环形凹槽。

（4）肩部：飞行环外飞盘曲面的部分。

（5）里沿：投掷时靠近身体的边缘。

（6）外沿：投掷时离身体最远的边缘。

（7）前沿：飞盘最接近目的地的一部分。

（8）后沿：飞盘离目的地最远的一部分。

（二）极限飞盘基本技术

1. 握盘方法

（1）反手握法。

① 基础握法。

基础握法的食指要贴于飞盘的外缘，这种方法适合初学者，下面介绍两种基础握法：

第一种方法中，中指伸展开来指向盘的中心。这样做可以加强对飞盘的控制，使盘不摇晃。贴于边框的食指用于把握方向，支撑住飞盘的中指保证了飞盘飞行的稳定性。在盘的底部，由于只有两根手指紧握着盘的边缘，从而导致这种握法与其他方式相比缺乏力度。握盘力度的大小取决于食指尾部对飞盘的牵引力。（图17-4-1）

第二种方法很少见到。食指贴于盘缘，但没有中指对飞盘的支撑，其余手指紧握着盘缘，这种握法使飞盘更有力量但也容易失去对飞盘的控制。（图17-4-2）

② 强力握法。

这种方法在经验丰富的掷盘者人群中最为流行。所有手指都紧紧地握着盘缘，不用任何手指支撑飞盘。食指尾部对飞盘的拉动可以带来一股很强的力量，这种力量有利于克服飞盘不稳等问题。但使用这种握盘方式很难掷反手高位盘，因为在出手之前飞盘缺少将其往上迅速抬升的力量。（图17-4-3）

对飞盘的控制力量一部分在于拇指以及掷盘者的握盘力度。拇指可以放在飞盘的任何位置。如果考虑到空气的阻力，最好的方法是让拇指指向盘的中心，这样可以将盘抓得更紧。通常而言，握得越紧，就能使盘获得更多的旋转，这样有助于在有风的情况下把握好盘的飞行。用力紧握飞盘，也可以保持盘的平稳，更利于用反手掷高盘。

③ 混合握法。

顾名思义，这种握法是前文介绍过的两种握法的结合。食指紧握盘缘，为掷盘提供力量。中指略微伸展开来，支撑住飞盘。这种握法可以掷各种盘，包括反手高位盘，而且不需要改变握法。但与强力握法相比，这种握法的缺点是掷盘力度稍微欠缺。（图17-4-4）

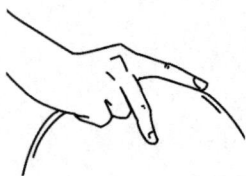
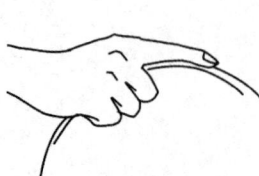

图 17-4-1　　　　　　图 17-4-2　　　　　　图 17-4-3　　　　　　图 17-4-4

（2）正手握法。

①基础握法（适合初学者）。

这种握法原则上近似于相对应的反手握法。中指置于盘的底部边缘，食指朝盘的中心伸展开来支撑飞盘。这种握法的优点是可以很好地控制飞盘，缺点是力度不够。这是因为食指伸开的时候掷盘者的手腕无法往后竖过来。（图17-4-5）

②强力握法。

关于这种握法有好几种方法。

第一种方法，食指紧靠中指，紧贴于飞盘内缘。这样，手腕可以往后竖过来，给予盘更多的动力，出盘可以更有力，但因为缺少手指的支撑，飞盘容易失去控制。如果出盘时盘和手腕的角度不一致，则盘会上下摆动，导致其飞得不够远。（图17-4-6）

第二种方法对第一种方法稍微有所改进，食指和中指稍微弯曲。掷盘前，盘会在这两个手指的作用下保持平衡。在保持平衡性的方式上，这种握法与下面要介绍的混合握法有点相似。这种握法也适合掷正手高位盘。与反手掷盘一样，拇指应该紧紧握住飞盘，可以使盘更好地转动，有利于克服风的影响。

③混合握法。

类似于反手的混合握法，但它并不常见。掷盘者不需要将食指和中指平行，食指应该是弯曲着的，食指和中指的指腹都牢牢地压在飞盘内缘。手腕依然可以往后竖过来，增强出盘力量。准备掷盘时将盘握平，有助于掷出一个漂亮的正手高位盘。（图17-4-7）

④其他握法。

这种握法的要点是将中指侧面（而非指肚）顶着内缘，手掌朝上，出盘时不需要转换正手。这种握法的不利之处在于，指关节是出盘时的发力点，经常使用的话会受到损伤。（图17-4-8）

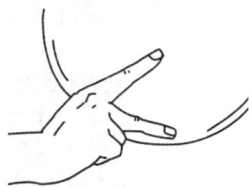　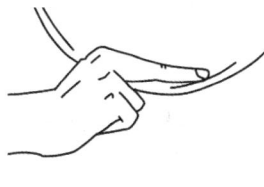　　

图17-4-5　　　　图17-4-6　　　　图17-4-7　　　　图17-4-8

2.掷盘方法

（1）反手掷盘。

右手投者以右肩正对目标，与前方呈90°角站立，手臂在身前挥动，运用手臂挥动带动手腕投掷出盘。（图17-4-9）

反手掷盘

图 17-4-9

（2）正手掷盘。

挥动手臂待带动手腕发力投出飞盘。（图 17-4-10）

正手掷盘

图 17-4-10

3.接盘方法

（1）三明治接盘。

一只手掌在上，掌心朝下，另只一手掌在下，掌心朝上，如三明治般夹接住飞盘。用此方法时需注意，接飞盘时两掌心的间距不宜过大，避免飞盘穿过击打到身体。（图 17-4-11）

三明治接盘

（2）高接盘。

来盘高于胸部时，采用手掌向下、四指在上、拇指在下的方法接盘。（图 17-4-12）

高接盘

（3）低接盘。

来盘低于胸部时，采用手掌向上、四指在下、拇指在上的方法接盘。（图 17-4-13）

低接盘

图 17-4-11

图 17-4-12

图 17-4-13

三、飞盘竞赛规则简介

（一）场 地

正规的飞盘比赛场地为长方形，长 64 米，宽 37 米。其中得分区分置于场地两边，长 18 米。（图 17-4-14）

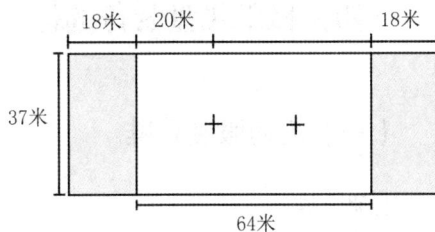

图 17-4-14

（二）开 球

每局开始，双方球员在各自半场的得分区排成一队，然后防守方把盘扔到进攻方手里，比赛开始。双方各允许 7 名球员上场。

（三）得 分

当进攻方成功将飞盘传到在得分区内的队友手上时，进攻方得 1 分。

（四）传 球

飞盘可以以任意方向或者轨道传给队友，但是球员不能手持飞盘跑动。手持飞盘的队员必须在 10 秒内将飞盘传给其他队友。防守方自行对持飞盘队员进行监督并计算其持飞盘的时间。

（五）攻防转换

当传递失败（如飞盘出界、掉落，或被阻挡、拦截），防守方将立即占有飞盘，并转换为进攻方。

（六）换 人

替补队员可以在比赛得分后或者受伤暂停的时候自行替换场上队员。

（七）无身体接触

飞盘比赛禁止场上队员有身体的接触，若发生身体接触，即被视为犯规。 Picks（拦截）和 Screens（阻挡）也属于犯规。

（八）犯　规

当犯规发生并干扰了进攻方控制权，则飞盘交还给进攻方，比赛继续进行；若队员犯规但却不同意其行为为犯规，那么飞盘交还给上一个持盘队员，比赛重新开始。

四、极限飞盘装备选择

（一）运动服装和鞋

1.服　装

内层穿上紧身衣裤，外层再穿上适合运动的短袖和短裤。内层穿紧身衣裤的作用有：调节体温，使身体保持温和，让肌肉保持最佳状态；在扑盘或跌倒时减少身体损害；吸汗、保持皮肤干爽；保护肌肉，减少肌肉震动，防止抽筋；给肌肉施压，减少乳酸堆积；防晒、防紫外线。

2.鞋

极限飞盘与其他很多草地运动项目一样，比赛过程中牵引力对于保持平衡至关重要。在根据场地条件选择鞋子时，应该考虑一下极限飞盘与其他运动场竞技项目的主要区别，可从以下方面考虑选择。

（1）考察场地情况。

大多数极限飞盘比赛是在草坪或者草皮上进行的。虽然大多数草皮的条件差不多，但是草坪的条件多种多样，其中既有晒得发黑、硬如砖块的干草，也有长势繁茂的肯塔基州蓝草地。在干草或者草很短的场地上比赛时，很多极限飞盘玩家喜欢穿草皮防滑鞋，这种鞋子也用于足球比赛，这种鞋底部有很多小块，不同于那种很少、很突出的防滑钉，也适用于很薄很硬的草皮场地。在草很长的干燥场地比赛时，需要选择防滑钉比较长的防滑鞋来维持牵引力。遇到更新的草皮运动场时，由于假草实际上也有足够的长度，这时可以考虑穿防滑鞋而非草皮鞋。

（2）留意各项条件。

在潮湿场地上比赛时，必须使用长钉防滑鞋，可选择橄榄球或者长曲棍球防滑鞋，因为足球防滑鞋的防滑钉不够长。遇到很干很热的天气时，建议使用草皮防滑鞋或者短钉防滑鞋，因为干热天气下的地面会变得很硬，脚底容易被长钉过度挤压。

（3）了解自己的比赛类型。

速度好的队员，应该好好考虑防滑鞋的重量，可以在同样重量中找足球或长曲棍球防滑鞋。

（二）护　具

由于在运动过程中不可避免地会出现摔倒或碰撞等情况，所以建议穿戴护膝和护肘。

第五节　跳　绳

一、跳绳概述

（一）起源与发展

跳绳在中国具有悠久的历史，南宋以来每逢佳节都有跳绳活动。清人潘荣陆《帝京岁时纪胜》记录清代元宵节民间娱乐活动时，称跳绳为"跳白索"。《松风阁诗抄》中有诗记载："白光如轮舞索童，一童舞索一童唱，一童跳入光轮中。"这种加伴唱的跳绳游戏，娱乐性很强。17世纪初，荷兰船队途经中国，荷兰人看到中国孩子玩的跳绳游戏感到非常有趣，船员们竞相模仿，"跳白索"便随着荷兰船队漂洋过海地传播到海外。跳绳在不断的演变和创新中得到了发展，现今的跳绳运动克服了传统跳绳的枯燥乏味，融合了健身操、舞蹈、音乐、杂技等技术动作，注入了时尚元素，更具有吸引力。目前，跳绳已成为大众非常喜爱的融健身、竞技、休闲娱乐为一体的体育运动项目。

（二）特点与功能

1.特　点

（1）简单易行。

跳绳项目不受场地的限制，街头巷尾、厂矿乡野、社区学校，只要是地面平整且无安全隐患的空间，都可以成为跳绳的练习场地。跳绳器材简单便宜，小巧便携。跳绳运动灵活多样，不受人数、性别及年龄的限制，是一项适合各年龄群众参与的体育运动项目。从运动量来说，持续跳绳10分钟，与慢跑30分钟或跳健身舞20分钟相差无几，它是一项耗时少、耗能大的有氧运动。

（2）花样繁多。

跳绳运动创意无穷，运动者可根据自己的身体特点选择适合自己的动作，激发自己的创编灵感，创造出新的花样。当成功掌握一个新动作时，运动者都会体验到一种成就感和满足感，这种成就感和满足感反过来也会推动运动者继续开拓新的花样，不断超越自我。

（3）安全性高。

跳绳的运动量可大可小，锻炼的强度可高可低。跳绳中没有直接的身体对抗，运动者可根据自身能力完成不同难度的动作，即使失败也不容易受伤。

2.功　能

（1）提高身体素质。

跳绳看似简单，却是一项全身性的运动，它不但能增强机体的有氧代谢功能，还可以使个体的力量、速度、灵敏、耐力等各项身体素质得到提高，同时它对身体的协调性和力量也有良好的促进作用。

（2）改善身体机能。

跳绳能增强人体心血管、呼吸和神经系统的功能，增进人体器官发育，有益于身心健康，能强身健体、开发智力、丰富生活。跳绳时的全身运动及手握绳对拇指穴位的刺激，会大大增强脑细胞的活力，提高思维和想象力，因此跳绳也是健脑的最佳选择之一。

（3）具有休闲娱乐价值。

娱乐作为人的本能需求，是体育产业兴起的原因之一。跳绳从萌芽开始就与人们的娱乐活动有着密切的关系，跳绳的娱乐具有两重性："娱己"和"娱人"。"娱己"是指跳绳者自娱自乐；"娱人"则是指跳绳运动给观众带来的观赏娱乐性，使观者在"观"与"赏"之间体味"乐"，满足其娱乐的心理需求。

（4）具有社会性。

随着社会的高速发展，人民生活水平日益提高，文化生活越来越丰富，跳绳运动简便易学、灵活有趣、易于推广，为社区体育发展注入活力，它不仅有利于促进和谐社会中个体的健康发展，协调社会生活感情，而且有利于营造公平、公正的社会氛围。

二、跳绳基本技术

（一）个人跳

1.并步跳

【动作方法】两手握住绳柄，绳置于身后，由前向后摇动绳子，当绳子摇至脚前瞬间，并脚跳过绳子。（图17-5-1）

【动作要领】

（1）并脚站立，两脚前后稍错开，易于掌握平衡。

（2）膝关节微屈，缓冲落地后的反冲力，保护脚踝，同时避免前踢腿。

（3）上体自然放松，挺直但不僵硬。

（4）两上臂夹紧，肘关节贴在两侧肋部，手心相对向下，摇绳时用手腕协调前臂发力。

（5）均匀自然，有节奏。

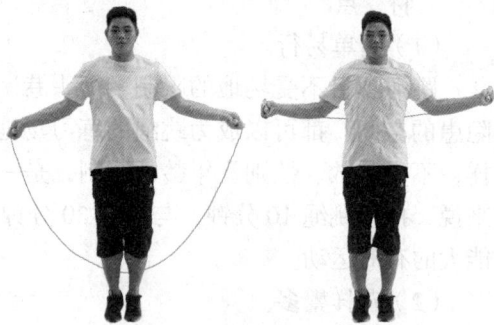

图17-5-1

【重难点】双手摇绳的节奏要与脚起跳的节奏吻合，两手臂张开幅度不宜过大。

【易犯错误】前踢腿。

【纠正方法】强化摇绳动作练习，肘关节贴于两侧肋部，可将纸板夹于腋下，使其在跳跃过程中纸板不能掉落。

【练习方法】原地徒手模仿；空绳跳练习；每次跳一下就停，复位后再重新开始；熟练后可连续跳跃。

2.扭动跳

【动作方法】在基本摇绳的基础上，摇绳过脚后髋关节在空中向右转动 45°，上体保持直立，下次摇绳过脚后髋关节在空中向左转动 45°，回到原位。（图 17-5-2）

【动作要领】

（1）手臂保持基本摇绳姿势，上体保持正直，在身体垂直面跳动，脚步左右跳动。

（2）左右落地位置距离约一脚宽。

【重难点】把握左右两脚落地位置，控制节奏，保持稳定性。

【易犯错误】左右跳时身体跟随脚步移动过大。

【纠正方法】在地面上标示左右两个圈，两脚交替在圈内左右跳，同时控制身体摆动幅度。

【练习方法】原地徒手模仿；空绳跳练习；每次跳一下就停，复位后再重新开始；熟练后可连续跳跃。

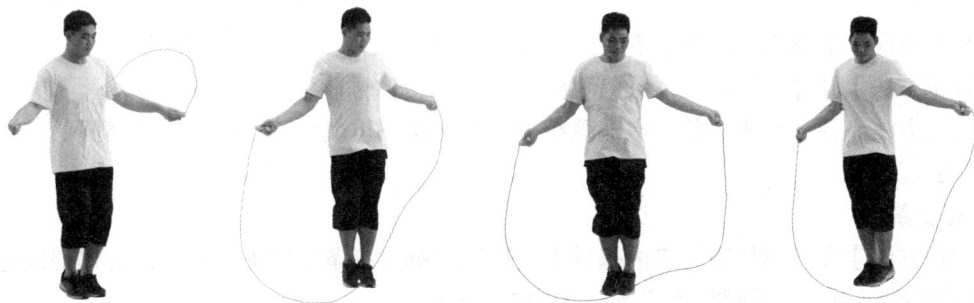

图 17-5-2

3.开合跳

【动作方法】在基本摇绳姿势的基础上，绳子过脚的同时，两脚在空中左右分开落地为开，反之为合，开合连续跳动即为开合跳。（图 17-5-3）

图 17-5-3

【动作要领】

（1）手臂保持基本摇绳姿势，控制步伐节奏。

（2）双脚打开与肩同宽，收脚时双脚并拢。

（3）绳先过脚再打开，两脚并拢再过绳。

【重难点】把握开合跳的节奏和开合跳过绳的时机。

【易犯错误】把握不住开与合的时间差。

【纠正方法】由合到开时绳子先过脚再打开，由开到合时先并脚再过绳。

【练习方法】原地徒手模仿；空绳跳练习；每次跳一下就停，复位后再重新开始；熟练后可连续跳跃。

4.单脚跳

【动作方法】一只脚跳，另外一条腿提膝，上体与大腿、大腿与小腿均约呈 90° 角。（图 17-5-4）

【动作要领】跳起后保持重心稳定，支撑腿跳起后伸直。

【重难点】上体保持正直，重心稳定，摇绳与起跳节奏一致。

【易犯错误】上体歪斜，重心不稳，节奏改变。

图 17-5-4

【纠正方法】腰部协调用力，保持两肩水平，两眼平视前方。

【练习方法】原地徒手模仿；空绳跳练习；每次跳一下就停，复位后再重新开始；熟练后可连续跳跃。

5.提膝跳

【动作方法】在基本摇绳姿势的基础上，摇绳过脚时一条腿做提膝动作，支撑腿跳起后伸直，再次跳跃过绳后，两脚并步落地。（图 17-5-5）

图 17-5-5

【动作要领】提膝腿脚面绷紧，上体保持直立，大腿抬平。

【重难点】腰部协调用力，保持两肩水平，两眼平视前方。

【易犯错误】在跳的瞬间对重心的把握不足，提膝、踢腿的幅度不到位。

【纠正方法】提膝瞬间把握好重心，提膝、踢腿的幅度要到位，控制跳跃的节奏，保持动作的稳定性。

【练习方法】原地徒手模仿；空绳跳练习；每次跳一下就停，复位后再重新开始；熟练后可连续跳跃。

6.体前交叉跳

【动作方法】两手交叉握住绳子两端绳柄，绳置于身前，由前向后摇动绳子，当绳子摇至头后上方时，两手打开，双脚跳过绳子，手部交叉姿势不变，连续固定交叉练习。（图 17-5-6）

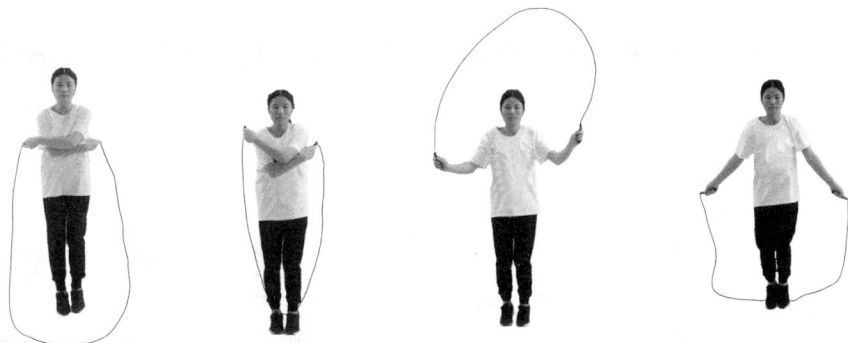

图 17-5-6

【重难点】第一次交叉与第二次交叉转换。

【易犯错误】两手交叉时相距较远且交叉幅度过大。

【纠正方法】上臂贴紧，手腕贴紧微上提。

【练习方法】原地徒手模仿；空绳跳练习；每次跳一下就停，复位后再重新开始；熟练后可连续跳跃。

7.钟摆跳

【动作方法】摇绳过脚后右脚在身体中间，左脚向左侧摆动，紧接着跳跃过绳，左脚摆动回身体中间落地，右脚向右侧摆动，两脚交替摆动，犹如钟表摆动。（图 17-5-7）

图 17-5-7

【重难点】左右脚摆动与过绳时的转换。

【练习方法】原地徒手模仿；空绳跳练习；每次跳一下就停，复位后再重新开始；熟练后可连续跳跃。

8. 肯肯跳

【动作方法】先做提膝跳，同一条腿紧接着做踢腿跳动作，然后再另一条腿交替进行。（图 17-5-8）

图 17-5-8

【重难点】起跳后，腰部协调用力，两摇绳手在同一水平线上，保持两肩水平，两眼平视前方。

【易犯错误】在跳的瞬间对重心的把握不足，提膝、踢腿的幅度不到位。

【纠正方法】提膝瞬间把握好重心，提膝、踢腿的幅度要到位，控制跳跃的节奏，保持动作的稳定性。

【练习方法】原地徒手模仿；双手各握一根短绳，由后向前摇动绳子，做脚步提膝、踢腿动作；每次跳一下就停，复位后再重新开始；熟练后可连续跳跃。

（二）双人跳

1. 带人跳

【动作方法】带人者持绳，两人协调配合，绳子同时过两人身体即为完成一次动作。两人可面对面站立，也可同向站立。（图 17-5-9）

【动作要领】两人节奏一致，相互配合。

图 17-5-9

2. 朋友跳

【动作方法】一人持绳，绳足够长，将绳由后向前摇动绳子套过另一名站立者，站立者根据绳子的时机跳跃过绳。

【动作要领】摇绳者套人过脚后，落地点在原地站立者一侧，不可落在原地，避免绳子打到被套者，并且利于快速移动；被套者要随着摇绳者节奏跳动，加快起动速度。

3.同摇单摇跳

【动作方法】两人并排站立（同向或异向）各握一绳柄，同时摇动绳子绕体1周，跳跃过绳。

【动作要领】两人节奏一致，相互配合。

4.胯下换手跳

【动作方法】两人各握一绳柄，侧向站立；统一口令，两人握绳手臂从胯下穿过，换至另一手握绳。

【动作要领】两人统一口令，要掌握好换手时机及绳子运行的线路与弧度。

三、跳绳竞赛规则简介

（一）竞赛方法

1.计数赛比赛方法

比赛开始与结束均以口令或鸣哨为信号。裁判员发出"选手准备"指令后，所有参赛运动员就位；发出指令"预备"后，所有参赛运动员做好跳绳准备，单绳项目的选手双手持绳于身后，双绳、长绳8字跳项目的选手持绳站好。

2.计时、计数跳绳比赛

（1）单摇跳：运动员跳起一次，双手摇绳，绳跃过头顶通过脚下绕身体1周（360°），称作单摇跳，记次数1次，在规定时间内累积进行。

（2）双摇跳：运动员跳起一次，双手摇绳，绳跃过头顶通过脚下绕过身体2周（720°）称作双摇跳，记次数1次，在规定时间内累积进行。

（3）间隔交叉单摇跳：运动员单摇跳起一次，然后双手体前交叉摇绳（两臂交叉时间是跳过绳即可开始），绳跃过头顶通过脚下绕身体1周（360°）再跳起一次，依次一摇一变化交叉跳称作间隔交叉单摇跳，记次数1次，在规定时间内累积进行。

（4）4×45秒双绳交互接力跳绳：2名运动员各持双绳一端交互摇绳，以45秒口令为信号，每次一名运动员跳绳，4名运动员有序进行轮换接力跳绳，将每名运动员的跳绳次数累计计数。

（5）长绳8字跳：两名运动员（男女不限）持绳站好，间距不小于3.6米。在口令或鸣哨后将绳同方向360°摇起，运动员无论采用何种方式须依次以8字路线跑入绳中跳跃、长绳过双脚一次、再跑出长绳，则计次数1次，在规定时间内累积进行。

（6）5加2跳绳：2人负责甩绳，其余5人依次排开，每排站1人，从第一排开始起跳，每甩1圈只能进1人，所有人起跳后，并列冲刺25米跑道，以时间长短决定胜负。

（7）3分钟单摇耐力跳：单摇跳绳中间失误重新跳，在3分钟时间内累计总次数，若数量相同，以失误次数少为第一。

（8）1分钟12人跳长绳：2名运动员摇绳，10名运动员站立成一排齐跳一条绳，中间失误重新跳，在规定时间内累计总次数。

（二）犯规及罚则

1.抢跳犯规

（1）抢跳犯规是指在"开始"口令未下达前出现摇绳或起跳的现象。

（2）比赛中运动员抢跳，由主裁判记该运动员抢跳犯规一次，并从成绩中扣除次数5次。

2.转换犯规

（1）转换犯规是指在接力赛中"转换"口令未下达之前运动员开始转换。

（2）如出现犯规，比赛继续，由主裁判记犯规1次。

（3）转换犯规1次将由主裁判从成绩中扣除次数5次。

（三）比赛无效

记数赛的单摇跳绳：每名运动员在同一场比赛中只能采用一种跳绳姿势，不得变换，否则，由主裁判判罚其比赛无效。

四、跳绳装备选择

跳绳是当下最简单实惠的健身、休闲体育运动，深受广大民众喜爱，但如何选择合适称心的装备和绳子的类型，也是我们在做跳绳运动前一个必不可少的环节。跳绳运动中常用的跳绳装备有以下几种。

（一）电子计数跳绳

这款跳绳以旋转式触点按压磁片接触计数，同时记录卡路里消耗，让运动更为科学。它的精钢轴承设计跳绳零阻力，速度流畅，钢丝绳经久耐用不易断。

（二）不锈钢运动健身绳

它的科学轴承设计让运动者在跳绳时更省力，速度更流畅，钢丝内芯+PVC橡胶外包绳经久耐用，不易断。

（三）竹节花样跳绳

它的握柄采用健康环保无毒塑料，韧性十足的绳质经久耐用。

（四）钢丝专业跳绳

这是一根专业的运动跳绳。它精选健身专用的钢丝内芯，寿命更长更耐跳，高精度的轴承设计无惧缠绕，环保海绵手柄转动时使手感更为舒适。

（五）钢丝轴承跳绳

它科学的轴承设计使旋转更流畅，跃动更轻快，可调节绳长，一根绳可供全家使用，加厚泡绵手柄握感舒适不易脱手。

（六）花样竹珠节健身跳绳

采用ABS塑料手柄，握感舒适耐用，充满柔韧弹性的塑胶绳节风阻极小，使跳跃更为流畅。

第十八章　武术与搏击

本章提要

　　武术是中华民族的优秀文化遗产，是以技击为核心，以套路和搏击为运动表现形式的内外兼修的民族传统体育运动项目。武术寓技击于体育之中，内容博大精深，是以踢、打、摔、拿、击、刺等技击格斗动作组成的套路和搏斗的运动形式。练习武术，不仅可以防身自卫，还能起到锻炼身体、修身养性的作用。

第一节　24 式简化太极拳

一、太极拳概述

（一）起源与发展

　　关于太极拳的创始人，众说纷纭，大致有唐朝许宣平、宋朝张三峰、明朝张三丰、清朝陈王廷和王宗岳等几种不同的说法。但现在多数拳家亦以现传各式太极拳均源出陈式太极拳之说为本。据中国武术史学家唐豪等考证：太极拳最早传习于河南省温县陈家沟陈姓家族中。陈式太极拳的创编人是陈王廷，他是一位卓有创见的武术家。

　　太极拳是中华武术的著名拳术之一。早期，因其动作如长江之水，滔滔不绝、绵绵不断，故称之为"长拳"，也称"绵拳"；又因其内含8种基本技法（掤、捋、挤、按、采、挒、肘、靠）和5种步法（进步、退步、左顾、右盼、中定），所以，太极拳又称"十三势"。清朝乾隆年间，山西王宗岳用太极学说解释拳意，著《太极拳论》，从此普遍采用"太极拳"这一名称。

太极拳在长期的流行过程中形成了陈式、杨式、吴式、孙式、武式等技术流派。中华人民共和国成立以后，在杨式太极拳的基础上编创了24式简化太极拳、48式太极拳等。20世纪80年代，为了适应武术的国际交流与竞赛，在博采各派太极拳的基础上，创编了42式综合太极拳等竞赛套路。各式太极拳尽管在运动风格上有所不同，但体松心静、柔和缓慢、连绵不断、圆活自然、协调完整的基本要求是一致的，所有动作的开合、起落、进退、刚柔、蓄发、顺逆、虚实、曲直等，无不和谐地体现出对立与统一的理念。

（二）特点与功能

1.特 点

（1）心静意导，呼吸自然。

各式太极拳皆要求思想专一，心里安静，用意念引导动作。就好像书法、绘画要求意在笔先，胸有成竹一样，打太极拳也要求先在心，后在身，以意导静，形意合一。打拳时呼吸要自然平稳，并与动作相配合。既要练意，也要练气。

（2）中正安舒，松柔连贯。

太极拳要求立身中正安稳，姿势松展圆满，肌肉、关节不可紧张僵硬。动作犹如行云流水，悠缓流畅，连绵不断。以轻制重，以慢制快。

（3）动作圆阔，周身协调。

太极拳的动作大多走弧形或螺旋状，转折圆润和顺，衔接自然。头、眼、手、脚、躯干要互相配合，整个身体要和谐地组成一个整体，不可顾此失彼、上下脱节、各行其是。

（4）轻灵沉着，刚柔相济。

太极拳动作"迈步如猫行，云劲似抽丝"，柔而不软，刚而不硬，富于韧性、弹性。即使是发力动作，也要做到刚中有柔，充满弹性。太极拳古典拳论说："外示安逸，内固精神""刚柔相济，方为懂劲"。也有人形容太极拳动作如绵中裹铁，在轻灵柔缓中表现出从容、镇定、一触即发之势。

2.功 能

太极拳是一种身心兼修的健身运动。练拳时注重意气运动，以心行气，疏通经络，平衡阴阳气血，以提高身体素质。演练时立身中正，轻灵洒脱，拳势舒展大方，动作柔顺，架势可高可低，适合各种年龄层次、不同体质状况的人锻炼，对人的身体健康有极大的促进作用。

二、24式简化太极拳的动作名称和图解

24式简化太极拳是按照由简到繁、由易到难的原则，对已在民间流行的太极拳进行改编、整理的。它改变了过去那种先难后易的锻炼顺序，去掉了原有套路中过多的重复动作，集中了原套路的主要结构和技术内容，便于大家掌握，易学易懂。这套拳共分8组，包括"起势""收势"共24个动作。

（一）24 式简化太极拳的动作名称

24 式简化太极拳动作名称如表 18-1-1 所示。

表 18-1-1　24 式简化太极拳动作名称

组别	动作名称		
第一组	1. 起势	2. 左右野马分鬃	3. 白鹤亮翅
第二组	4. 左右搂膝拗步	5. 手挥琵琶	6. 左右倒卷肱
第三组	7. 左揽雀尾	8. 右揽雀尾	
第四组	9. 单鞭	10. 云手	11. 单鞭
第五组	12. 高探马	13. 右蹬脚	
第六组	14. 双峰贯耳	15. 转身左蹬脚	16. 左下势独立	17. 右下势独立
第七组	18. 左右穿梭	19. 海底针	20. 闪通背
第八组	21. 转身搬拦捶	22. 如封似闭	23. 十字手	24. 收势

（二）24 式太极拳的动作图解

第一组

1. 起　势

面向正南，头颈正直，下颌微收，身体放松，收腹敛臀，气沉丹田，两臂自然垂于体侧。两臂上抬时配合吸气。两肩下沉，两肘松垂，手指自然微屈。屈膝、松腰、敛臀，重心落于两脚之间。两臂下落和身体下蹲的动作要协调一致。（图 18-1-1）

图 18-1-1

2. 左右野马分鬃

两臂分开时要保持弧形，弓步动作与分手的速度要均匀一致；身体转动时要以腰为轴带动上肢做动作；移动重心时上体要保持平稳，不可前俯后仰；胸部宽松舒展。（图 18-1-2）

图 18-1-2

图 18-1-2（续）

3. 白鹤亮翅

两手抱球与右脚跟进半步要协调一致，重心后移和右手上提、左手下按要协调一致；转动动作要以腰带臂，虚步动作要收腹敛臀，臀部与脚跟保持垂直。（图 18-1-3）

图 18-1-3

第二组

4. 左右搂膝拗步

腿成弓步的同时，手掌向前推出；身体不可前俯后仰，要松腰松胯；推掌时要沉肩垂肘、坐腕舒掌，同时须与松腰、弓腿上下协调一致；弓步时，两脚脚跟的横向距离约为 30 厘米。（图 18-1-4）

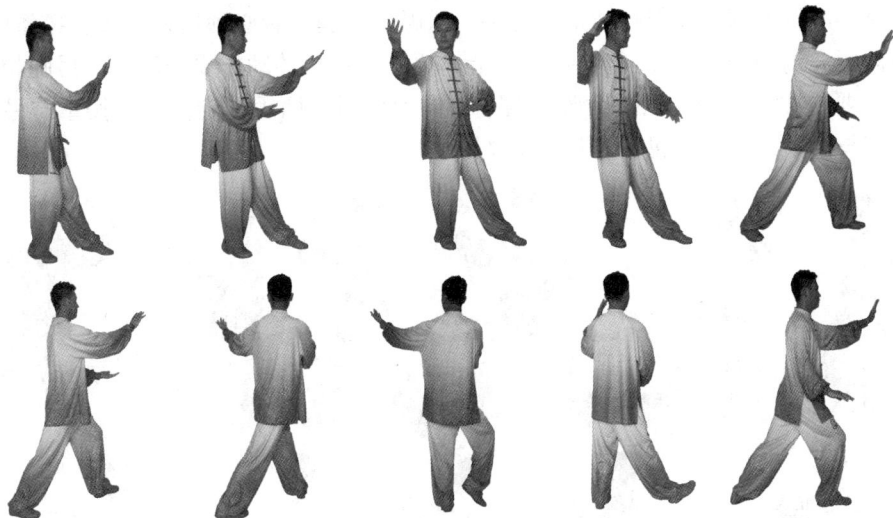

图 18-1-4

5. 手挥琵琶

重心转变带动上肢动作，上下协调一致；左手上起时要由左向上、向前，微带弧形；身体姿势要平稳自然，沉肩垂肘，胸部放松。（图 18-1-5）

6. 左右倒卷肱

前推的手臂微屈，后撤的手随转体走弧线；前推时要转腰松胯，两手的速度要一致；转体时前脚以脚掌为轴扭正；退左脚时

图 18-1-5

略向左后斜，退右脚时略向右后斜，避免使两脚落在一条直线上。（图 18-1-6）

图 18-1-6

第三组

7. 左揽雀尾

掤出时，两臂肘部微屈保持弧形；分手、松腰、弓腿三者必须协调一致；揽雀尾弓步时，两脚跟横向距离约为 10 厘米。向前挤时，上体要正直；挤的动作要与转腰、弓腿相一致。重心右移时，要松腰、坐胯，两手臂收至腹前；向前按时，两手须走曲线，按掌与弓腿协调一致，腕部高与肩平，两肘微屈。（图 18-1-7）

图 18-1-7

8. 右揽雀尾

动作方法与"左揽雀尾"相同，只是方向相反。（图 18-1-8）

图 18-1-8

第四组

9. 单　鞭

完成定势时，右肘稍下垂，左肘与左膝上下相对，两肩下沉；左手向外翻掌前推时，要随转体边翻边推出，翻掌不要太快或最后突然翻掌；全部过渡动作，上下要协调一致。如面向南起势，单鞭的方向（左脚尖）应向东偏北（约为 15°）。（图 18-1-9）

图 18-1-9

10. 云　手

身体转动要以腰脊为轴，松腰，松胯，上体保持自然正直，不可忽高忽低；两臂随腰转动而运转，动作自然圆活，速度缓慢均匀；下肢移动时，重心要稳，两脚掌先着地再踏实，脚尖向前；视线随左右手而移动；第三个"云手"的右脚最后跟步时，脚尖微内扣，以便于接"单鞭"的动作。（图 18-1-10）

图 18-1-10

11. 单　鞭

与前"单鞭"相同。（图 18-1-9）

第五组

12. 高探马

上体左转与推右掌、收左掌协调一致；跟步转换重心时，上体保持自然正直，不要有起伏。（图 18-1-11）

13. 右蹬脚

两手分开时，腕部与肩平齐；蹬脚时，左腿微屈，右脚尖回勾，力达脚跟；分手和蹬脚要协调一致，右臂与右腿上下相对。如面向南起势，蹬脚方向应为正东偏南（约为 30°）。（图 18-1-12）

图 18-1-11

图 18-1-12

14. 双峰贯耳

完成本势时，头颈正直，松腰，松胯，两拳松握，沉肩垂肘，两臂均保持弧形。双峰贯耳式的弓步和身体方向与右蹬脚方向相同，弓步时两脚跟的横向距离同"揽雀尾"式，约为 10 厘米。（图 18-1-13）

图 18-1-13

15. 转身左蹬脚

与右蹬脚相同，只是左右方向相反。左蹬脚方向与右蹬脚成 180°，即正西偏北约 30°。（图 18-1-14）

图 18-1-14

第六组

16. 左下势独立

左手、左小腿回收协调一致；做仆步时，左脚尖与右脚跟踏在中轴线上。上体要正直，独立的腿微屈，右腿提起时左手上挑。（图 18-1-15）

图 18-1-15

17. 右下势独立

右脚尖触地后再提起向下仆腿。其他均与"左下势独立"相同，只是左右相反。（图 18-1-16）

图 18-1-16

第七组

18. 左右穿梭

左右穿梭分别向左斜前方、右斜前方约为 30°；架推掌与前弓腿上下要协调一致；上体保持正直。

19. 海底针

身体要先向右转再向左转，完成姿势后面向西，上体微前倾。（图 18-1-17）

20. 闪通臂

推掌、架掌与弓腿动作要协调一致；弓步时两脚横向距离同"揽雀尾"势，约为 10 厘米。（图 18-1-18）

图 18-1-17

图 18-1-18

第八组

21. 转身搬拦捶

向前冲拳时，右肩随拳略向前引伸，沉肩垂肘，右臂要微屈。（图 18-1-19）

图 18-1-19

22. 如封似闭

身体后坐时，应避免后仰，臀部不可凸出；两臂随身体回收时，肩部、肘部略向外松开，不要直着抽回；两手推出时，间距不超过肩宽。（图 18-1-20）

图 18-1-20

23. 十字手

两手分开和合抱时，上体不要前俯；站起后，身体自然正直，头要微向上顶，下颌稍向后收；两臂环抱时要圆满舒适，沉肩垂肘。（图 18-1-21）

24. 收　势

两手左右分开下落时，全身放松，同时气徐徐下沉（呼气略加长）。呼吸平稳后，左脚收到右脚旁再走动。（图 18-1-22）

图 18-1-21

图 18-1-22

第二节　32式太极剑

一、太极剑概述

（一）起　源

太极剑是太极拳运动的一个重要内容，它兼有太极拳和剑术的风格特点，一方面它像太极拳一样，表现出轻灵柔和、绵绵不断、重意不重力的特点，另一方面表现出优美潇洒、剑法清楚、形神兼备的剑术演练风格。32式太极剑是国家体育运动委员会（现国家体育总局）于1957年创编的。它取材于杨式太极剑，适合初学者与身体较差者学习。

（二）特　点

太极剑的剑法有刺、撩、点、截、格、洗、劈、挂等，轻巧灵活，吞吐自如，轻快潇洒。练习太极剑要求心静体松，神态自然，精神集中，在姿势形态上要求中正安舒。太极剑与普通剑法不同，动作既细腻又舒展大方，既潇洒、飘逸、优美又不失沉稳，既有技击、健身的价值又有欣赏价值。

（三）基本握法和剑指

1.左手持剑法

左手持剑时手自然展开，虎口部位对准剑的护手，然后拇指由护手上方向下，中指、无名指和小指由护手下面向上，两者相对握住护手（由于护手的形式不同，拇指也可从下向上握），食指伸指贴附于剑把之上，剑身平贴于左前臂后侧。

2.右手持剑法

右手持剑时手自然展开，虎口对向剑的"上刃"（剑面竖直成立剑时，在上的一侧剑刃称为上刃），然后拇指和食指靠近护手把剑把握紧，其他三指可松握，以拇指的跟节和小指外沿的掌根部控制剑的活动。另一种持剑法是，以中指、无名指和拇指握住剑把，食指和小指松握。当做某些需要增加剑锋弹力和灵活性的动作时，食指则附贴于护手上，以控制剑活动的准确性。

3.剑　指

在练剑时，不持剑的手一般都保持成"剑指"姿势，即把食指和中指尽量伸直，无名指和小指屈握，然后用拇指压在无名指上。

二、32 式太极剑动作图解

预备势

两脚开立，面向正南，身体正直，眼睛平视，虚领顶劲，两臂垂于体侧，左手持剑，剑尖向上，右手剑指，手心向内。（图 18-2-1）

图 18-2-1

起势（三环套月）

两臂前举，肩宜松沉，不能耸起。转体、迈步和两臂的动作协调柔和，弓步时两脚的横向距离约为 30 厘米。上体自然挺直，重心移动平稳。（图 18-2-2）

图 18-2-2

第一组

（一）并步点剑（蜻蜓点水）

剑身立圆向前环绕时，两臂不可上举。点剑时，持剑要松活，主要靠腕部的环绕将剑向前下点出。并步时，两脚不宜并紧，两脚掌要全部着地，身体略下蹲，上体保持正直。（图 18-2-3）

（二）独立反刺

提膝时，右腿自然直立，左脚面展平，小腿和脚掌微内扣护裆，左膝要正向前方，与左肘上下相对，不要偏向右侧，独立稳定。刺剑是使剑通过伸臂刺出，力达剑尖，注意避免将剑身由下向上托起的错位做法。（图 18-2-4）

图 18-2-3   图 18-2-4

（三）仆步横扫

劈剑与扫剑的转换过程中步型应为半蹲仆步，也可做成全蹲仆步，身体应保持直立。扫剑时，持剑要平稳，有一个由高到低（与膝或与踝同高）再到高的弧线，力在剑刃，不要做成拦腰平扫。定势时，右手停在左额前，剑尖置于体前中线，高与胸平。（图18-2-5）

（四）向右平带

带剑时，剑应边翻转边斜带，剑把左右摆动的幅度要大，剑尖始终控制在体前中线附近，力在剑刃，不要过多地左右摆动；剑的回带和弓步要协调一致；带剑时应注意由前向后带，不要横向右推或做成扫剑。（图18-2-6）

（五）向左平带

同"向右平带"，只是左右相反。（图18-2-7）

图 18-2-5   图 18-2-6   图 18-2-7

（六）独立抡劈

抡剑、举剑、劈剑应连贯，立圆抡绕，并与转腰、旋臂、独立配合一致，连贯不停。左手的动作要和持剑的右手相互配合，当右手持剑向前下方劈出时，左剑指由后向上画弧至头侧上方，两手一上一下、一前一后地对称交叉画立圆。（图18-2-8）

（七）退步回抽

抽剑是立剑由前向后画弧抽回，力点沿剑刃滑动，右手手心先翻转向上将剑略向上提，然后由体前向后画弧收至右肋旁，避免将剑直线抽回。左脚后落的步幅不要过小，重心前后移动要充分，两腿虚实要分明。定势时，两臂撑圆合抱，上体左转，剑尖斜向右上方，两肩要松沉，不可紧贴身体。（图18-2-9）

（八）独立上刺

上步的步幅不要超过一脚长。上刺剑时，手与肩同高，两臂微屈。趁上刺之势，上体可微向前倾，不要耸肩、驼背。（图18-2-10）

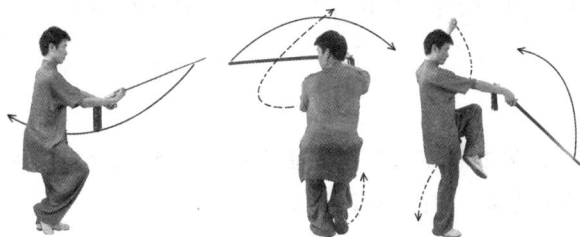

图 18-2-8　　　　　　　　　　　　　　图 18-2-9　　　图 18-2-10

第二组

（九）虚步下截

下截剑时，主要靠转体挥臂来带动剑向右下方截出，身、剑、手、脚要协调一致，剑身置于身体右侧。右虚步的方向左偏约30°，转头目视的方向是偏右约45°。（图18-2-11）

（十）左弓步刺

右手持剑向下卷收时，前臂外旋，使手心转向上；同时仍要控制住剑身，使剑尖指向将要刺出的方向。整个动作要在转腰的带动下，圆活、连贯、自然完成。（图18-2-12）

（十一）转身斜带

弓步的方向为中线偏右约30°，斜带是指剑的走向。（图18-2-13）

图 18-2-11   图 18-2-12   图 18-2-13

（十二）缩身斜带

收剑时上体挺直，稍向右转。上体略向前探，送剑方向与弓步方向相同。收脚带剑时，身体向左转，重心移至左腿；要保持上体挺直，松腰松胯，臀部不外凸。（图18-2-14）

（十三）提膝捧剑

右脚退步要略偏向右后方，上体转向前方。两手向体前摆送要走弧线，先稍向外，再向内在胸前相合。捧剑时，两臂微屈，剑把与胸部同高。（图18-2-15）

图 18-2-14   图 18-2-15

（十四）跳步平刺

向前跳步，动作轻灵、柔和。刺剑、分剑、再刺剑，动作连贯，上下肢配合协调一致。图18-2-16）

图 18-2-16

（十五）左虚步撩

剑运行的路线，一要贴身，二要立圆，同时右前臂内旋，右手心转向外，虎口朝下，活握剑把，力达剑的前端。整个撩剑的动作要在身体左旋右转的带动下完成，要协调完整、连贯圆活，不要做成举剑拦架的动作。（图18-2-17）

（十六）右弓步撩

持剑手要灵活握把，剑尖不能触地，整个动作要连贯圆活。（图18-2-18）

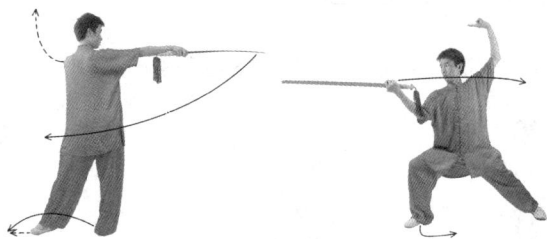

图 18-2-17　　　　　　　　　　　　　　图 18-2-18

第三组

（十七）转身回抽

剑指向前指出，左脚点地成虚步，上体向左回转，三者要协调一致。虚步的方向和剑指所指的方向为中线偏右约30°。下抽剑时，要立剑向下、向后走弧线抽回，下剑刃着力。（图18-2-19）

（十八）并步平刺

刺剑和并步要协调一致，方向正中；剑刺出后两臂要微屈，两肩要松沉。（图18-2-20）

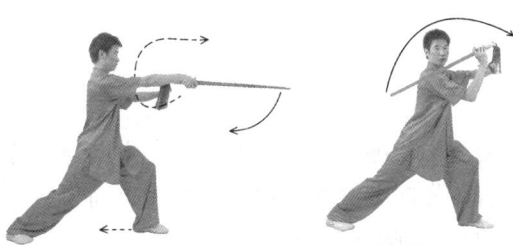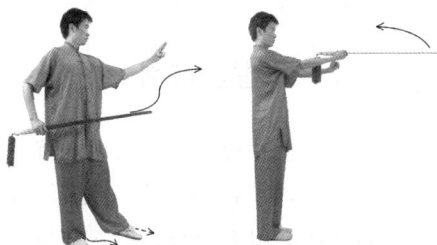

图 18-2-19　　　　　　　　　　　　　　图 18-2-20

（十九）左弓步拦

绕剑时以剑把领先，转腰挥臂，剑贴近身体左侧绕立圆。拦剑是反手用剑下刃由下向前上方拦架，力在剑刃。拦剑时，剑要在身体右侧随身体右旋左转，贴身绕一完整的立圆，右手位于左额前方，剑尖位于中线附近。（图18-2-21）

（二十）右弓步拦

与"左弓步拦"相同，只是左右相反，弓步方向为中线偏右约30°，眼随剑移动。（图18-2-22）

（二十一）左弓步拦

参看"右弓步拦"。（图18-2-23）

图18-2-21　　　　　　　　　图18-2-22　　　　　　　　　图18-2-23

（二十二）进步反刺

反刺剑时，右臂、肘、腕皆先屈后伸，使剑由后向前刺出，力达剑尖。右手位于头前稍偏右，剑尖位于中线，与面部同高。松腰松胯，上体挺直，不可做成侧弓步。（图18-2-24）

（二十三）反身回劈

左脚尖要尽量内扣，右脚提收后不要做成独立步。剑要劈平，剑身与臂成一条直线，力在剑尖中段。劈剑和弓步要协调一致，同时完成。（图18-2-25）

（二十四）虚步点剑

举剑时，右手略高于头，剑身斜向后下方，剑刃不要触身。虚步和点剑的方向与起势方向相同。点剑时要活握剑把，腕部上提。点剑时右臂先向下沉落，再伸臂提腕，高与肩平；点剑与右脚落地协调一致，同时完成；身体保持挺直。（图18-2-26）

图18-2-24　　　　　　　　　图18-2-25　　　　　　　　　图18-2-26

第四组

（二十五）独立平托

绕剑要与向左插步同时进行；上体保持挺直，并微向左转。托剑是剑下刃着力，剑由下向上托架。平托剑时，右手要活把握剑，手心向外，举于头侧上方；剑身放平，剑尖朝前。（图18-2-27）

（二十六）弓步挂劈

挂剑时，腕部先屈，使剑尖转向下，随转体，右臂向下、向后摆动，虎口向后，剑尖领先，剑身贴近身体左侧向后挂，剑的运行路线呈立圆。视线随剑移动。（图18-2-28）

图 18-2-27　　　　　　　　　图 18-2-28

（二十七）虚步抡劈

抡劈剑时，剑先沿身体右侧抡绕一个立圆，再顺势向前下方劈剑，力点仍为剑刃中部。整个动作完整连贯。下劈剑时剑身与右臂保持一条直线，不要做成点剑。（图18-2-29）

（二十八）撤步反击

撤步时，右脚掌先向后撤，再蹬左腿。反击时，要在向右转体的带动下，将剑向右上方击打，右臂、肘、腕先屈后伸，力达剑前端。分手、弓腿、转体动作协调一致。（图18-2-30）

图 18-2-29　　　　　　　　　图 18-2-30

（二十九）进步平刺

以腰带臂，以臂领剑，剑走平弧；剑卷落时，右臂外旋，手心转向上，剑尖指向正前方。刺剑时转腰顺肩，上体挺直，剑与右臂成直线。刺剑、弓腿和剑指动作要协调一致。（图18-2-31）

（三十）丁步回抽

抽剑时右手先外旋，将剑把略向上提，随即向后、向下收至腹旁，剑走弧线抽回。（图18-2-32）

图 18-2-31　　　　　　　　　　图 18-2-32

（三十一）旋转平抹

身体向右旋转近1周，转身要求平稳连贯、速度均匀；上体保持挺直。摆步和扣步的脚都应落在中线附近，步幅不要超过肩宽。特别是扣步时，不可扫腿远落，也不要跨越中线过多，致使收势回不到原位。撤步要借身体向右旋转之势，以左脚掌先着地，摆步时脚跟先着地，扣步时脚掌先着地，撤步时也是右脚掌先着地。（图18-2-33）

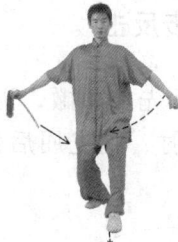

图 18-2-33

（三十二）弓步直刺

左脚提起收至右脚内侧后再向前迈出。左剑指先收至腰间，再附于右腕一齐将剑刺出。（图18-2-34）

收 势

接剑时，左掌心向外，拇指向下，与右手相对；两肘与肩同高，两肩注意松沉。换握剑后，左手持剑画弧下落与重心前移要协调一致，右剑指画弧下落，与右脚跟进半步要协调一致。（图18-2-35）

 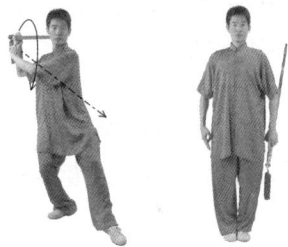

图 18-2-34   图 18-2-35

第三节 散 打

一、散打概述

（一）起源与发展

散打是以踢、打、摔为主要技法，以双方格斗为形式的对抗性体育竞赛项目，是武术徒手搏击的组成部分。1979年，随着中国武术热的再度兴起，国家体委按照现代竞技体育模式，首先在浙江省体委、北京体育学院（现北京体育大学）和武汉体育学院进行了武术对抗性项目的试点训练，并在上述3个试点各设置了至少一个80厘米高、8米见方的擂台，以方便参加项目的运动员在上面进行比赛及训练。当时的散手比赛允许使用踢、打、摔等各种技法，但不允许使用擒拿、肘、膝，也不许攻击喉、眼、裆、后脑等人体要害部位；而运动员则分体重、穿护具在相同的条件下平等竞争。1979年5月，在广西南宁举行的全国武术观摩交流大会上做了首次汇报表演。1982年，制定了《散打比赛规则》。1989年，散打被国家体委批准为正式比赛项目，并设"团体锦标赛"和"个人锦标赛"赛制。1993年，在我国第七届全运会上，散打被列为正式比赛项目。1998年，散打被列为在泰国曼谷举行的第十三届亚运会竞赛项目。2000年，第一届中国武术散打王争霸赛在湖南长沙市举行，这是中国武术散打发展史上的里程碑，中国武术散打进入了专业赛制的时期。2012年2月25日在陕西省西安市成立了中国国家散打队。

（二）特点与功能

1.特　点

散打运动不仅以精彩的运动形式吸引着人们，更以其内在的文化内涵令人神往。散打竞赛场上，运动员精湛的拳法、凌厉的腿法、巧妙的摔法、灵活的战术不仅给观者带来赏心悦目的直接感受，而且其健康的体魄、内在的自信、不挠的斗志、拼搏的精神更使观者感到心灵的震撼和体验中国文化的张力。

2.功　能

（1）发展、提高人的全面身体素质。

散打是一项以动力性为主的、强度不断变换的运动，属于非周期性运动。练习散打能够发展人的速度、力量、耐力、柔韧、灵敏等素质。同时散打又是一项对抗性体育运动，可以发展人的心智，使人的身心得到全面的锻炼。

（2）锻炼意志。

散打训练能培养出顽强拼搏的意志品质。首先，基本功训练是十分艰苦的过程，不仅训练单调而且要克服全身肌肉的疼痛。其次，在比赛的时候要克服心理恐惧，勇敢拼搏，直到取得最后的胜利。

（3）促进交流，增进友谊。

在进行散打学习训练过程中，教师的言传身教，学员间的互相切磋，加深了学员的武德修养，增进了相互之间的友谊。同时随着武术在世界范围内的传播和普及，举办散打比赛不仅能够增进散打的技术交流，而且增强了运动员之间的友谊。

二、散打基本技术

（一）基本姿势

两脚前后开立，距离稍大于肩。两脚脚尖微内扣，脚后跟稍离地。两膝微屈，重心落在两腿之间。两臂弯曲，左臂屈肘约成90°角，肘尖下垂，左拳置于体前，拳眼斜朝上，高与鼻平；右臂屈肘小于90°，右拳置于右肋前，略高于下颌部，上臂内侧紧贴右侧肋部，肘自然下垂。胸、背保持自然，下颌微收，两眼平视前方。左脚在前称"正架"，右脚在前称"反架"。（图18-3-1）

（二）基本步法

（1）前进步：基本姿势站立（以下均同），前脚先向前进半步，后脚紧接着跟进半步。（图18-3-2）

【要点】步幅不宜过大，上体姿势不变，跟步要快速、紧凑。

（2）后退步：后脚先向后退半步，前脚紧接着向后回收半步。（图18-3-3）

【要点】同前进步。

（3）上步：后脚向前上一步，左右拳前后交换，成右脚在前的反架实战姿势，两眼平视前方。（图18-3-4）

【要点】重心平稳，移动迅速，前后脚保持适当距离。

图18-3-1   图18-3-2   图18-3-3   图18-3-4

（4）撤步：左脚向后撤一步，成右脚在前、左脚在后，左脚跟离地，右脚尖外展，重心偏右脚。（图18-3-5）

【要点】与上步同。

（5）垫步：后脚蹬地向前脚内侧并拢，同时前腿屈膝提起。（图18-3-6）

【要点】后脚向前脚并拢要迅速，垫步与提膝不可脱节、停顿；身体向前移动时，不能向上腾空。

（6）插步：重心前移，同时后脚经前脚后面前插，两脚成交叉状，随之前脚向前上步。（图18-3-7）

【要点】插步时上体略右转，插步后前脚上步要快，迅速还原成基本姿势。

图18-3-5   图18-3-6   图18-3-7

（7）闪步：左脚向左侧移半步，右脚随之向左滑步；同时身体向右转动约90°（图18-3-8）。右侧与左侧闪步相同，只是方向相反。

【要点】步法灵活，躲闪快速、敏捷。

（8）纵步：主要有单腿纵步和双腿纵步两种。

①单腿纵步：前腿屈膝上提，后腿连续蹬地向前移动。（图18-3-9）

②双腿纵步：两脚同时蹬地，使身体向上或向前、向后、向左、向右跳跃移动。（图18-3-10）

【要点】腰胯紧收，上体正直，腾空不宜过高。

图 18-3-8　　　　　　图 18-3-9　　　　　图 18-3-10

（9）环绕步：右（左）脚蹬地，左（右）脚向左（右）斜前（后）方滑移，着地后右（左）脚也向左（右）斜前（后）方滑移。（图 18-3-11、图 18-3-12）

【要点】连续滑移，移步时应成弧形环绕，后脚步幅稍大于前脚，上体和上肢姿势不变。

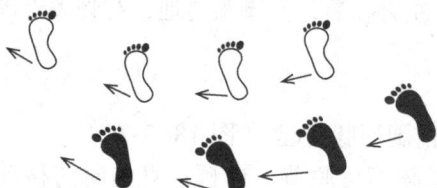 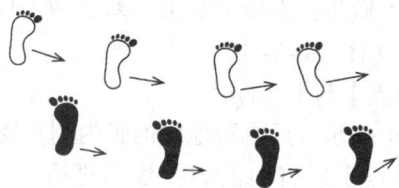

图 18-3-11　　　　　　　　　图 18-3-12

（三）基本拳法

1. 冲　拳

（1）左冲拳：基本姿势站立，右脚蹬地，上体微右转；同时左拳内旋，直线向前冲出，力达拳面，右拳收至下颌处。（图 18-3-13）

（2）右冲拳：右脚蹬地，并以前脚掌向内转，转腰送肩，上体左转；同时右拳内旋，直线向前冲出，力达拳面。左拳收至右肩前。（图 18-3-14）

【要点】冲拳时，上体不可前倾，腰要拧转；上臂催动前臂，不可先向后引拳再冲出。

2. 掼　拳

（1）左掼拳：上体微右转，同时左臂内旋，抬肘至水平，使拳向外、向前、向内成平面弧形横击，臂微屈，拳心朝下，力达拳面。（图 18-3-15）

（2）右掼拳：右脚蹬地，上体左转，同时右臂内旋，抬肘至水平，使右拳向外、向前、向内成平面弧形横击，拳心朝下，力达拳面。（图 18-3-16）

【要点】击打要借助转体的力量，转腰、发力协调一致，上体保持正直，不可掀肘，拳走弧形。

3. 抄　拳

（1）左抄拳：上体先向左转，重心微下沉。随之左膝及上体瞬间挺伸，并向右转体。同时左臂外旋，左拳由下向前上方勾起，拳心朝里，力达拳面。（图 18-3-17）

（2）右抄拳：右脚蹬地，扣膝合胯，腰稍右转。同时右臂外旋，右拳由下向前上方勾起，拳心朝里，力达拳面。（图 18-3-18）

【要点】发力时，上体不可后仰、挺腹。重心下沉，脚蹬地拧转，上体跟着拧转，以加大抄拳力量。动作要连贯顺达，用力由下至上，发力短促。

图 18-3-13　　图 18-3-14　　图 18-3-15　　图 18-3-16　　图 18-3-17　　图 18-3-18

（四）基本腿法

1. 蹬　腿

（1）左蹬腿：右腿直立或微屈支撑，左腿屈膝前抬，脚尖勾起，当膝高于髋关节时，膝关节快速蹬伸，力达脚跟。亦可送髋，脚掌下压，力达前脚掌。（图 18-3-19）

（2）右蹬腿：重心前移，左腿直立或微屈支撑，右腿屈膝向前抬起，勾脚，膝关节快速蹬伸，力达脚跟。亦可送髋，脚掌下压，力达前脚掌。（图 18-3-20）

图 18-3-19　　　　　　　　　　　　　图 18-3-20

【要点】上体不可过分后仰，屈膝高抬，爆发用力，快速连贯。

2. 侧踹腿

（1）左侧踹腿：重心右移，右腿直立或微屈支撑。同时左腿屈膝抬起与髋同高，小腿外翻，脚尖勾起，展髋、挺膝向前踹出，上体微侧倾，力达脚底。（图 18-3-21）

（2）右侧踹腿：身体左转180°，重心移至左腿，左腿直立或微屈支撑。同时右腿屈膝抬起与髋同高，小腿外翻，脚尖勾起，展髋、挺膝向前踹出，上体微侧倾，力达脚底。（图 18-3-22）

【要点】上体、大腿、小腿和脚要成一条直线，大腿带动小腿直线用力。

图 18-3-21　　　　　　　　　　　　　图 18-3-22

3. 鞭 腿

（1）左鞭腿：重心后移，右腿直立或微屈支撑，上体稍右转并侧倾，右脚跟内转。同时，左腿屈膝内扣、绷脚背向左侧提起，随即伸髋、挺膝、向前鞭甩小腿，脚面绷平，小趾外侧朝上，力达脚背。（图 18-3-23）

（2）右鞭腿：重心移至左腿，上体向左转，左脚跟内转。同时，右腿扣膝、绷脚背向右侧摆起，随即经外向斜上、向里、向前鞭甩小腿，脚面绷平，小趾外侧朝上，力达脚背。（图 18-3-24）

【要点】扣膝，绷脚背，发力时大腿带动小腿，力点准确。

4. 勾踢腿

左腿稍屈支撑，上体左转。同时，右脚尖勾紧，大腿带动小腿，以踝关节与脚背接合部为力点向前弧形勾踢，脚底内侧贴地面擦行，右手向右斜下拨搂对方颈部。（图 18-3-25）

【要点】勾踢腿不可向后预摆。勾踢时接触用力，上下肢协调配合。

图 18-3-23   图 18-3-24   图 18-3-25

（五）基本摔法

（1）抱腿前顶：基本姿势，上左步，身体下潜，双手抱住对手的双腿用力回拉。同时用左肩前顶对手的大腿或腹部，将对手摔倒。（图 18-3-26）

【要点】抱腿要紧，两臂和肩向相反方向协调用力。

（2）夹颈过背：右臂夹住对手颈部，右侧髋部贴紧对手小腹，两腿屈膝。随即两腿蹬直，向下弓腰、低头，将对手背起后摔倒。（图 18-3-27）

【要点】夹颈牢固，屈膝、蹬伸、弓腰、低头协调连贯。

图 18-3-26   图 18-3-27

（3）夹颈打腿：左手夹住对手颈部，同时右脚变步与左脚平行。随即向右转体，用左小腿向后横打对手左小腿外侧，将对手摔倒。（图 18-3-28）

【要点】夹颈牢固，身体贴对手，打腿与转体协调一致。

（4）抱单别腿摔：抱住对手左腿后，用左腿别住对手右腿腘窝，用胸、肩贴住对手左腿向前下靠压。（图18-3-29）

【要点】靠压有力，腿要别紧，不能让对手右腿有活动的余地。

图18-3-28　　　　　　　　　　　　　　　　图18-3-29

（5）接腿勾踢：左手抄抱住对手右腿，右手向对手颈部下压，右脚勾踢对手左脚。同时上体右转，右手回拉，将对手摔倒。（图18-3-30）

【要点】接抱腿准确，转腰、压颈、勾踢动作要协调有力，快速完整。

（6）接腿上托：两手抓住对手的脚后跟，屈臂上抬，两手迅速上托并向前上方推送，使对手向后倒地。（图18-3-31）

【要点】抓脚准而牢，推托动作快速、连贯。

图18-3-30　　　　　　　　　　　　　　　　图18-3-31

三、散打基本战术

（一）直攻战术

直攻战术是指在没有附加动作掩护下直接发招进攻的战术。

【应用须知】在对手实战水平低于自己、防守破绽尽露、体力不佳、心理承受力差等情况下，运用此种战术效果颇佳。

（二）强攻战术

强攻战术是指强行突破对手防守而硬性进攻的战术。

【应用须知】当自己胆力、功力、技术都明显强于对手时，运用强攻战术更能突出硬打、硬踢、无遮拦之特点，从而瞬间制胜对手。

（三）反击战术

反击战术是在对手出招攻击时，进行防守后突施攻击的战术。

【应用须知】当对手进攻盲目、经验不足、心态躁动时，运用反击战术，以静待动，意在其先，反击克胜对手。

（四）佯攻战术

佯攻战术是指用虚招、假动作，给对手造成错觉，趁其空当出现，再进行真打的战术。

【应用须知】在对手水平较高、反应敏捷、防守能力较强的情形下，运用佯攻战术引上打下、指左打右、虚实互变以制胜对手，但要求佯攻动作或假动作一定要十分逼真。

四、散打竞赛规则简介与欣赏

（一）规则简介

1.胜负评定

（1）优势胜利评定。

① 在比赛中，双方实力悬殊，台上裁判员征得裁判长的同意，判技术强者为该场胜方。

② 一方被重击（侵人犯规除外）倒地不起达10秒，或虽能站立但知觉失常，判另一方为该场胜方。

③ 一场比赛中，一方被重击强制读秒（侵人犯规除外）达3次，判另一方为该场胜方。

（2）每局胜负评定。

① 每局比赛结束时，依据边裁判员的评判结果，判定每局胜负。

② 一局比赛中，一方受重击被强制读秒（侵人犯规除外）2次，另一方为该局胜方。

③ 一局比赛中，一方2次下台，另一方为该局胜方。

④ 一局比赛中，双方运动员得分相同时，判主动进攻技术强者为胜方。

（3）每场胜负评定。

① 一场比赛，先胜两局者为该场胜方。

② 比赛中，运动员出现伤病，经医生诊断不能继续比赛者，判另一方为该场胜方。

③ 比赛中因一方犯规，另一方诈伤，经医务监督确诊后，判犯规一方为该场胜方。

④ 因对方犯规而受伤，通过医务监督检查确认不能继续比赛者，为该场胜方，但不得参加后面所有场次的比赛。

2.体重分级

48公斤级（≤48千克）。

52公斤级（>48千克≤52千克）。

56公斤级（>52千克≤56千克）。

60公斤级（>56千克≤60千克）。

65 公斤级（＞60 千克 ≤ 65 千克）。

70 公斤级（＞65 千克 ≤ 70 千克）。

75 公斤级（＞70 千克 ≤ 75 千克）。

80 公斤级（＞75 千克 ≤ 80 千克）。

85 公斤级（＞80 千克 ≤ 85 千克）。

90 公斤级（＞85 千克 ≤ 90 千克）。

100 公斤级（＞90 千克 ≤ 100 千克）。

100 公斤以上级（＞100 千克）。

注：根据比赛需要也可以变动体重级别。

3.可用方法

除禁用方法外，可以使用武术的各种拳法、腿法和摔法。

4.禁用方法

（1）用头、肘、膝和反关节技法攻击对方。

（2）用迫使对方头部先着地的摔法或有意砸压对方。

（3）用任何方法攻击倒地方的头部。

5.得分部位

头部、躯干、大腿。

6.禁击部位

后脑、颈部、裆部。

7.得分标准

（1）得 2 分。

①一方下台，另一方得 2 分。

②一方倒地，站立者得 2 分。

③用腿法击中对方头部、躯干得 2 分。

④用主动倒地的动作致使对方倒地，而自己顺势站立者，得 2 分。

⑤一方被强制读秒一次，另一方得 2 分。

⑥一方受警告一次，另一方得 2 分。

（2）得 1 分。

①用拳法击中对方头部、躯干得 1 分。

②用腿法击中对方大腿得 1 分。

③运动员被指定进攻后达 5 秒仍不进攻时，另一方得 1 分。

④一方主动倒地 3 秒不起立，另一方得 1 分。

⑤一方受劝告一次，另一方得 1 分。

（二）欣　赏

1.看　点

散打比赛中，运动员、教练员和裁判员都能够吸引观众的眼球。比赛中，运动员根据个人特点，审时度势，善于捕捉对手的优缺点，及时调整战略战术思想，敢于大胆创造，做出令人匪夷所思的动作，取得意想不到的成功，这是吸引人的地方。同时，教练员通过场上双方运动员的临场表现，及时指导本队队员变换战术打法，表现出机警睿智。裁判员果断、迅速、正确的判罚对比赛起着举足轻重的作用，其执法水准不但影响着比赛的结果，而且影响着观众的欣赏情绪。

2. 礼　仪

散打比赛的时候要进行抱拳礼，具体如下：

（1）介绍运动员时，运动员向观众行抱拳礼；

（2）每局比赛开始前，运动员上台后先向本方教练员行抱拳礼，教练员还礼；运动员之间再相互行抱拳礼；

（3）宣布比赛结果时，运动员交换站位，宣布结果后，运动员先相互行抱拳礼，再向台上裁判员行抱拳礼，裁判员还礼，然后向对方教练员行抱拳礼，教练员还礼；

（4）边裁判员换人时，互相行抱拳礼。

五、散打装备选择

（一）运动服装

散打运动服装要宽松、合体。训练的时候一般穿着短裤及短袖运动衫，比赛的时候运动员必须穿指定的与比赛护具颜色相同的服装。

（二）运动器械与装备

散打搏击双方都需要佩戴护具，有了护具才可以安全地进行练习。护具分为拳套和全身护具。

（1）拳套的重量：男子65公斤级及以下级别和女子及青少年运动员的拳套重量为230克；男子70公斤级及以上级别的拳套重量为280克。

（2）比赛的护具分红、黑两种颜色。运动员必须穿戴竞赛组委会指定的拳套、护头、护胸，并且必须穿戴自备的护齿、护裆和缠手带，护裆必须穿在短裤内，缠手带的长度为2.5～3.5米。

第十九章　民族民间传统体育运动

本 章 提 要

民族民间传统体育是中国体育事业的重要组成部分，是中华民族宝贵的文化遗产。民族民间传统体育既是人类自身实践活动的结果，同时在其发展和形成过程中，更深深地受到传统习俗、传统道德、传统教育等相关传统文化形态的影响。许多优秀的民族民间传统体育项目，不仅具有很强的健身价值，而且还有很高的艺术价值和丰富的娱乐、教育功能。

第一节　舞　龙

一、舞龙运动概述

（一）起源与发展

中国人认为龙象征着水，水蜿蜒曲折，所以，龙也蜿蜒曲折。"龙合而成体，散而成章，乘乎云气，而合乎阴阳。"久旱之年，人们自然想到了"龙"，于是借助于"龙"的庆典活动就成了祈求雨水的主要形式。

在殷商的甲骨文记载中便有向龙卜雨的甲片，而且作为求雨的祭祀舞蹈是很普遍的。按古人的认识，龙总是与风雨同在，龙的出现，必然伴有风雨的"迎送"，这便是求雨离不开龙的根据。舞龙在求雨的祭祀活动中占有很重要的地位，并且逐渐演变得更细、更具体了。

从汉代用"土龙"祈雨，逐渐演变为扎制龙形而舞，便有了舞龙的产生。随着社会的发展，人类文明的进步，舞龙这种形式也逐步从祭祀活动中走出来，并且种类更加多样化，制作工艺更加精细。从舞龙活动的时间来看，不仅在白天，而且夜晚也有舞龙活动，于是产生了在龙身安置灯火以照明，从而有了龙灯的产生。这样原本为祈雨的龙舞，经过多年的发展，演变成了为消灾免难、求得吉祥平安以及娱乐而进行的表演活动。这一点可以从《汉书》《西京赋》和《平乐观赋》等文献记载中看出。这一时期的舞龙，其娱乐和观赏的功能大大地加强了，且越来越受到人们的喜爱。

进入唐代，舞龙活动也进入了鼎盛时期。这一时期的舞龙，已经基本摆脱了原始祭祀的活动，而与民间传统节日的庆典活动密切地结合起来，成为中华民族节日文化的重要组成部分。例如，元宵佳节的灯会，舞龙是必不可少的，在当时的元宵佳节，舞龙的形式多样、制作精美、色彩鲜艳，其场面和规模都是十分壮观的。

两千多年来，舞龙运动一直是民间百姓的重要娱乐活动。1995年2月，国家体育运动委员会（现国家体育总局）将舞龙列为全国正式比赛（四类）项目，并批准成立了"中国龙狮运动协会"，制定并出版了《中国舞龙竞赛规则》，创编了中国舞龙运动竞赛规定套路，使舞龙运动进一步规范化。近几年来，在国家体育总局的领导下，通过挖掘整理和试办各种舞龙比赛，其传统的民间舞龙发展成为集技巧、艺术等为一体，寓身体锻炼于精彩表演之中的群众体育活动。同时它也成为当前我国推行全民健身计划，增强人民群众身心健康，推动农村体育运动开展的重要大众体育项目之一。

（二）特点与功能

1. 特　点

（1）鲜明的民族特色。

"龙"是中华民族的象征，舞龙是中华民族的传统文化活动。舞龙的习俗，是继承殷周"祭天"的遗风，我国各民族都有舞龙的习俗。古时候，舞龙是一年中大型节日的节目之一，舞龙之日，以旌旗、锣鼓、号角为前导，数名精壮汉子借助龙具共同完成龙的游、盘、翻、腾、穿、缠、戏等舞龙技巧动作，以祈求"风调雨顺国泰民安"。"舞龙"最初是一种祭祀活动，而非娱乐，成为助庆娱乐活动是汉唐以后的事。随着华人移民到世界各地，现在的舞龙文化，已经遍及东南亚、欧美各个华人集中的地区，成为中华文化的一个标志。

（2）强调集体配合。

舞龙运动是一个集体项目，整个舞龙的过程中，队员在龙珠的带领下，由5人、9人或多人借助龙具共同完成龙的游、盘、翻、腾、穿、缠、戏等舞龙技术动作。舞龙运动注重训练队员之间的协调配合，这是完成舞龙技术动作的基础。

（3）鼓乐伴奏。

锣鼓、号角、唢呐、大钹均是舞龙的传统伴奏器乐，舞龙者按鼓点的节奏完成成套技术动作。

（4）种类繁多、形式多样。

舞龙的主要道具是龙。龙用草、竹、布等扎制而成，龙的节数以单数为吉利，多见五节、九节、十一节、十三节，多者可达二十九节。综观各地、各族人民的舞龙表演，其种类繁多，各具特色。常见的有火龙、草龙、人龙、布龙、纸龙、花龙、筐龙、段龙、烛龙、醉龙、竹叶龙、荷花龙、板凳龙、扁担龙、滚地龙、七巧龙、大头龙、夜光龙、焰火龙、香火龙等近百种之多。

（5）与节日娱乐紧密相连。

舞龙活动起源于祭祀活动，人们用舞龙来祈祷龙的保佑，以求得风调雨顺，五谷丰登。汉唐之后，舞龙逐渐演化为庆祝娱乐的活动，在喜庆日子里人们通过舞龙表达愉悦的心情和展示舞龙者的强壮体魄。

2. 功　能

（1）发展、提高人的全面身体素质。

经常从事舞龙运动的人，其肌肉的力量、速度、耐力和柔韧性等身体素质均能得到全面的发展和提高。经常参加舞龙运动，人体的心肺功能会得到改善。

（2）培养集体主义思想和团队合作精神。

舞龙运动是数名舞龙者在龙珠的引导下，手持龙具，随鼓乐伴奏，通过人体运动和姿势的变化，完成龙的游、盘、穿、腾、跃、翻滚、戏、缠、组图造型等动作和套式，全体舞者必须密切配合、齐心协力，才能充分展示出龙的精、气、神、韵。

舞龙运动要求舞者在训练和比赛中舞出龙的灵动、节奏、力量和柔美，因此能促进速度、力量、耐力、灵敏和柔韧等身体素质的全面发展。

（3）促进交流，增进友谊，建立良好的人际关系。

通过舞龙运动的训练和比赛，舞者可以相互交流经验、切磋舞技，达到相互学习、共同提高、增进友谊、建立良好的人际关系的目的。

二、舞龙基本技术

（一）舞龙基本方法

1. 舞龙珠

【动作要领】持龙珠者，即为龙队指挥者，在鼓乐伴奏下，引导舞龙者完成龙的游、穿、腾、跃、翻、滚、戏、缠、组图造型等动作和套式，整个过程要生动、顺畅、协调。舞龙珠的目的有引导龙队出场，认清出场方向；了解比赛场地的大小，熟悉表演动作的方位，避免表演时出现方位不正或场地利用不充分。舞龙珠者必须熟悉本队套路中的各种队形的变化以及具备必要的场上应变能力；舞龙时要求舞龙珠者双眼随时注视龙珠，并环视整队及周边环境的情况变化，与龙头保持协调配合，并与龙头保持 1 米左右的距离；同时，龙珠还应不停地旋转。

【易犯错误】龙把下端露出，易刮伤别人；握把过紧，造成舞龙动作僵硬。

【纠正方法】满把握，上手活。

2. 舞龙头

【动作要领】持龙头者身材必须高大魁梧、有力。舞动时，保持龙头动作紧随龙珠移动，龙嘴与龙珠相距 1 米左右，似吞吐之势，注意协调配合，应时刻注意龙头不停地摆动，以展现出龙的生机活力、威武环视之势。舞龙头的目的是在龙珠引导下，紧随其后移动，从而带动龙身的摆动；龙头左右摆动时，一定要以嘴领先，显示出追珠之势。舞龙头的要求是龙头替换时，不能影响动作的发挥；因龙头体积较大，在左右摆动时不得碰擦龙身或舞龙者；与龙珠保持 1 米左右的距离。

【易犯错误】龙头左右摆动时，左手不能拧转使龙以嘴领先摆动，未能展现出龙的生机活力。

【纠正方法】左手拧转把，使龙头始终以嘴领先摆动，同时上手上下滑把，以显示龙的威武环视之势。

3. 舞龙身

【动作要领】舞龙身者，必须随时与前后保持一定的距离，眼观四方，紧跟前者，走定位。空中换手时尽量将龙身抬高，甚至可跳起；舞低时，尽量放低，但千万不可将龙身触地；在高低左右舞动中，龙翻腾之势即展现其中；还必须随时保持龙身蠕动，造成生龙活虎之势。在跳与穿的动作中，应特别注意柄的握法，柄下端不可多出，以免刮伤别人。龙身在左右舞动时，运动轨迹要圆润、顺畅；龙身不可触地、脱节；龙体不可出现不合理的打结。

【易犯错误】夹把，即上下手把位在体前形成交叉，导致龙身运动轨迹不能流畅圆顺；抢把，即后把舞动提前，导致龙身折曲；滞把，即后把舞动滞后，龙身被前把拖拽，导致龙身僵直。

【纠正方法】肩放松，向左扣右肩，向右抬左肘；顺势加力舞，眼观龙身圆顺。

4. 舞龙尾

【动作要领】持龙尾者，需身材轻巧、速度快。龙尾也是主要部位，因为龙尾时常有翻身的动作，龙尾在舞动时翻尾要轻巧生动、不拖泥带水，否则容易使龙尾触地，造成器材的损坏，而且会让人感到呆板。龙尾时时成为带头者，因为有些动作必须龙尾引首；龙尾亦是整条龙舞动弧度大小的控制者，持龙尾在穿和跳的动作中，更应注意尾部勿被碰撞或碰撞别人，最重要的是随时保持龙身的摆动。舞龙尾的目的是随着龙身的带动时刻摆动，体现出龙的轻巧生动。龙尾舞动时，要求不能触地，龙尾在舞动过程中始终保持左右的舞动，并控制左右舞动弧度的大小。

【易犯错误】龙尾在舞动过程中不能左右舞动，未能体现出龙的轻巧生动。

【纠正方法】左手拧转龙把，右手适度松活，使龙尾时刻摆动，并控制左右舞动弧度的大小。

（二）舞龙基本动作

舞龙运动的技术动作主要划分为五大类：8 字舞龙类动作、游龙类动作、穿腾类动作、翻滚类动作、组图造型类动作。根据动作完成的难易程度又可划分为 A 级难度动作、B 级难度动作、C 级难度动作。

1.8 字舞龙动作

舞龙者将龙体在人体左右两侧交替做 8 字环绕的舞龙动作，包括原地 8 字舞龙（图 19-1-1）和行进间 8 字舞龙（图 19-1-2）。8 字舞龙动作可以结合伴奏锣鼓的节奏做快慢变化，也可以充分利用舞龙者的身体姿势变化，如单跪、靠背、跳步、抱腰、绕身等身体姿势做各种不同的 8 字舞龙。做 8 字舞龙动作时，经常容易出现舞龙动作不圆顺，队员速度不一致，龙体运动与人体不协调、不统一，造成人龙脱节、龙体触地、舞动速度太慢等错误。做 8 字舞龙时，龙体的运动轨迹要顺畅、圆润，人体的各种造型姿势要优美，快速舞龙要突出速度、力量和龙体运动轨迹流畅。

图 19-1-1

图 19-1-2

2. 游龙动作

游龙是舞龙者在快速奔跑游走过程中，通过龙体运动的高低、左右、快慢的起伏，充分展现龙的婉转回旋、左右盘翻、屈伸绵延等动态特征（图 19-1-3）。游龙动作主要包括直线行进、曲线行进、走圆场、起伏行进、行进中越障碍等动作。龙体在行进中应遵循圆、弧、曲线的运动规律，舞龙者应协调地随龙体起伏行进。

图 19-1-3

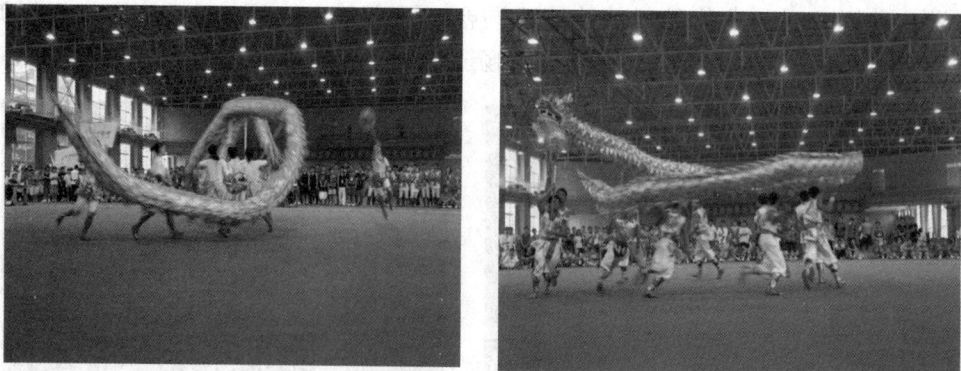

图 19-1-3（续）

3. 穿腾动作

穿腾包括穿越和腾越两种方式。龙体动作线路呈交叉形式，龙珠、龙头、龙身各节依次从龙身下穿过称为"穿越"（图 19-1-4）；龙珠、龙头、龙身各节依次从龙身上越过称为"腾越"。穿腾动作主要包括穿龙尾、龙穿身、越龙尾、首尾穿肚、穿尾越龙身、腾身穿尾、龙脱衣、龙戏尾等动作。在做穿越和腾越动作时，龙形应保持饱满，穿腾动作流畅不停顿，速度均匀，轻松利索，不拖地，不碰踩龙身。

图 19-1-4

4. 翻滚动作

当龙身运动到舞龙者脚下时，舞龙者利用滚翻、手翻等动作从龙身越过，称为"滚翻动作"（图 19-1-5）。做滚翻动作时，必须在不影响龙身运动的速度、幅度、美感的前提下，及时完成，而且所做滚翻动作应干净利索，规范准确，并保持龙身运动轨迹流畅圆顺，龙形饱满。

图 19-1-5

5. 组图造型动作

龙体在运动中组成活动的图案和相对静止的龙体造型。要求活动图案画面清晰，静止造型形象逼真，以形传神，以形传意，与龙珠配合协调，组图造型连接、解脱要紧凑、利索。主要内容包括龙门造型（图 19-1-6）、塔盘造型（图 19-1-7）、龙舟造型（图 19-1-8）、上肩高塔造型（图 19-1-9）、组字造型（图 19-1-10）、大横 8 字花慢行进（图 19-1-11）等。

图 19-1-6

图 19-1-7

图 19-1-8

图 19-1-9

图 19-1-10

图 19-1-11

三、舞龙竞赛规则简介与欣赏

（一）规则简介

1. 比赛通则

（1）舞龙比赛按竞赛类型可分为单项赛、全能赛。

（2）舞龙比赛按性别可分为男子组、女子组。

（3）舞龙比赛按年龄可分为成年组（18 周岁以上，含 18 周岁）、少年组（12 周岁至 17 周岁，含 12 周岁）、儿童组（不满 12 周岁）。

（4）舞龙比赛按竞赛成绩可分为等级赛。

（5）舞龙比赛竞赛项目可分为：规定套路（单龙，9 把 1 珠，10 人上场）、自选套路（单龙，9 把 1 珠）、传统套路（形式不限）、技能舞龙（单龙，9 把 1 珠）。

（6）舞龙比赛套路的时间为 8 ~ 9 分钟。

2. 名次评定

舞龙比赛分预赛、决赛，按成绩高低排定名次。比赛名次的确定，根据竞赛规程关于录取名次的规定进行。

（1）规定套路录取名次的办法。

① 得分高者，名次列前。

② 如得分相等，按下列办法确定：以所有评分裁判之总得分减去总扣分计算，高者名次列前；如相等，无效分的平均值接近有效分平均值者名次列前；如再相等，无效分的平均值高者名次列前；如再相等，名次并列。

大学生男子舞龙规定套路

（2）自选套路录取名次办法。

① 得分高者，名次列前。

② 如得分相等，按下列办法确定：以所有评分裁判之总得分减去总扣分计算，高者名次列前；如再相等，以高难度动作总分高或数量多者名次列前；如再相等，名次并列。

自选套路

3. 音乐与计时

（1）音乐。

舞龙音乐伴奏是烘托气氛、转换节奏、激励队员情绪不可分割的重要组成部分。音乐的旋律、乐曲的快慢、强弱的转换等均要与舞龙动作成为一个协调、和谐、完美的整体。伴奏音乐可选用鼓乐、吹打乐等多种形式，也可选用符合舞龙特点的音乐。

（2）计时。

① 第一位运动员踏入赛场则开表计时；如在赛场内静止造型候场，以第一位运动员开始动作开表计时。

② 运动员完成套路动作后，最后一位队员离开赛场停表；如在赛场内静止造型结束，则以全体运动员完成静止造型停止动作停表。

③ 计时以临场裁判组计时表为准。用两块表计时，按接近规定时间的表计算时间。

4. 舞龙动作的分类和难度

舞龙动作按动作形态特征可分为：8字舞龙动作、游龙动作、穿腾动作、翻滚动作、组图造型动作。

舞龙动作按动作技术的难易程度可分为：A级难度动作、B级难度动作、C级难度动作。

A级难度动作：是指舞龙的基本动作和技术较为简单的舞龙技巧动作。

B级难度动作：是指在舞龙基本动作上有所发展、有所提高，具有一定难度，必须经过严格的训练才能完成的舞龙技巧动作。

C级难度动作：是指必须具备较高的身体专项素质和专项技能才能完成的高难度舞龙技巧动作、高难度的舞龙组合动作，并有较高的锻炼价值和审美价值。

（二）欣　赏

1. 看龙体

龙体要舞圆，要有速度、有力度、有幅度。游龙动作可上下左右游、水平线游、曲线游。穿腾动作、翻滚动作等动态、静态动作都需有力度、有连贯性。

2. 看龙和舞龙者的配合

舞龙队员的形体动作变化要随龙的形体变化而变化，讲究人龙配合，做到珠引龙走，龙跟珠行，构成各种美的形态。

3. 看组图造型

组图造型形象要逼真，龙态要饱满，方法要巧妙，解体要利索。主要造型是盘龙，也可有双盘龙、龙出宫、螺丝结顶、高空荷花、高塔盘等，但连接要紧凑，珠、头、尾要相互呼应，有动感。

4. 赏配乐

舞龙音乐具有烘托气氛、转换节奏、激励队员情绪的作用。一般是先锋开道，锣鼓管弦随后，根据动态或静态舞龙动作的轻重缓急用长锣、魁星锣、满江红等锣鼓点。

四、舞龙装备选择

（一）运动服装和鞋

（1）比赛时，运动员应穿具有特色的表演服装。要求穿戴整洁，服饰款式色彩须与舞龙器材相协调。

（2）执龙珠队员的服饰与其他队员应有明显区别。

（3）运动员上场比赛须佩戴号码，执龙珠者为"0"号，执龙头者为"1"号，其余依次顺延，替换队员、伴奏队员均须佩戴号码。

（4）运动鞋要选防滑、柔韧和弹性良好的。

（二）运动器材

1. 龙　珠

球体直径为 0.33 ~ 0.35 米，杆高（含珠）不低于 1.7 米。

2. 龙　头

龙头重量不得少于 3 千克。龙头外形尺寸，宽不少于 0.36 米，高不少于 0.6 米，长不少于 0.9 米，把高不低于 1.25 米。龙头（含杆高）不低于 1.85 米。

3. 龙　身

以九节布龙参赛，龙身为封闭式圆筒型，直径为 0.33 ~ 0.35 米，全长不少于 18 米，龙身杆高（含龙身直径）不低于 1.6 米，两杆之间距离大致相等。

第二节　龙　舟

一、龙舟概述

（一）起源与发展

龙舟是中国历史上最古老的运动项目之一，经过两千多年的发展演变，如今已经遍布世界各地，这对于纯粹源自中国的体育运动项目来说并不多见。与其他体育项目一样，龙舟运动也来源于人类对自然环境的适应与征服，来源于人类的游戏、战斗、劳动等。

2005 年，龙舟被列入第 4 届东亚运动会的正式比赛项目。同年，龙舟项目和亚洲龙舟联合会正式被亚洲奥林匹克理事会承认，龙舟成为 2010 年广州亚运会的正式比赛项目。2005 年中国大学生体育联合会赛艇与龙舟分会成立，并先后多次举办了中国天津国际大学生龙舟邀请赛、大学生全国龙舟锦标赛等重大赛事。2005 年教育部批准了 10 所高校作为龙舟高水平运动队试点校，为大学生龙舟运动的发展起到了巨大的推动作用。这些高校成为我国龙舟运动发展过程中的一股新生力量，龙舟运动水平不断提高，令世人瞩目。2007 年，龙舟运动正式成为国际奥委会单项体育联合会总会的正式成员，这意味着龙舟运动在国际上获得了更广泛的认同和支持，也真正标志着中国古老的龙舟运动走向了竞技体育的发展道路。

（二）特点与功能

1. 特　点

龙舟运动传承至今，以其悠久的历史，广泛的群众基础，赛场大、参赛人数多、竞争激烈，运动量和强度可大可小，锻炼形式多种多样，不受年龄、性别限制等特点，而成为增强人民体质的重要手段，也是学校体育的重要组成部分。

2. 功　能

经常参与龙舟运动，能锻炼人体背部和颈肩后侧肌肉力量，缓解颈肩痛和矫正驼背现象，增强人体上下肢臂部肌肉力量，提高人体平衡能力；能使人体的心肺功能、代谢机能得到改善；同时，还可练就游泳技能。

（三）分　类

龙舟运动经过两千多年的发展演变已成为一项风靡世界的竞技运动，龙舟运动有了完善的器材和竞赛规则。从竞赛的角度来划分，龙舟比赛可分为标准龙舟比赛和传统龙舟比赛两大类。

1. 标准龙舟

标准龙舟是当今国际、国内龙舟比赛所规定采用的形式，它对船只的长、宽、高及重量有严格的要求，并对划桨的长度和桨叶的长度、宽度、形状都有明确的规定，这些规定使竞赛中的器材标准得以统一。根据船只的大小，参加人数有 22 人制（20 名划手，鼓手、舵手各 1 名）、12 人制（10 名划手，鼓手、舵手各 1 名）、5 人制（5 名划手）等；参赛组别有公开组、男子组、女子组、混合组、成年组、青年组、少年组和老将组；参赛项目上有直道竞速赛、环绕赛、超长距离拉力赛等。因为受船只、水域、季节、风向等多种客观因素影响，所以龙舟比赛不设世界纪录。

2. 传统龙舟

传统龙舟对船只和划桨的要求不多，其特点是船只和划桨均可自带。通常一条龙舟上的参赛人数为 40 ～ 80 人，鼓手在中间。传统龙舟比赛中秉承了许多传统习俗，而且参赛人数众多，划起来气势恢宏，所以传统龙舟更具民族性和历史性，文化气息也更浓厚，颇具感染力。

二、龙舟基本技术

（一）鼓手技术

鼓手是龙舟上的灵魂人物，他在比赛中负责实施教练员的战术意图，指挥全队完成比赛。好的鼓手能很好地调动队友的积极性，鼓舞全队士气，增强取胜的自信心。

1. 敲　鼓

鼓手在敲鼓的过程中可采用单手或双手击鼓的方式。鼓声也可以变换花样，为了使队员们在比赛划桨时整齐划一，节奏一致，通常的配合方式是鼓手敲，划手跟，桨入水的一瞬间恰好落在鼓的节奏上。

2. 鼓声节奏

鼓手击鼓的节奏与力度对划手的影响非常大，如果节奏没有变化、击鼓没有力量，划手容易产生厌倦，没有激情；反之，有力的击鼓和加快的节奏能有效地刺激划手，以此调动情绪，使划手们奋力划水，提高船速。

（二）舵手技术

好的舵手会给全队带来自信心，使队员没有后顾之忧，全身心地投入比赛。

1. 舵手的姿态

在龙舟比赛中我们常见的舵手姿态有坐姿、跪姿和站姿三种。

（1）坐姿。

身体正对或侧对前方，坐在舵手位置，两脚置于左右舱；右手握住舵柄，左手扶住舵杆，使舵叶平行垂直水面，两眼注视前方。

（2）跪姿。

身体对侧前方，左小腿横在龙舟尾部，以左膝关节和左脚掌顶住两侧船舷，右脚踏在船舱内，稳定支撑身体；右手握住舵柄，左手扶住舵杆，使舵叶平行垂直水面，两眼注视前方。

（3）站姿。

两脚开立，右脚前左脚后，稳定支撑身体，左手握住舵杆顶部，使舵叶与水面垂直，两眼注视前方。

2.舵手操作技术

（1）点式技术。

舵手在船尾，右手握紧船柄，左手握住舵杆，将桨叶压于水面，且全神贯注，要非常敏锐地感觉到船体细微的变化，当船稍有偏航时，将舵入水后就快速提出水面，来修正船的方向。

（2）拨式技术。

船身在行驶过程中偏向左侧，此时舵手右手握紧舵柄，左手握住舵杆，先内收舵柄后上抬，将舵叶压入水中后向外推出，以此来修正船的方向。

（3）拖式技术。

船在行驶过程中，舵叶始终在水中控制方向。

（三）桨手技术

1.握桨姿势

龙舟握桨方法根据划桨操作的位置而定，如果是在右舷划桨，那么桨手用左手握在手柄上，四指从外向内并拢，拇指从内向外包住桨把，而右手握在桨把的下端（桨叶与桨把的交界处），四指从外向内并拢，拇指从内向外包住桨把，划行时要自然放松，不能握得太紧，以免手心起泡破皮。左舷划桨与右舷相反。通常我们把握在上面的手叫"上手"或"推手"；握在下面桨柄处的手叫"下手"或"牵引手"；上手臂的肩叫"推肩"或"上肩"，下手臂的肩叫"牵引肩"或"下肩"。

2.船上坐姿

右排坐姿：左脚在前，全脚掌踏实在母船板上；右脚在后，位于自己臀部下方，右脚脚跟稍起，大腿和臀部的外侧紧靠贴船舷的内沿。左排坐姿的技术要求与右排坐姿相反。

3.划桨技术

（1）入水动作。

【动作要领】入水是从桨叶尖端接触水面到桨叶全部浸入水中的阶段。入水是力量传递的重要部分。运动员在前一个恢复阶段有力摆动的基础上，再加速将桨叶靠近船体向前与船体平行地推出，使桨叶入水角度在80°～90°。这时，运动员的身体前倾，转动躯干，使背部朝向划桨一侧，两臂伸直，抬高推桨的肘部，使拉桨肩向前，推桨肩稍后移，肘弯曲，手在头的上方。

【易犯错误】握桨过死，前臂发僵，难以做出前伸动作。

【纠正方法】双手放松不要握得太死，下手拇指与食指紧握桨杆，其他手指放松，这样便于桨入水时前伸。上手正握桨柄，拇指顶住桨柄，这样便于提桨出水。

（2）拉桨动作。

【动作要领】桨叶入水后，推桨手迅速前推并撑住，使桨叶抓住水，拉桨手的肩后移，利用抬体和转体的力量直臂向后拉桨。从入水后到拉桨，运动员应将身体重量压在桨上。拉桨时腰背用力，臀部肌肉紧张。拉桨手拉过臀部以后开始屈臂。拉桨手的手腕先向内转，同时肘部向外翻，到上体抬至接近垂直时拉桨结束。拉桨动作是由一连串连续的同时向两个相反方向运动的动作所组成的，要尽可能长地保持用力的距离。

【易犯错误】拉桨时没有使用躯干的力量，拉桨过程中桨叶发飘、抓水，产生分力。

【纠正方法】动作不能脱节，拉桨时抓水要稳，水感要好，控制桨叶的角度与快慢的协调。

（3）出水动作。

【动作要领】在拨桨时，紧接着拉桨动作，两臂继续向上提桨，桨叶即迅速从水中提出。起桨向前时，桨的下叶不能碰水面，以免产生阻力，也不能提得太高，否则会影响向前伸展手臂和入水时间以及配合划行的速度。

【易犯错误】易扬起水花，躯干与桨出水时动作不协调。

【纠正方法】拉桨与出桨动作要连贯，迅速、干净地提桨出水，桨出水时躯干前倾，全身肌肉处于放松状态。

（4）恢复（回桨）。

【动作要领】从桨叶出水到下一次桨叶入水之间、桨叶不在水中划行，属回桨阶段。当桨叶达到坐位时，推桨手转动桨把并上提向前，拉桨手则在髋部附近和同侧髋部一起有力地前移。桨叶出水后，运动员上身挺直，开始转动上体，将桨继续向前上方推出。在恢复阶段，应强调肌肉的放松和呼吸，这是使划桨动作连贯、协调的重要阶段。在恢复阶段的最后，运动员全身肌肉再度紧张，屏住呼吸，准备下一次桨叶入水。

【易犯错误】回桨弧度太大，摆动不以桨叶边朝侧前方，增大阻力。

【纠正方法】回桨不要提得太高，或弧度太大，要将放松与发力摆在同等重要的位置上，增强柔韧、协调的练习。

（四）配合技术

龙舟运动是一项集体运动项目，没有好的配合，即使个人能力再强，也很难完成比赛，必须靠相互间默契的配合才能很好地完成比赛。

1. 完美的协调

完美的协调是指在一条船上的所有运动员，其个人体质、生物特性、技术和心理上的特点，可以互相弥补、互相取长补短而形成一个完美的整体。在生物特性方面，运动员对规定的运动量几乎有相同的反应，包括心率和恢复时间，这可以使教练员采用同一个训练计划而取得同样的提高。另一方面，一条船上的运动员最好能在不同的时间出现"极点"，这可以使运动员相互弥补，不致因同时出现"极点"而导致突然的减速。

完美的协调还包括运动员心理上的协调。运动员之间应相互了解，团结协作，相互信任，相互宽容，有一个共同的长远目标，真正做到一条船一个心，完美地合作，高度地团结，从而取得集体的胜利。

2. 快节奏的技术

龙舟技术首先要强调单人划船的规范技术。除了完美的协调，在划桨技术上要求更快的节奏。

龙舟的抓水动作要快，角度要小。特别是桨手要适应第一位桨手划桨后快速流动的水，桨手要更快地在流水中找到最大的支撑力，这种支撑力对桨叶产生反作用力可用以推动船体前进，这是龙舟技术中最重要而最困难的点。由于水流速度快，拉桨时既要更快地用力，又要防止推桨臂过早地前移而造成力量转移。

3. 同步一致

龙舟比赛要求所有桨手从抓水到出水完全同步一致，就像一个人在划。但是每个桨手不能丢失个人的风格，不能为取得技术上的同步一致而降低个人的划桨效率。同步一致对左右舷前一号位至三号位的桨手提出了很高的要求，他们必须对鼓手的鼓点频率高度敏感，不能稍有落后。

4. 龙舟的桨位安排

教练员可以通过桨位比赛来选择运动员，但对运动员的搭配有基本的要求。

三、龙舟基本战术

（一）起航领先战术

领先战术是比赛中最常用的战术之一，这一战术的指导思想就是在比赛中利用领先后坚持下去的方法给对手施加心理压力。根据项目的不同，起航时间与全程平均时间的差异在3～5秒。采用领先战术要求运动员必须经过专门的训练，因为前100～150米要以几乎最大速度划行，且可能要坚持30～50秒。

（二）全程匀速战术

采用全程匀速战术的运动员划前半程的速度低于自己的出发速度，而划后半段的速度却高于整个赛程的平均速度。这一战术要求全队有较高的平均速度，对于平均分段来说，出发落差必然减少。

（三）负分段战术

负分段战术正像在其他运动项目，如跑步、游泳等运动项目中所使用的战术一样，就是划完各个分段所耗费的时间是递减的，即时间增量是负数，所以称负分段。其他项目所说的负分段在龙舟比赛中几乎是不可能的，因为舟艇要受到邻近舟艇的波浪影响。但是在一个确定良好的出发之后，负分段战术对最后500米来说是可能的。负分段战术适用于1000米和长距离比赛。

（四）分段变速战术

分段变速战术即在分段中通过控制自己的速度使其进行快慢变化，目的在于打乱对手的速度节奏，最大地消耗对手体力。这种战术通常出现在1000米的比赛中，它能克服对手的跟随划战术。

四、龙舟竞赛规则简介与欣赏

（一）规则简介

1.起　航

各队准备就绪后，在赛前 1 分钟时间内，发令员可以组织出发，发令程序为："各队注意"（运动员做准备姿势），"预备"（运动员处于静止状态），鸣枪或大会规定出发信号（笛声），各队出发。发令员发出"各队注意"时，未准备好的赛队，鼓手应把手高举过头并且不停摆动，发令员将视情况延时发出"预备"口令。此时如属有意延误比赛也将受到黄牌警告，这种警告作为抢航犯规一次计算。发令员发出"预备"口令时，舵手才能松开裁判调船绳（或杆）。"预备"至鸣枪之间相差时间为 2～5 秒。

（1）抢航犯规。

发令员发令（鸣枪）前，凡划桨划动或利用敲鼓、吹哨、呼喊指挥划手者，均判罚为抢航犯规。

（2）犯规处罚。

同组比赛 2 次受到黄牌警告的赛队、受到 1 项黄牌警告又抢航 1 次的赛队、连续 2 次抢航的赛队、发生抢航后拒绝裁判员召回至起点的赛队均会被红牌判罚，取消该项比赛资格。

每组比赛的起航次数不得超过 3 次，若发令员组织第 3 次起航时发生抢航犯规，该组将不再召回，比赛继续进行，只通知途中裁判员第 3 次起航时抢航犯规的参赛队的所在航道，由途中主裁判员出示红牌，令其退出航道，取消该项比赛资格。

2.途　中

（1）起航后，各队应自始至终在本航道划行，龙舟任何部分均不得超越本航道。若发生串道并以领先优势在其他龙舟之前时，不论相撞与否，实质已对其他赛队造成了影响，则该队被红牌判罚，取消该项比赛资格。发生串道时，串道的龙舟落后于此航道的龙舟，未影响在此航道正常比赛的龙舟队成绩，并能划回本航道时，判罚规则不在此列，包括中间航道的赛队串道处于其他龙舟之后，且又确实未曾接触及影响（包括舟的尾浪的影响）其他龙舟的正常划行，并划回本航道者，可不判犯规。

（2）各队鼓手应积极有节奏地敲鼓指挥划手，可以吹口哨配合鼓声指挥划手，未曾积极敲鼓的赛队将被罚加时 5 秒，此规定在起航 50 米之后生效。

（3）各队鼓手、舵手不得持桨划水，包括不得使用划水器械或利用一只手划水。因此占得优势的队，将被红牌判罚，取消该项比赛资格。

（4）比赛中如发生两条或两条以上龙舟相撞，根据下列情况判罚和确定是否中止比赛：

① 预赛发生这种事件，犯规队被红牌判罚，取消该项比赛资格，其他队继续比赛；

② 复赛至决赛的赛事在比赛半程内发生这种事件，途中裁判长将发出中止比赛信号（鸣锣）并拦截，犯规队被红牌判罚，取消该项比赛资格，其他队立即回到起点重赛；

③ 复赛至决赛的赛事在比赛过半程发生这种事件，犯规队被红牌判罚，取消该项比赛资格，其他队继续比赛，由总裁判长指令确已受到影响的队重赛（重赛时间安排在下一轮赛事

之前）。该组比赛则以成绩确定名次。

3. 终　点

（1）龙舟（龙头）前沿到达终点线，即为划完全程，由终点裁判根据龙舟通过终点线的先后顺序判定名次。

（2）发生下列情况视为终点犯规，成绩无效，名次取消：

① 龙舟未从本航道通过终点；

② 龙舟到达终点时所载队员数目与检录登舟时不同；

③ 龙舟上配套器材、设备短缺；

④ 发现严禁携带的违禁物品。

（二）欣　赏

1. 欣赏运动员的奋力拼搏

龙舟属于一种测速类项目，欣赏龙舟，首先是欣赏运动员的奋力拼搏。锣鼓一响，水手们奋力划桨，这时水上龙舟如离弦之箭，争先恐后。具体来说，主要有如下几个欣赏方面：一是看速度、力量和耐力等身体素质如何；二是看动作是否有节奏，技术是否合理；三是看技术动作是否有美的韵味和风格；四是看运动员的意志品质。同时，运动员在与对手的竞争当中，可以激发出自己身体、精神与技战术等多方面的潜质，而奋力拼搏、积极向上的人性之美，也是欣赏的重点所在。

2. 欣赏龙舟的娱乐性意涵

尽管龙舟与奥林匹克运动中的皮划艇等项目有相似之处，但由于处在不同的文化传统中，表现出的精神内核有较大不同。中国传统文化讲求平衡、和谐，作为传统体育运动，龙舟也并不像西方体育那样一味追求竞速，而有很多娱乐性、修养性的成分在其中。广东省部分地区流行的龙船景也叫"趁景"，每年农历五月初一至五月二十，指定水域邀集各乡龙船前来"应景"。因不争名次，只表演技巧，故称"趁景"。它轮流在各乡举行，每天一景。有些乡村很看重"龙船景"，像过盛大节日似的热闹。这些龙舟活动有时也进行速度比赛，但其主要目的并不在于夺标，而是让运动者感受传统文化的氛围。

3. 欣赏龙舟的传统文化底蕴

相传，龙舟起源于对屈原的纪念，因此，至今龙舟活动也多在端午节期间进行。其实，作为一种文化，龙舟的出现比屈原所处的年代要早得多，而且在屈原的诗歌当中，也早有对类似活动的描述。但无论如何，龙舟是我国传统文化的重要表现形式，龙舟所承载的不仅是一种身体活动，更能联系到历史、社会、民俗等方方面面的内容。现在许多地方都围绕赛龙舟开展"龙舟文化节"活动。在龙舟比赛前，人们按照传统仪式为屈原唱"招魂曲"；与龙舟活动配套，也往往有许多其他民俗活动相伴，如抢鸭子、"渔舟唱晚"等。对龙舟的欣赏，就是对中国传统文化的欣赏。

4. 欣赏龙舟的地方文化差异

中华文明是由众多各具特色的地方文化所组成的，虽然龙舟是我国南方众多地区共同的体育活动形式，但在很多方面却有较大差异。在很多地区，划龙舟主要在端午节前后进行，是为了纪念屈原，但也有一些地方的龙舟竞赛和屈原无关。在南方，有的地方在正月十五元宵节划龙舟；云南省西双版纳地区傣族的龙舟竞渡，是在每年的清明节后十天举行。有的地方还把划龙舟与纪念伍子胥或越王勾践联系起来。这样看来，我国各地由于民情风俗不同，对于端午节划龙舟所纪念的内容也各不相同。

五、龙舟装备选择

（一）龙　舟

总长：18.4 米（含龙头、龙尾），允许误差 ±5 厘米。

舟长：15.5 米，允许误差 ±3 厘米。

舟宽：1.1 米（中舱最宽处），允许误差 ±1 厘米。

重量：因龙舟制作材料不受限制，龙舟本身重量不设统一标准。但要求同一次赛事使用的所有比赛龙舟最重与最轻的差距不得超过 5 千克（含龙头、龙尾和舵桨）。

（二）舵　桨

舵桨采用固定式，固定装置设在尾舱左侧船体上。舵桨总长 250 厘米，其中桨叶长 75 厘米，桨叶前沿宽 20 厘米，上端宽 16 厘米，弧形斜口延伸 15 厘米，允许误差 ±3 毫米。桨叶的边缘厚度为 0.7 ～ 1 厘米。桨杆直径下端为 5 厘米，上端为 3.5 厘米，桨柄长 15 厘米，直径为 3.5 厘米。（图 19-2-1）

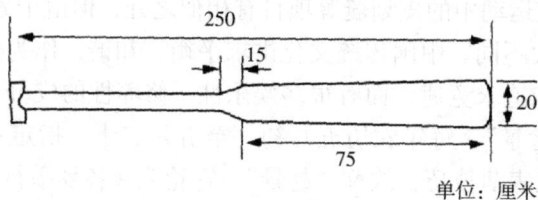

单位：厘米

图 19-2-1

（三）划　桨

划桨长度为 105 ～ 130 厘米，其中桨叶长 48 厘米，弧形斜口延伸 12 厘米，其中距末端 36 ～ 48 厘米是桨叶的肩。桨叶前沿最大宽度为 18 厘米，长 12 厘米处宽 16.75 厘米，长 24 厘米处宽 15.4 厘米，长 36 厘米处宽 14.05 厘米，允许误差 ±1 毫米。桨叶的边缘厚度为 0.4 ～ 1 厘米。桨杆直径为 2.5 ～ 3.5 厘米，桨柄长 57 ～ 82 厘米。（图 19-2-2）

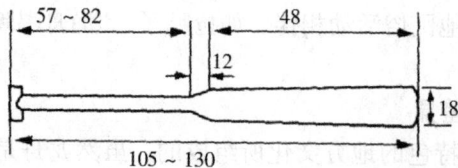

单位：厘米

图 19-2-2

第三节 抛绣球

一、抛绣球概述

（一）起源与发展

抛绣球历史源远流长，它的历史可以追溯到 2000 多年前，当时用以甩投的是青铜铸造的古乐器"飞砣"，其在作战和狩猎中运用，后来"飞砣"逐渐发展为现在的"绣球"。人们在茶余饭后常互相抛接绣球娱乐，同时绣球也成为青年男女定情的媒介。1982 年，抛绣球由民俗表演项目成为少数民族传统体育运动会的竞赛项目。2002 年 10 月，在广西壮族自治区第十届民运会抛绣球比赛中，在高杆抛绣球的基础上，比赛增加背篓抛绣球项目（设男女团体），增补了相关的裁判规则，这一项目成为国家级和省级体育运动会的竞技和表演项目。

（二）特点与功能

1. 特 点
（1）民族特色鲜明。

抛绣球起源于广西壮族，在广西具有广泛的群众基础。抛绣球集社会性、传承性、民族性、交融性、实用性于一体，具有深厚的审美文化内涵，丰富了广西壮族人民的精神文化生活。

（2）技术动作简单，易于掌握。

抛绣球技术动作简单，容易掌握，对运动者的身体素质要求不高，主要包括持球技术、投球技术、接球技术。

2. 功 能
（1）提高身体各项素质。

抛绣球要求运动者有较好的力量素质，准确的判断能力，较好的灵活性、耐力及柔韧性等。抛绣球可以使运动者的心脏在形态和机能上产生良好适应，也可以使调节机能得到改善，使肺容量增加，肺通气功能加强，从而提高运动者的心肺功能。同时，抛绣球可以提高运动者的上肢及手部肌肉力量、背部肌肉的最大伸展力、上肢和肩部肌肉的快速收缩力量以及上肢屈肌群的静力性力量耐力。总之，参加抛绣球，对运动者来说具有强身健体的功能。

（2）培养团队协作精神。

背篓抛绣球比赛是由 1 名队员背篓，另外 4 名队员各持 6 只绣球与背篓队员相距 15 米，投球队员在投球区内投球，接球队员在接球区内接球的比赛。比赛要求队员之间有比较高的默契及配合，因此，它能够培养运动者的团队协作精神。

（3）促进交流，丰富文化生活。

抛绣球是一项群体性项目，它是一项集灵敏、力量、速度、智慧和团队精神于一体的极具趣味性、挑战性和娱乐性的运动。它使人们聚集在一起，共同进行活动，丰富了人们的业余生活，其"以球传情、以球传神"的运动形式为人们提供了情感交流的平台，增进了人与人之间的互动与感情。

二、抛绣球基本技术

抛绣球运动可分为高杆抛绣球和背篓抛绣球两种形式。

（一）高杆抛绣球的基本技术

高杆抛绣球

1. 高杆抛绣球的技术要求

高杆抛绣球比赛时，队员将绣球抛过9米高的杆上直径为1米的彩环就可得分，因此投绣球的准确性在比赛中至关重要。一般情况下，投球过程中绣球在空中运动的轨迹是抛物线。通过对抛绣球的力学分析，抛绣球的出手的角度选择45°～50°较为合适。

2. 持绣球（以右手为例）

身体正对投球方向，两脚前后开立，左脚稍微在前，右脚在后，重心在右脚上，左手四指托球向斜上方伸直，右手握住绣球提绳尾部，右臂平屈于右侧，准备投球。（图19-3-1）

3. 投绣球（以右手为例）

持球站位，左手稍微用力将绣球往上抛，同时右手握住绣球的提绳往后拉绳，展臂，以右手握绳处为圆心，按逆时针方向摆动。同时，蹬腿、送髋、伸臂送腕，重心前移，当球绕至前上方时，顺着球的惯性，以合理的角度用力抖腕送指，把球抛出。左臂自然平屈于胸前。

图19-3-1

注意事项：动作要连贯、柔和、匀速；抛球时，移动重心，转体，蹬腿，伸臂，抖腕，送指，使球的运动轨迹呈抛物线。（图19-3-2）

高杆投绣球

图19-3-2

（二）背篓抛绣球的基本技术

1. 背篓抛绣球的技术要求

背篓抛绣球的抛球技术与高杆抛绣球的比较相似。高杆抛绣球的绣球运动轨迹最高点达 9 米，因此，绣球运动的弧度较大；而背篓抛绣球的绣球运动的弧度则要小得多。所以，背篓抛绣球的出手角度相对较小。

2. 持绣球（以右手为例）

背篓抛绣球的持绣球技术与高杆抛绣球的相同。如果用工艺绣球比赛，则采用五指直接捏握法。

3. 投绣球（以右手为例）

背篓抛绣球

背篓抛绣球的投球技术与高杆抛绣球的较为相似，只是出手的角度相对要小。如果用工艺绣球比赛，则采用单手肩上抛球技术。（图 19-3-3）

图 19-3-3

4. 背篓接绣球

背篓接绣球

接球手立于接球区内，面对抛球手投来的绣球，判断来球落点，或蹲或半跪将来球接入背篓中。（图 19-3-4）

图 19-3-4

三、抛绣球竞赛规则简介与欣赏

（一）规则简介

1. 高杆抛绣球

（1）场地。

绣球的高杆抛场地为长 26 米、宽 14 米的长方形，必须有明显的界线。在中线两侧各 7 米的地方，各画一条与中线平行、与两条边线相接的线，这两条线叫投球控制线。投球控制线到端线之间的地区为投球区；在中线的中点立一根 9 米的杆，杆顶安装一个直径 1 米的圆圈，为投球圈。

（2）人员组成。

① 队员。

每队 10 人，由男、女各 5 人组成，队员上衣必须有明显的号码。

② 工作人员。

工作人员由裁判长 1 人、裁判员 10 人、记录员 1 人组成。

（3）比赛规则。

① 比赛可分为团体赛和男、女个人赛。团体赛每队由男、女各 5 人参加；个人赛每次比赛 5 人，计个人成绩。

② 团体赛比赛时间为 20 分钟，分两段进行，每段 10 分钟。第一段为 5 名女运动员上场抛绣球，第二段为 5 名男运动员上场抛绣球。

③ 比赛正式开始前，由裁判长带领运动员与裁判员认识，由裁判员发给运动员绣球进行练球。练球 1 分钟后，队员分别站在两边的投球区内，待裁判员、运动员做好准备，裁判长鸣笛开始比赛。运动员将绣球投圈后，应快速捡起自己专用的球反向再投圈。投中圈一次得 1 分；如果投球时运动员踩到控制线、越出投球区或拿别人的球投圈，则一次扣 1 分。

④ 比赛结束后，按得分多少排列团体（10 人的得分相加）和个人名次，得分高者名次列前。如果投球得分相等，再用 1 分钟的时间给相等分数的运动员复赛，投中多者为胜；如果仍相等，再赛 1 分钟，直至决出胜者为止。

2. 背篓抛绣球

（1）场地。

在球场或空地相距 15 米处分别画投球限制线和接球限制线，限制线外分别画宽 2 米、长 3 米的投球区和接球区。

（2）比赛规则。

4 名抛球手各拿 6 个绣球，依次站在投球区内，接球手背篓，站在接球区内。比赛开始后，每队 4 名抛球手必须在 3 分钟内依次将所有的绣球抛出方为有效，超时判违例。接球手用背篓接球，姿势不限。踏线或超出投球区的投球或超出接球区的接球均为无效。

以每队在 3 分钟内抛进背篓的绣球多少决定名次，若接进背篓的绣球数相同，则用时少的队名次列前。

（二）欣　赏

1.看　点

在现代社会中，抛绣球运动多以表演和竞赛的形式存在。在表演与竞赛中，随着悠扬的山歌和绣球抛出的优美弧线，人们的呐喊声、加油声交织在一起，到处洋溢着快乐、幸福、吉祥和美好的祝愿。抛绣球中的抛球和接球是比赛的主要看点，它能反映出运动员配合的娴熟程度，同时其也是抛绣球比赛最吸引人的地方。

2.礼　仪

抛绣球运动属于民族传统运动项目，蕴涵着丰富的民族文化，因此在参加抛绣球运动时要尊重民族文化，尊重对手，尊重裁判。作为观众，在观看抛绣球比赛时应举止文明，积极为运动员加油助威，使赛场气氛和谐，充满欢声笑语。

四、抛绣球装备选择

（一）运动服装和鞋

抛绣球运动对运动者的服装要求不高，服装合体、宽松即可。对于运动鞋，应尽量选择防滑耐磨，有缓震性能的。

（二）运动器材

1.绣　球

绣球用绸布或棉布制成，直径5～6厘米，内装细沙石或竹豆，重150克。球心系着一条长90厘米的绳子，绳子的尾端系着5片长5厘米、宽0.5厘米的布条绳子。高杆抛绣球比赛时须备5种不同颜色的绣球各3个。（图19-3-5）

2.高杆抛绣球的投球圈

竖一根高9米的杆，杆顶安一个直径1米的圆圈，比赛时放在球场的中线上。（图19-3-6）

3.背篓抛绣球的背篓

背篓用竹或塑料制成，篓的上径30厘米、下径20厘米、高40厘米。（图19-3-7）

图 19-3-5

图 19-3-6

图 19-3-7

第四节 毽 球

一、毽球概述

（一）起源与发展

毽球起源于我国古代的踢毽子。我国的踢毽子历史悠久，它是由古代蹴鞠运动演变而成的。踢毽子又称"花毽"，现在的毽球又是由"花毽"发展而来的。毽球是一项新兴的体育项目，国家体育运动委员会（现国家体育总局）于1984年批准将毽球列为全国正式比赛项目，并制定了《花毽竞赛规则》。中国毽球协会成立后，于1997年出版了《毽球竞赛规则裁判法》。

（二）特点与功能

1. 特 点

（1）观赏性。

毽球运动是一项竞技性强，十分吸引人的比赛项目。它以其熟练、准确、细腻的技巧，快速多变、激烈反复的对抗，吸引了众多的观众和运动者。因此，毽球运动具有较高的观赏性。

（2）群众性。

毽球运动易于开展，活动场地可大可小，活动时间可长可短，男女老少均可参加，普及性很强。

2. 功 能

（1）提高身体素质，增强体质。

毽球运动的技法以踢、触为主，可用头、脚及身体其他部位去接球，但不能用手臂接球，其打法类似于排球。经常参加毽球运动，可以增强运动者的心脏功能、扩大其肺活量、锻炼其神经系统、提高其机体功能、改善其代谢能力，使运动者身体协调性、柔韧性进一步得到全面锻炼，以达到增强体质的目的。

（2）培养团结协作的集体主义精神。

毽球运动是集体比赛项目，不管在进攻还是防守过程中，全体队员都要相互配合，齐心协力，各司其职，因此毽球运动能够培养运动者团结协作的集体主义精神和反应迅速、机智灵敏、勇敢顽强、积极果断等优良品质。

（3）增强心理素质。

毽球运动的娱乐性、趣味性比较强，毽球运动能够调节运动者的心态，愉悦其身心，减轻其心理压力和精神焦虑，特别在增进人际关系方面效果明显。

（4）继承和发扬传统文化。

毽球运动是我国独有的民族体育运动项目之一，它同武术一样，是应该加以挖掘、整理、继承和发展的。开展毽球运动，能够显示我国民间体育的独有特色，增强民族自豪感，对继承与发扬我国民族文化遗产有促进作用。

二、毽球基本技术

（一）准备姿势

准备姿势主要有两种形式：左右开立准备姿势和前后开立准备姿势。

1. 左右开立准备姿势

两脚左右开立，比肩略宽，两膝稍微弯曲内扣，后脚脚跟提起，着力点在脚掌内侧，重心前倾，两臂自然弯曲于体侧。（图 19-4-1）

2. 前后开立准备姿势

两脚前后自然开立，两脚相距一只脚的距离，膝关节稍屈，两脚跟提起，两臂自然弯曲于体侧。（图 19-4-2）

图 19-4-1　　　　　图 19-4-2

（二）发球技术

发球技术可以分为正脚背发球、脚内侧发球、侧身脚背发球等。

1. 正脚背发球

向前方轻抛球，提收大腿，踝关节绷紧，弹踢小腿，利用脚背正面击球，把球发过球网。

2. 脚内侧发球

向侧前方轻抛球，髋、膝关节外翻，屈膝向前摆动，踝关节绷紧，当球落至大约膝盖高度时用脚内侧将球击出。

3. 侧身脚背发球

向侧上方抛球，踢球腿提膝以大腿带动小腿，由后向前弹踢，侧身用脚背正面击球，把球发过球网。

正脚背发球

脚内侧发球

侧身脚背
发球

（三）踢球技术

1. 脚内侧踢球

以右脚踢球为例，左脚站立，右脚大腿带动小腿向前上方摆动，用脚内侧部位击球。

2. 脚外侧踢球

以右脚踢球为例，左脚站立，右脚小腿内翻快速上抬，用脚外侧部位击球。

3. 正脚背踢球

以右脚踢球为例，左脚站立，右脚主动插入球下，利用适度的伸膝和踝关节背屈的协调勾脚动作把球向上踢起。

4. 胸部停球

首先判断来球方向及落点，屈膝降低重心，击球瞬间伸膝挺胸，用胸部主动迎击球。

脚内侧踢球

脚外侧踢球

正脚背踢球

（四）攻球技术

1. 腾空前踏球

击球前，起跳腿蹬地起跳，摆动腿大腿带动小腿迅速上摆，击球瞬间前脚掌快速下压击球。

2. 头顶球

首先判断来球方向及落点，上体后倾，顶球时上体由后向前摆动，以腰腹和颈部的快速摆动力量用额头部位击球，把球攻入对方场区。

胸部停球

三、毽球基本战术

（一）进攻战术

毽球的进攻战术主要采用三种阵形，即："一二"阵形、"二一"阵形和"三三"阵形。（图 19-4-3）

1. "一二"阵形

"一二"阵形配备就是 3 名上场队员中有 1 名是主攻手，2 名是二传队员。运用此阵形时，主攻手一般不参与接发球，2 名二传队员交替接发球和做二传。这种战术的进攻特点是分工明确、稳而不乱，尤其适用于有高大主攻手、擅长打中一二和两次进攻等高举高打的打法。

2. "二一"阵形

"二一"阵形配备就是上场的 3 名上场队员中，有 1 名主攻手、1 名副攻手和 1 名二传队员的组合。这种阵形配备，适用于有倒勾球、脚踏球攻击力较强的攻手各 1 名和 1 名传球水平较高的二传队员的队伍。

3. "三三"阵形

"三三"阵形就是 3 名上场队员中，任何一名队员既是攻球手又是二传队员。在"三三"

阵形中，场上队员的接球站位一般呈倒三角形，任何一名队员在接到球后随时都可以组织两人以上同时参与进攻。这种阵形可以打出掩护交叉战术，也可以打出快攻、背溜、双快、掩护等较复杂多变的战术进攻球。

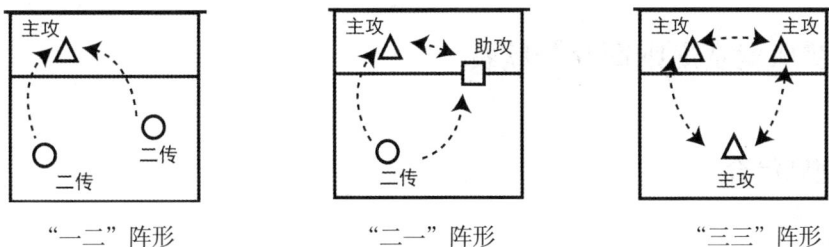

图 19-4-3

（二）防守战术

拦网战术是防守中的重要战术，是破坏对方进攻并组织反击的重要手段，在比赛中占有重要地位。应用拦网战术时，应根据对方进攻的不同特点决定本方的防守阵形。拦网一般分为单人拦网和双人拦网两种形式。（图 19-4-4）

1. 单人拦网

单人拦网又称"一拦二防"战术，即在 3 名防守队员中，1 名队员在网前拦网，2 名队员在其身后分区防守。这种战术在对方进攻威力不太大、变化不多时采用，在拦快球时也常常被迫运用。单人拦网时，拦网队员一定要判断准确，把握好起跳时机，用身体堵防球点，拦住攻手主要的、威胁大的进攻路线。其余 2 名防守队员可在其身后平行落位防守或一前一后防守。这种封线分防的特点是有两道防线，网上拦网封线路，网下中场防落点，拦防结合，有利于反击。

2. 双人拦网

双人拦网又称"二拦一防"战术或简称"二一"防守战术，即在场上 3 名队员中，有 2 名队员在网前拦网，1 名队员在场区中后区防守。当对方进攻力量强大，有多条进攻线路时可采用双人拦网。这样不论对方在任何位置进攻，本方均有两人起跳拦网，防守队员应站在拦网队员身后中间位置，可靠前，也可靠后以加强保护与防守。这种"封线补防"的特点是网上强行拦网封堵线路，网下保护补空缺，拦防互补，上下配合；既可网上争先抑制对方进攻，又可网下补空，防住对方的进攻变化，变被动为主动。

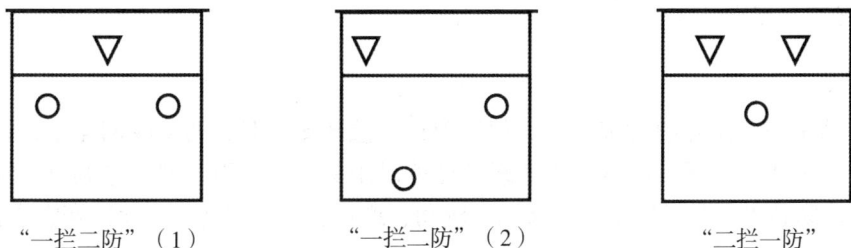

"一拦二防"（1）　　　　"一拦二防"（2）　　　　"二拦一防"

图 19-4-4

3. 全防守战术

这是一般球队较少采用的一种战术，就是在对方进攻威胁性不大，本方基本技术熟练、防守能力很强、队员脚上基本功比较过硬时采用，也可以不拦网，所以被称为全防守战术。

四、毽球竞赛规则简介与欣赏

（一）规则简介

1. 场　地

毽球比赛场地采用羽毛球比赛的双打场地，长 13.4 米、宽 6.1 米，中间挂网（男子网高 1.60 米，女子网高 1.50 米）。

2. 竞赛方法

毽球竞赛方法与排球竞赛方法相似，差别在于毽球不得用手、臂触球，排球可用全身触球。参赛队员由 6 人组成，上场队员 3 人，其中队长 1 人（左臂应佩戴明显标志）。站在靠近球网的 2 名队员从左至右分别为 3 号位和 2 号位队员，靠近端线的队员为 1 号队员。场上队员的位置必须与登记的轮转顺序相符合。每局比赛结束之前，队员的轮转顺序不得调换。

3. 基本竞赛规则

（1）比赛时，运动员用脚踢球，不得用手、臂触球；每名队员可连续击球 2 次，球不允许明显地停留在队员身体的任何部位；本方场区最多只能有 3 人次共击球 4 次。

（2）比赛采用 3 局 2 胜制、每球得分制。比赛前选择场区或发球权。团体比赛每局 21 分，某队得 21 分并至少比对方多得 2 分时，则为胜一局。第一局结束后双方交换场地和发球权。决胜局开始前，由裁判员召集双方队长重新选择场区或发球权。决胜局为 15 分。决胜局比赛中，任何一队先得 8 分时，两队应交换场地。教练员不得进行场外指导，交换场区后，双方队员的轮转位置不得变换，经记录员查对后，由原发球队员继续发球。若未及时交换场区，一旦裁判员或一方队长发现时，应立即交换，比分不变。

（3）比赛成死球时，教练员或队长可以向裁判员要求暂停。暂停时，教练员可以在场地外进行指导，但场上队员不得出场，也不得与场外其他任何人讲话，场外人员不得进入场内。

每局比赛过程中，每队可以要求 2 次暂停，每次暂停时间不得超过 30 秒。某队在一局比赛中请求第三次暂停，则应判该队失发球权或对方得 1 分。

（二）欣　赏

1. 看　点

毽球运动是一项激烈的对抗性球类集体项目，毽球比赛时，两队隔网竞争，运动员动作丰富多彩，有前踢、后踢、内踢、凌空踢，还可以用头、胸、腹、腿触毽调整；同时运动员利用全面的攻防技术，随时做出各种移动、跑动、跳跃、摔救等动作，使比赛赏心悦目。

2. 礼　仪

在比赛过程中双方运动员要尊重对手，尊重裁判，尊重观众。观众在观看这项比赛时应注意以下内容：

（1）举止文明，着装应得体；

（2）积极参与到比赛中，可为双方运动员踢出精彩的球而欢呼喝彩，但不能因运动员一时的失误而起哄发出嘘声；

（3）在运动员发球时，应保持安静，不要扰乱运动员的情绪，待成死球后再鼓掌喝彩；

（4）比赛结束后有序退场，不要拥挤，始终做文明观众。

五、毽球装备选择

（一）运动服装和鞋

毽球运动具有动作幅度大、腾空跳跃动作多等特点，因此运动服装尽量应选择宽松、有弹性的运动衫及短裤。因为毽球多是用脚踢的，所以它对运动鞋的要求较高。首先，应尽可能地选择毽球运动专用鞋，只有专业的毽球鞋在设计上才更符合毽球运动的基本规律和特殊需要；其次，要选择防滑、减震、耐磨、保护性好的运动鞋。

（二）运动器材

毽球由毽毛、毽垫等基本部分构成。毽毛为四支白色或彩色鹅羽呈"十"字形插在毛管内，与下部毽垫连接而成。每支羽毛宽 3.20 ～ 3.50 厘米；毽垫直径为 3.80 ～ 4 厘米，厚 1.30 ～ 1.50 厘米；毛管高 2.50 厘米；毽球的高度为 13 ～ 15 厘米，重量为 13 ～ 15 克。

第五节 板鞋竞速

一、板鞋竞速概述

（一）起源与发展

板鞋运动起源于明朝嘉靖年间。在民间，关于板鞋的传说还有一段激动人心的故事：据说，明朝嘉靖年间，广西壮族女英雄瓦氏夫人曾经以板鞋作为"秘密武器"，训练士兵之间的团结性以及协作能力。她让三名士兵同穿一副长板鞋一起跑步，长期如此训练，士兵的战斗素养大大提高，斗志昂扬，所向披靡，从而在战场上大败倭寇，为壮乡人民赢得了声誉。后来，南丹县那地州壮族人民模仿瓦氏夫人的练兵方法，开展三人板鞋竞技活动自娱自乐，相习成俗，流传至今。

板鞋竞速是由广西壮族自治区向全国少数民族传统体育运动会成功推出的竞技体育比赛项目，具有较强的民族性、对抗性、趣味性和观赏性。2005年，国家民族事务委员会、国家体育总局批准将板鞋竞速项目列为全国少数民族传统体育运动会的正式比赛项目。板鞋竞速是一项集群众性、娱乐性、竞速性于一体的民族传统体育，同时也是一项非常独特的健身娱乐活动。

（二）特点与功能

板鞋竞速源于"三人板鞋"，它是由多名运动员一起将脚套在同一双板鞋上，在田径场上进行的比赛，以同等距离内所用的时间多少来决定名次。该项目对运动员的速度素质、耐力素质要求较高，对运动者身体素质、内脏器官和中枢神经系统协调配合能力的增强作用也尤为明显。板鞋竞速是以运动者坚强心理为取胜保障的竞技活动，要求运动者领先不骄傲、落后不放弃、头脑清醒地配合。板鞋竞速中环境、对手和同伴在运动中的相互交流和互动关系，可促使个体相互尊重，可培养人的集体主义精神和团队协作意识，促进个体从"自然人"向"社会人"的转化，促使人具备更全面的社会属性。

二、板鞋竞速基本技术

板鞋竞速的主要基本技术包括预备姿势、行走技术和跑动技术，其中跑动技术包括起跑、起跑后的加速跑、途中跑、弯道跑、终点跑五个部分。

（一）预备姿势

两脚前后开立，与肩同宽，两眼平视前方，双手扶在同伴的肩上或腰部，做好踏步准备。（图19-5-1）

图 19-5-1

（二）行走技术

1. 原地踏步—向前走—快速走

【动作要领】当同伴都做好准备以后，为达到步调整齐一致，由一人或一起喊口令"一、二、一"或"左、右、左"并原地踏步，声音和步调要一致。熟练后，两手不攀扶其他人，自然摆臂向前走，再慢慢过渡到自然跑、快速跑。（图19-5-2）

【易犯错误】声音和步调不一致，发力不统一。

【纠正方法】由一人或一起喊口令"一、二、一"或"左、右、左"并原地踏步，声音和步调一致后迈步前行。

图 19-5-2

2. 弯道走

【动作要领】弯道走必须改变身体姿势及摆臂和后蹬的方向。向左进弯道时身体应向左倾斜，右肩高于左肩；右臂摆动幅度大且稍向外，左臂摆动幅度小且靠近体侧；右脚前抬时内扣，后蹬时用前脚掌的内侧扣紧板鞋；左脚稍向外，脚外侧用力；右脚步幅稍大于左脚；转弯后身体逐渐过渡到正常姿势，快速向前走。（图 19-5-3）

图 19-5-3

【易犯错误】左右臂摆动幅度相同，身体姿势未向左倾斜。

【纠正方法】身体向左倾斜，右肩高于左肩；右臂摆动幅度大且稍向外，左臂摆动幅度小且靠近体侧；左脚稍向外，脚外侧用力；右脚步幅稍大于左脚。

（三）跑动技术

完整的跑动顺序可分为起跑、起跑后的加速跑、途中跑、弯道跑、终点跑五个部分。

1. 起　跑

板鞋竞速的起跑分"各就位"和鸣枪两个环节。（图 19-5-4）

（1）"各就位"动作要领：当发令员发出"各就位"口令时，运动员将板鞋置于跑道起跑线后，运动员共同套好板鞋，两脚前后开立，与肩同宽，身体稍前倾，重心降低并稍前移，注意力集中，两眼平视前方。

起 跑

（2）鸣枪动作要领：当听到发令枪响后，后脚迅速向前上方提膝前迈，向前跑出。

图 19-5-4

【易犯错误】三人发力不一致，导致起跑失败。

【纠正方法】强调注意力集中。

2.起跑后的加速跑

【动作要领】起跑后的加速跑是指向前迈出的板鞋着地，到进入途中跑之前的这一段距离，其任务是在较短时间内尽快发挥较高速度，迅速转入途中跑。（图 19-5-5）

起跑后的
加速跑

【注意事项】起跑后向前迈出的第一步不宜过大，重心迅速前移，两臂积极摆动，保持身体协调、平衡，步长逐渐加大，步频逐渐加快。

图 19-5-5

【易犯错误】起跑的第一步过大，重心抬起过快，造成跳窜。

【纠正方法】降低重心，步长逐渐加大，步频逐渐加快，两臂积极摆动，保持身体平衡。

3.途中跑

途中跑是板鞋竞速全程跑中距离最长、速度最快的一段，其任务是发挥并保持高速度跑。（图 19-5-6）

途中跑

【动作要领】途中跑是一个不断重复的周期性动作，途中跑技术包括两腿动作、摆臂动作、头和身体姿势。因为板鞋竞速是三人同穿一对板鞋共同完成动作，所以要求三人的动作要协调一致，如果有一人动作不一致，则所有人就会立刻失去平衡，脱板或摔倒，所以，要注意腿部动作和摆臂动作的协调配合。摆动腿应尽量高抬，支撑腿要用力后蹬，两臂积极摆动，配合腿部动作，尽量缩短腾空时间，减小身体的上下起伏，保持身体稳定，上体适当前倾，眼睛平视前方。

【注意事项】板鞋竞速运动的强度较大，后程的耐力是保持高速度跑完全程的不可忽视的重要因素；保持稳定的步频和步长，避免后程因体力不足而失去对鞋的控制，这一点也非常重要。

【易犯错误】三人动作不一致，导致失去对板鞋的控制。

【纠正方法】通过口令使三人的腿部动作和摆臂动作协调配合，上体适当前倾，尽量缩短腾空时间，减小身体的上下起伏，保持身体稳定。

图 19-5-6

4. 弯道跑

【动作要领】向左跑进弯道时，身体应向左倾斜，右肩高于左肩；右臂摆动幅度大且稍向外，左臂摆动幅度小且靠近体侧；右脚前抬时内扣，后蹬时用前脚掌的内侧扣紧板鞋；左脚稍向外，脚外侧用力；右脚步幅稍大于左脚；转弯后身体逐渐过渡到正常姿势，快速向前跑。（图 19-5-7）

弯道跑

图 19-5-7

【易犯错误】左右臂摆动幅度相同，身体姿势未向左倾斜。

【纠正方法】身体向左倾斜，右肩高于左肩；右臂摆动幅度大且稍向外，左臂摆动幅度小且靠近体侧；左脚稍向外，脚外侧用力；右脚步幅稍大于左脚。

5. 终点跑

【动作要领】终点跑的任务是尽力保持途中跑的高速度，跑过终点，争取好名次。由于体力关系，要注意撞线时控制好身体位置以防跌倒。应基本保持途中跑姿势，到达终点后应在降低速度的情况下停下来，以保证安全。（图 19-5-8）

终点跑

图 19-5-8

【易犯错误】手臂横向摆动幅度过大，未能保持途中跑的高速度跑过终点；撞线时身体前倾过大，易跌倒。

【纠正方法】保持手臂的前后摆动，保持途中跑姿势。撞线时注意控制好身体位置以防跌倒。

三、板鞋竞速基本战术

练为战，只重视技术训练而忽视技术在战术上的应用，难以在重大比赛中取胜。随着现代竞技运动水平的日益接近，战术的意义就显得格外重要。在全国性比赛中，短距离跑前 8 名的成绩非常接近，几乎同时到达终点，若不用高速摄像的电子计时，就很难判断名次。

目前，板鞋竞速在正式比赛中开设的项目还不是很多，战术也不如中长距离的比赛那么明显，但是由于板鞋竞速运动强度大，比赛同样也有力量分配问题，加上比赛赛次较多，因此，合理分配力量，对在各赛次获得好名次、好成绩十分重要。

通常 60 米比赛在战术上主要是力争在每一赛次中取得好名次，一旦在小组取得较好的比赛名次就应养精蓄锐，为下一比赛做准备，在决赛时全力以赴，跑出自己的最好成绩。在具体比赛中，当运动员水平比较接近时，应采取充分发挥自己的特长克对手之短的战术，以取得决赛的胜利。

100 米的战术为在预赛中要确保取得好名次，进入决赛后即全力跑出好成绩。在比赛中应合理地分配自己的前后段的体力。前段要用接近本人最好成绩跑，后段要顺惯性尽全力跑到终点。

在接力比赛中，弯道跑技术和交接棒技术非常重要，要安排弯道跑技术较好的队跑弯道。

四、板鞋竞速竞赛规则简介与欣赏

（一）规则简介

板鞋竞速是由 3 名运动员一起将脚套在同一双板鞋上，在田径场上进行的比赛，以在同等的距离内所用的时间多少决定名次。

1. 场　地
在标准的田径场地上进行，场地线宽均为 5 厘米，跑道分道宽 2.44～2.50 米。可根据比赛的需要和场地状况设置跑道的多少。

2. 竞赛办法
竞赛分单项比赛和接力比赛两大类，在比赛中，运动员应自始至终在各自道次内进行。

（1）比赛方法。

①起跑口令。

各就位：运动员将板鞋置于跑道起跑线前，运动员共同套好板鞋，板鞋不得触及或超过起跑线。

鸣枪：枪响后，运动员方可起动跑进。

②途中跑。

运动员在比赛过程中，如果出现某一队员脚脱离板鞋、脚触地或摔倒，须在触地（落地）处重新套好板鞋继续比赛。

③终点。

以第一名运动员身体躯干任何部位抵达终点线后沿垂直面瞬间为止，运动员的身体和板鞋须全部超过终点线后才能分离。

（2）接力赛。

①接力区。

每个接力区长度为10米，在中心线前后各5米，交接的开始与结束均从接力区分界线的后沿算起。

②要求。

接力赛采用多副板鞋组成多棒进行比赛。第一棒队员和第二棒队员的交接必须在接力区内完成；完成交接的队员应停留在各自的分道或接力区内，直到跑道畅通后方可离开；每队服装须统一；采用全自动电子计时或手动计时均可，电子计时成绩均以百分之一秒为最小计时单位。

3.犯规与判罚

（1）犯规。

①抢跑：鸣枪前跑进起跑线。

②窜道：运动员在比赛过程中窜离本跑道。

③比赛中运动员脚脱离板鞋触地，未在原地穿好板鞋。

④运动员抵达终点时，两只板鞋的一部分仍未过线，脚与板鞋已分离。

⑤运动员在比赛过程中，有阻挡或妨碍其他运动员跑进的行为。

⑥接力赛：队员在接力区外交接接力棒；在退出接力区时，阻挡或妨碍其他运动员跑进。

（2）罚则。

抢跑犯规：第一次给予警告，第二次取消犯规者该项目比赛资格。

发生其他犯规，取消犯规者该项目比赛资格。

（3）名次排定。

板鞋竞速的名次排定以比赛中的决赛成绩决定，时间少者名次列前。

（二）欣　赏

板鞋竞速具有较强的民族性、对抗性、趣味性和观赏性。板鞋竞速体现了同心协力、团结奋进、拼搏进取的时代精神，同时具有浓厚的民族性、传统性、竞技性、开放性、普及性，是全民健身运动的理想项目。

五、板鞋竞速装备选择

（一）运动服装和鞋

板鞋竞速运动具有动作幅度大、速度快、运动强度大等特点，其对于服装的要求与田径运动项目中跑的项目相同。运动服装要合体、宽松，在材质上，应选择吸汗排湿的材料，并配套护膝、护腕，以加强对膝关节和手腕的保护。运动鞋要选择防滑耐磨、鞋舌较厚的田径鞋，注重鞋的缓震性能和对脚面的保护性。

（二）运动器材

三人板鞋以长度为 100 厘米，宽度为 9 厘米，厚度为 3 厘米的木料制成。每只板鞋配有三块宽度为 5 厘米的护足面皮（简称护皮），分别固定在板鞋规定的距离上，护皮松紧以套紧脚面为宜。第一块护皮前沿距板鞋前端 7 厘米，第二块护皮在第一块护皮与第三块护皮的中间，第三块护皮后沿距板鞋末端 15 厘米。（图 19-5-9）

图 19-5-9